A Thig Ná Tit Orm

Maidhc Dainín Ó Sé

Achoimre agus Nótaí

le

Diarmaid Ó Tuama

Foilsithe ag
CJ Fallon
Bloc B - Urlár na Talún
Campas Oifige Gleann na Life
Baile Átha Cliath 22

An Chéad Eagrán Márta 1995

An tEagrán seo Aibreán 2012

Clóbhuailte i bPoblacht na hÉireann ag
Naas Printing Teoranta

Clár

1

An Scriosadh ar an Luan

An chéad Luan de Mheán Fómhair 1947 a bhí ann. Chuir mo mháthair bríste glan agus léine orm. Nigh sí m'aghaidh le tuáille garbh agus gallúnach chomónta. Ghlan sí an chéir amach as mo chluasa le cúinne an tuáille. Ní raibh a fhios agam céard a bhí ar siúl. Níorbh é an Domhnach a bhí ann. 'Téanam ort,' arsa mo mháthair liom, 'táimid ag dul in áit éigin.'

Shíl mé go rabhamar ag dul go dtí an siopa. Bhí áthas an domhain orm. Bhí scoil Bhaile an Mhúraigh trasna an bhóthair ón siopa, ar ndóigh.

Labhair mo mháthair liom nuair a thángamar chomh fada leis an gCaol Dubh: 'Tánn tú mór a dhóthain chun dul ar scoil,' ar sise.

'Ach, a Mhaim, táim róbheag chun dul ar scoil,' arsa mise.

Dúirt sí liom go mbuailfinn le cairde nua ar scoil.

'An mbeidh tusa i mo theannta ar scoil?' arsa mise go scáfar. D'fhéach sí orm go truamhéileach agus mhínigh sí dom nach raibh cead ag aon Mhamaí fanacht ar scoil. Dúirt sí go raibh an múinteoir go deas agus go mbeadh sise mar Mhamaí agam 'ar feadh tamaill den lá'.

D'fhoghlaim mé rud éigin nua gach lá ar scoil. Ní raibh mórán suime agam sna ceachtanna, ach chuir mé aithne ar fhormhór na ndaltaí sna ranganna go léir faoi cheann cúpla mí.

Bhíodh leasainmneacha againn ar a chéile sa scoil. Bhí leaid amháin ann darbh ainm 'An Ceilteach' agus leaid eile darbh ainm 'An Snig'. 'Siúit' a thugadh siad ormsa! Bhí an leasainm céanna ag m'athair nuair a bhí seisean ar scoil.

Gach lá den tseachtain bhíodh bruíon éigin ar siúl i measc na mbuachaillí. Mura mbíodh bruíon laistiar den Áras bhíodh ceann i mBóithrín na Bruach. Inseoidh mé duit faoin gcéad bhabhta bruíne a bhí agam féin.

Bhí buachaill ann ó Chathair Scoilbín. Ní raibh sé chomh hard liomsa, ach bhí sé lom cruaidh. Chaitheamar seachtain iomlán ag tabhairt íde béil dá chéile. Bhí teanga gharbh mhallaithe ag an leaid eile. Lá amháin ag am lóin thosaíomar ag argóint le chéile. Bhí a dhá ghéag leata amach óna chéile aige siúd, a dhoirne iata agus a phus á shá amach aige. Dúirt mé liom féin go raibh sé in am agam an fód a sheasamh. Bhíomar beirt ag sá go dtína chéile ar feadh tamaill. Bhí na buachaillí ag bailiú thart orainn agus iad ag súil go mór le troid a fheiceáil. Bhí leaid amháin ann agus bhuail sé an bheirt againn san aghaidh. Shíl mise gurbh é an leaid eile a bhuail mé. Bhuail mé le mo dhorn ag bonn na cluaise é agus leag mé siar é. Léim seisean chugam agus bhuail sé mé os cionn na súl.

Bhí díog síos ó bhinn an Árais agus bhí súil agam go n-éireodh liom an leaid eile a chúlú isteach ann. Bhíomar ag bualadh a chéile san aghaidh. Bhí seisean chomh crua le falla stroighne. Ní raibh mé in ann é a bhogadh. Go tobann thug sé fogha fíochmhar chugam. Sheas mise siar agus d'imigh a chosa uaidh. Bhí mé chun preabadh anuas air, ach ní dhearna. B'in é mo bhotún! D'éirigh seisean go tobann agus thug sé poc lena cheann isteach sa ghoile orm. Bhí mé sínte ar fhleasc mo dhroma. Léim sé anuas orm. Rug sé ar mo chuid gruaige agus thosaigh sé om bhualadh i mo bholg lena dhá ghlúin.

'Isteach libh!' An múinteoir a bhí ann. Is olc an ghaoth . . .

'Dhera,' a dúirt duine éigin, 'caithfear í a throid lá éigin eile.'

Chaill an mháistreás an ceann ar fad linn. Thug sí trí stiall den bhfuinseoig an duine dom féin agus do Thomás. Níorbh fhada go raibh dearmad déanta againn go léir ar an mbruíon sin, mar, cúpla lá ina dhiaidh sin bhí beirt eile ag troid i mBóithrín na Bruach!

Ní i gcónaí a bhímis ag troid na laethanta sin, ar ndóigh. Nuair a bhíodh an ghrian ag taitneamh bhímis ag imirt caide le liathróid bheag rubair. Bhíodh ó rang a trí anuas go dtí na naíonáin ag imirt le chéile. Caid leathair a bhíodh ag na buachaillí móra. Bhíodh an cluiche againne ar an mbóthar agus phiocadh beirt bhuachaillí ón tríú rang na foirne. Bhíodh clocha againn chun na báidí a mharcáil. Ní bhíodh gluaisteán ná truc ar an mbóthar na laethanta sin. Thagadh fo-chapall agus cairt orainn, agus sin an méid. Ní bhíodh réiteoir ar bith againn. Bhíodh ráil na scoile againn mar thaobhlíne ar thaobh amháin agus falla an Árais ar an taobh eile. Ní bhíodh aon chaint ar lántosaí ná lánchúlaí ach oiread, ach gach duine againn ar thóir na caide le chéile! Duine tábhachtach a bhíodh sa chúlbáire. Bhíodh air a bheith mór, mar ba mhinic a bhíodh 'bulc' againn ar líne an chúil a chuirfeadh an *scrum* i gcluiche rugbaí i gcuimhne duit. Mura mbeadh duine tapa go leor ag scaradh leis an liathróid bheadh fiche duine bailithe timpeall air de gheit. Bheadh gach duine ag iarraidh breith ar an liathróid lena láimh. Ba mhór an buntáiste ag duine ingne géara a bheith aige leis an méid scríobadh a bhíodh ar siúl. Minic go leor bhíodh buille de dhorn faighte sa phus ag an duine a mbíodh an chaid aige. Dá rachadh an chaid '*over the stone*' bhíodh argóint mhór eadrainn. Ní raibh rialacha ar bith againn sa chluiche, agus ba ag na daoine móra a bhíodh an buntáiste ba mhó i gcónaí.

Na Pearsana sa Chaibidil Thuas

- **a** Maidhc Dainín
- **b** Máthair Mhaidhc
- **c** Tomás (an buachaill a raibh Maidhc Dainín ag troid leis)

Príomhphointí na Caibidle

- **a** An chéad lá ar scoil
- **b** Troid
- **c** Daoine óga ag imirt peile

Maidhc Dainín

- **a** Feicimid gurb é an tréith is láidre a bhaineann le Maidhc Dainín ná gur féidir leis gáire a dhéanamh faoi féin. Tugann sé cur síos greannmhar dúinn ar an gcaoi ar nigh agus ar ghléas a mháthair é, ar a leasainm féin agus ar an troid a bhí aige le Tomás.
- **b** Is léir ón gcur síos ar an troid agus ar an gcaoi a raibh na buachaillí ag tabhairt íde béil dá chéile roimhe sin go raibh Maidhc in ann é féin a chosaint go maith le linn a óige.
- **c** Tá gliceas ag baint le Maidhc freisin, mar bhí sé i gceist aige Tomás a chúlú isteach sa díog nuair a bhí siad ag troid.

Stíl

- **a** Is é an rud is taitneamhaí a bhaineann le scríbhneoireacht an údair seo ná **an tsimplíocht** a bhaineann leis an gcaoi ar féidir leis cur síos a thabhairt dúinn ar eachtraí a tharla dó.
- **b** Éiríonn le Maidhc **cuntas beo suimiúil** a thabhairt dúinn ar an troid idir é féin agus Tomás.
- **c** Tá seanfhocal deas aige: 'Is olc an ghaoth ná fóireann ar dhuine éigin' – i.e., is olc an ghaoth nach séideann do dhuine éigin.

Ceist le Freagairt

- **a** 'Stíl shimplí nádúrtha atá ag an údar, Maidhc Dainín Ó Sé. Ag an am céanna, áfach, éiríonn leis pictiúr beo soiléir a thabhairt dúinn de na conspóidí agus de na cluichí a bhíodh ar siúl ag páistí óga lena linn féin' Fírinne an ráitis sin a phlé i bhfianaise a bhfuil léite agat i gCaibidil 1.

b Luaigh dhá thréith ar bith a bhain le Maidhc Dainín nuair a bhí sé óg agus scríobh cúpla abairt ag míniú cén fáth ar roghnaigh tú gach ceann de na tréithe sin.

2

Tá an Cigire Tagaithe

Thugadh an cigire cuairt ar an scoil uair amháin sa bhliain – i mí na Samhna. Bhíodh orainn na suíocháin a ní agus a ghlanadh, tobair an dúich a ghlanadh agus snas a chur ar na clúdaigh phráis a bhí orthu, an smúid a ghlanadh de na cófraí agus ár gceachtanna a fhoghlaim de ghlanmheabhair.

Bhíomar ag súil le cuairt ón gcigire uair. Ní raibh slat fuinseoige ná spúnóg *cocoa* le feiceáil ar bhord na máistreása. Maidin shalach cheomhar a bhí ann. Bhí an múinteoir ag léamh dúinn as leabhar a fuair sí ar iasacht ó mhúinteoir eile. Múinteoir den chéad scoth ab ea í, ach ní raibh suim againne sa léann.

Go tobann bhuail an príomhoide cnag ar fhuinneoig an dorais. Bhí anbhá éigin air. Thosaigh sé féin agus an mháistreás ag cogarnaigh ag an doras. Tar éis cúpla nóiméad labhair an mháistreás linn: 'Tá an cigire tagaithe,' ar sise agus dúirt sí linn dul amach ag súgradh ar feadh tamaillín sula gcuirfeadh an cigire ceisteanna orainn. Dúirt sí linn a bheith deas ciúin sibhialta, labhairt os ard leis an gcigire agus 'a dhuine uasail' a thabhairt air. 'Mura ndéanfaidh sibh is daoibh féin is measa é,' ar sí. Ní raibh sé ach a deich a chlog ar maidin ag an am.

Tar éis tamaill glaodh isteach ar na naíonáin bheaga, na naíonáin mhóra agus rang a haon. Bhí an cigire – ceann mór feola air agus péire spéaclaí ar a shrón – ina shuí ag an mbord in éineacht leis na múinteoirí. Labhair sé go deas lách linn agus dúirt sé go mbeadh [illegible] ceisteanna a fhreagairt 'faoi bhráid an deontais'. D'iarr sé ar an [illegible]oir sinn a thabhairt go dtí an bord, duine sa turas.

Chuaigh cailín ó Bhaile an Lochaigh suas. Scoláire maith ab ea í siúd. D'fhreagair sí na ceisteanna go léir i gceart – gurbh fheirmeoir a hathair agus go raibh cúig bhó ag a muintir – 'B...b...bó Jimmí Terrí agus an Bradaí'. Nuair a cuireadh ceist uirthi cén fáth ar thug siad an Bradaí ar an mbó, d'inis sí don chigire gur léim an bhó isteach i ngort coirce duine de na comharsana uair!

Ar deireadh thiar bhí ormsa dul go dtí an bord. Cuireadh ceist orm cé mhéad lá i mí Feabhra. 'Braitheann sé ar an mbliain, a dhuine uasail,' arsa mise. Nuair a cuireadh ceist orm cén fáth dúirt mé: 'Mar iascaire séasúir is ea m'athair agus deir sé go mbíonn lá breise i mí Feabhra gach aon cheithre bliana nó i mbliain bhisigh, d'fhonn is na séasúir agus an féilire agus an ré bheith i gceart.' Ligeadh dom suí síos nuair a bhí an méid sin ráite agam.

Tar éis tamaill glaodh ar Uinseann Ó Grífín – buachaill ciúin macánta agus mac feirmeora. Cosúil linn go léir bhí aidhm amháin sa saol aige – fáil réidh leis an scolaíocht agus tabhairt faoi shaol na bhfear!

Bhí a fhios ag an gcigire go raibh athair Uinsinn ina sheanchaí agus chuir sé ceist air cén freagra a bheadh ag a athair ar an seanfhocal, *Is minic a bhain bean slat.* Dúirt Uinseann go mbeadh sé deacair an cheist sin a fhreagairt mar, dar léis féin, nach dtugadh a athair an freagra céanna ar aon cheist riamh. Ansin chuir an cigire ceist ar Uinseann cén freagra a thabharfadh a athair ar sheanfhocal eile, *Is fearr paiste ná poll.*

Thosaigh súile Uinsinn ag léim ina cheann. Dúirt sé leis an gcigire gur cuireadh an cheist sin ar a athair le déanaí. Bhí drogall air an cheist a fhreagairt, áfach.

Thóg an cigire ciarsúr bán as a phóca agus thosaigh sé ag glanadh a spéaclaí. 'Seo, scaoil chugainn é,' ar seisean.

Bhí Uinseann bocht trí chéile. Faoi dheireadh d'fhreagair sé an cheist: 'O my ... dá ... *dá mbeadh paiste ar do pholl bheadh deabhadh ort dá scaoileadh.*'

Scríobh an cigire rud éigin ar phíosa páipéir agus dúradh le hUinseann dul ar ais chuig a shuíochán. Déarfainn go mbeadh an mháistreás an-sásta dá sloigfeadh an talamh í!

Ceistíodh triúr eile ina dhiaidh sin. Ní raibh brón ar éinne nuair a chríochnaigh sé linn roimh am lóin. Chaitheamarna an tráthnóna amuigh sa chlós fhad is a bhí sé ag scrúdú na scoláirí móra. Bhí mé ag bualadh Phádraig Uí Ghairbhia sna colpaí le dorn liostraim. *'License'* a déarfadh duine nuair a bhuailfeadh sé duine leis an liostram. Ní cuimhin liom cén fáth a ndeirimis é sin. Díreach ansin shiúil an cigire amach agus dúirt sé linn dul abhaile. Thosaigh leaid amháin ag portaireacht 'Níl aon *sums* anocht.' Chuir duine éigin dorn lena phus agus dúramar leis éisteacht ar eagla go gcloisfeadh na múinteoirí é!

Ag deireadh an fhómhair bhíodh sé de nós ag na Brianaigh – tincéirí – campáil in aice na scoile. Bhímis ag breathnú ar an seanfhear ag déanamh sáspan as stán. Bhí mé féin cinnte gur cheird an-speisialta í. Bhíodh inneoin bheag ag an tincéir, siosúr speisialta chun an stán a ghearradh agus casúirín pointeálta chun na ribhití a liocú. Bhíodh campa beag canbháis acu agus breis is dosaen páiste thart timpeall ar bhladhmsach mhór thine. Ní bhíodh bean an tincéara i láthair, ach thagadh sí i lár an lae chun greim bia a ullmhú dá fear céile agus dá clann. Chaitheadh sise an lá ar fad ag dul ó theach go teach agus í ag díol rudaí mar: sáspain, pictiúir bheannaithe, scaifléirí, boinn bheannaithe agus iallacha bróg. Thagadh sí ar ais agus gráinne tae nó siúcra nó braon bainne sa chiseán aici. Minic go leor thugadh duine de na múinteoirí déirc éigin di ag doras na scoile.

Lá amháin agus sinn inár suí ar ráil na scoile chonaiceamar í ag róstadh rud éigin ar an tine oscailte. Bhí boladh fíordheas uaidh. Maircréal úr a bhí ann, a fuair sí ó dhuine éigin de na hiascairí a bhí ag iascach sna naomhóga an oíche roimhe sin. Bhí beagán tuisceana agam féin ar Bhéarla, ach níor thuig mé mórán den ghibiris a bhí á labhairt ag na tincéirí an lá sin. Dar le m'athair bhí *lingo* dá gcuid féin acu. Labhraíodh siad an *lingo* sin nuair nár mhaith leo go dtuigfí a gcuid cainte. Ar aon nós, bhíomar go léir – cúig gharsún agus fiche againn – ag breathnú ar an mbean agus í ag cócaireacht. Uisce ag teacht ó fhiacla gach duine againn! Chonaic mé buachaill mór ina sheasamh ar an gclaí thall. Ar son na síochána ní inseoidh mé duit cérbh é féin! Rug sé ar scraithín ón gclaí. Chaith sé an scraithín isteach i lár an phota róstaithe. D'imigh iasc, geir agus pota ar fud na talún. Phreab bladhmanna in airde ón tine. Tháinig scaipeadh na mionéan orainn go léir le heagla roimh bhean an tincéara. Lean sí ag liú agus ag mallachtach go dtí gur shroich sí doras na scoile. Isteach léi. Sul i bhfad tháinig sí amach agus an máistir in éineacht léi.

'Gach buachaill ón séú rang go dtí na naíonáin bheaga bídis laistigh de ráil na scoile, lom díreach!' ar seisean. Ní dhearnamar aon mhoill! Níorbh fhada go rabhamar bailithe ansin ar nós scata caorach. Bhí cloigeann an mháistir ata leis an mbrú fola. Chuir sé inár seasamh i gcoinne an fhalla sinn agus slat á luascadh go bagrach ina láimh aige.

'Seasadh an scoláire a chrústaigh an scraithín amach anseo chugainn,' ar seisean. Níor bhog éinne. Ansin chuaigh sé go barr na líne. Chuir sé ceist ar leaid darbh ainm Ó Cinnéide an bhfaca sé an duine a chaith an scraithín. Dúirt seisean nach bhfaca.

'Cuir amach do lámh!' arsa an máistir agus thug sé ceithre bhuille láidre dó. Bhí saghas cód i measc na scoláirí – gan sceitheadh go deo ar éinne. Bhí cúpla leaid mór sa séú rang agus b'fhearr linn go léir cúpla hainse den tslat ná an léasadh a thabharfadh an bheirt sin d'aon spiaire. Thug an máistir ceithre bhuille do gach éinne a bhí sa líne, agus ar seisean linn: 'An bhfuil a fhios agaibh ná bíonn rí ná rath ar éinne go deo a chuireann isteach ar an lucht siúil? Sin iad na daoine a dhíbir Cromail ó thithe agus ó thalamh na hÉireann.'

Is cuimhin liom lá agus mé sa chéad rang. Bhí ceacht ar an nádúr timpeall orainn á múineadh ag an múinteoir do na naíonáin bheaga agus mhóra. Bhí níos mó suime agamsa i gceacht na naíonán ná mar a bhí agam sa scríbhneoireacht a bhí á déanamh againn i rang a haon. Thug an muinteoir míniú do na scolairí ar ainmhithe mar an ghamhain, an capall, an searrach, an luch agus an luichín. Ansin chuir sí ceist ar na scoláirí: 'Tá an cat mór agus an piscín beag. Cén fáth nach bhfuil siad ar chomhthoirt?'

Níor fhreagair éinne go ceann tamaill. Ansin chuir sí an cheist ar leaid beag dárbh ainm Pádraig.

'Mar is é an cat a chacann an piscín,' ar seisean 'agus dá mbeadh an piscín chomh mór leis an gcat ní dhéanfadh sé meabhair ná ciall!'

Phléasc gach éinne sa seomra amach ag gáire. Tháinig dath dearg ar chloigeann an mhúinteora. Rith sí chuig an mbuachaill, rug ar bharr a chluaise le láimh amháin agus ar chúl a chasóige leis an láimh eile. Tharraing sí amach doras an tseomra é. Chualamar Pádraig ag scréachaigh agus ag béicigh amuigh sa halla agus bhí a fhios againn go raibh ramhrú maith á fháil aige.

Nuair a d'fhill an múinteoir ar an seomra bhraithfeá biorán ag titim ar feadh tamaill ina dhiaidh sin. Thosaíomarna ag scríobh ar ár ndícheall ar eagla go bhfaighimis spúnóg an *cocoa* trasna droim na láimhe.

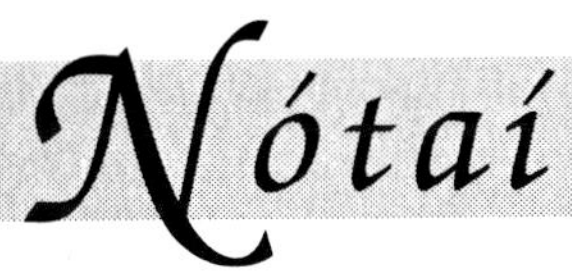

Nótaí

Na Pearsana sa Chaibidil Thuas

- **a** Maidhc Dainín
- **b** An mháistreás scoile
- **c** An cigire
- **d** An cailín ó Bhaile an Lochaigh
- **e** Uinseann Ó Grífín
- **f** Pádraig Ó Gairbhia
- **g** An seantincéir
- **h** Bean an tincéara
- **i** An buachaill a chaith an scraithín
- **j** Buachaill darbh ainm Ó Cinnéide
- **k** Pádraig (leaid beag i rang na naíonán)

Príomhphointí na Caibidle

- **a** Cuairt an chigire
- **b** Na tincéirí
- **c** An eachtra i rang na naíonán

Maidhc Dainín

- **a** Feicimid arís anseo gurb é an tréith is láidre a bhaineann le Maidhc Dainín ná an dúil atá aige sa ghreann. Tá an méid sin soiléir ón gcur síos a thugann sé dúinn anseo ar chuairt an chigire, ar an eachtra le bean an tincéara agus ar eachtra an phiscín.
- **b** Feicimid an dúil a bhí ag Maidhc Dainín sna seansaíochtaí a bhain leis na daoine ar chónaigh sé ina measc sa chaoi ar chuimhnigh sé ar fhocail an mháistir i leith na dtincéirí: 'An bhfuil a fhios agaibh ná bíonn rí ná rath ar éinne go deo a chuireann isteach ar an lucht siúil? Sin iad na daoine a dhíbir Cromail ó thithe agus ó thalamh na hÉireann.'
- **c** Tá sé soiléir ón gcur síos a thugann Maidhc dúinn ar na tincéirí – ar an obair a dhéanadh siad, ar na rudaí a bhíodh á ndíol acu agus ar shaol an champa – go raibh meas mór aige orthu.
- **d** Is léir ón bhfreagra a thug Maidhc ar cheist an chigire go bhfuil sé cliste (i.e., an cheist i leith an méid laethanta atá i mí Feabhra).
- **e** Díreach cosúil leis na buachaillí eile a bhí ar scoil in éineacht leis, níor sceith Maidhc Dainín ar an mbuachaill a chaith an scraithín. An ionann sin is a rá go raibh dílseacht ag baint leis? Nó an raibh eagla air roimh an mbeirt bhuachaillí i rang a sé?
- **f** Feicimid sa chaibidil seo go bhfuil cuimhne ghéar ag Maidhc Dainín. Tá an méid seo soiléir ón gcur síos beo a thugann sé ar gach aon cheann de na heachtraí a tharla le linn a laethanta ar scoil.

An Cigire

- **a** Bhí urraim mhór ag na múinteoirí don chigire. D'ullmhaigh siad na scoláirí go maith don chuairt agus ghlan siad an scoil ó bhun go barr.

Chuir siad iallach ar na scoláirí ceachtanna a fhoghlaim de ghlanmheabhair agus dúirt siad leo 'a dhuine uasail' a thabhairt air.

b Thugadh sé cuairt bhliantúil ar an scoil san fhómhar.

c Bhí ceann mór feola air agus péire spéaclaí ar a shrón.

d Duine cruinn díograiseach pointeálta a bhí ann. Is léir sin ó na ceisteanna a chuir sé ar na daltaí.

e Duine dáiríre, gan puinn d'fhéith an ghrinn, ba ea é. Ní fhaca sé in aon chor an greann a bhí ag baint le caint Uinsinn Uí Ghrífín. Má bhí féith an ghrinn ann níor theastaigh uaidh é sin a léiriú do na scoláirí ná do na múinteoirí.

f Thug sé leathlá do na scoláirí. Dúirt Maidhc gur labhair sé go deas lách leo freisin. Duine deas ab ea é i ndáiríre, mar sin.

An Mháistreás

a D'admhaigh Maidhc gur mhúinteoir den scoth í, ach gur snámh in aghaidh easa a bhí ar siúl aici toisc nach raibh suim ag na scoláirí sa léann.

b Bhí eagla uirthi roimh an gcigire, mar chuir sí iallach ar na scoláirí na suíocháin a ní agus a ghlanadh, tobair an dúich a ghlanadh agus snas a chur ar na clúdaigh phráis a bhí orthu, an smúid a ghlanadh de na cófraí agus a gceachtanna a fhoghlaim de ghlanmheabhair. Thug an máistir leid di go raibh an cigire tagtha freisin. Nuair a thug Uinseann Ó Grífín an freagra greannmhar ar cheist an chigire dúirt an t-údar gur mhaith léi dá sloigfeadh an talamh í!

c Bhí smacht maith aici ar na scoláirí agus ní chuireadh sí suas le gáirsiúlacht ar bith sa seomra ranga – mar is léir dúinn ón eachtra dheireanach sa chaibidil (i.e. Pádraig agus an piscín).

An Máistir

a Bhí eagla air roimh an gcigire. Is dócha gurbh é an máistir féin ba chúis leis an ullmhúchán go léir a rinneadh do chuairt an chigire.

b Duine crosta ba ea é nuair a bhíodh na scoláirí dána – mar a léirigh sé nuair a thug sé ceithre bhuille an duine dóibh go léir.

c Bhí meas aige ar na tincéirí. Ní bhíodh eagla ar bhean an tincéara teacht go doras na scoile ag iarraidh déirce. Feicimid an meas céanna sna focail a dúirt sé leis na scoláirí: 'An bhfuil a fhios agaibh ná bíonn rí ná rath ar éinne go deo a chuireann isteach ar an lucht siúil? Sin iad na daoine a dhíbir Cromail ó thithe agus ó thalamh na hÉireann.'

Stíl

a Mar a dúramar ag deireadh na caibidle roimhe seo, is é an rud is taitneamhaí a bhaineann le scríbhneoireacht an údair seo ná **an tsimplíocht** a bhaineann leis an gcaoi ar féidir leis cur síos a thabhairt dúinn ar eachtraí a tharla dó.

b Tugann Maidhc **cuntas beo suimiúil** dúinn ar chuairt an chigire, ar shaol na dtincéirí agus ar an eachtra a tharla i rang na naíonán.

c Tá dhá sheanfhocal deasa aige:
(i) 'Is minic a bhain bean slat' – i.e., ní bhíonn eagla ar na mná smacht a chur ar pháistí dána.
(ii) 'Is fearr paiste ná poll' – i.e., tá sé chomh maith againn rudaí a dheisiú sula mbíonn damáiste rómhór déanta.

d Tá sé de bhua ag Maidhc Dainín go bhfuil cuimhne ghéar aige a chuireann ina chumas pictiúr beo soiléir a thabhairt dúinn den saol a bhí timpeall air lena linn.

Ceisteanna le Freagairt

1 a 'Stíl shimplí nádúrtha atá ag an údar, Maidhc Dainín Ó Sé. Ag an am céanna, áfach, éiríonn leis pictiúr beo soiléir a thabhairt dúinn de na laethanta a chaith sé ar scoil.'
É sin a phlé i bhfianaise a bhfuil léite agat i gCaibidil 2.

b Luaigh dhá thréith ar bith a bhain leis an gcigire scoile. Tabhair fianaise le do fhreagra.

2 a 'Tugann an t-údar, Maidhc Dainín Ó Sé, pictiúr cruinn soiléir dúinn den chineál saoil a bhí ag páistí scoile lena linn féin.'
É sin a phlé.

b Scríobh cuntas gairid ar a bhfuil le rá ag Maidhc Dainín faoi na tincéirí.

3

An Bhothántaíocht

Idtosach na gcaogaidí bhí céad teach i bParóiste Múrach agus trí chéad duine ina gcónaí iontu. Ní mórán a bhí sna tithe againn. Bhíodh lampa íle crochta ar thaobh an fhalla agus corcán prátaí á bheiriú ar an gcroch iarainn os cionn tine mhóna do na cránacha. Ní raibh teilifís ag éinne agus bhí dhá raidió sa pharóiste – ceann amháin sa teach s'againne agus an ceann eile i dteach múinteora. Bhíodh na raidiónna seo ag obair ar dhá chadhnra – ceann fliuch agus ceann tirim. Ní bhíodh mórán suime againn sna cláir raidió toisc go mbíodh an chuid ba mhó acu i mBéarla. D'éisteadh mo thuismitheoirí leis an nuacht agus bhíodh an teach lán nuair a bhíodh an *All Ireland* ar siúl. Bhíodh daoine ag éisteacht fiú amháin taobh amuigh den fhuinneoig oscailte! Bhíodh poll a chluaise ag an raidió ag m'athair nuair a bhíodh an nuacht ar siúl. Uaireanta thiteadh a chodladh air sula mbíodh an nuacht thart! Bhíodh eagla orainn go léir an raidió a chur as ar eagla go gcaillfimis an stáisiún! Nuair nach mbíodh éinne ag éisteacht leis an raidió chlúdaíodh m'athair é le braitlín bhán ar eagla go rachadh aon smúit isteach ann!

Nuair a bhíodh argóint faoi chúrsaí spóirt nó ceoil ar siúl sa teach deireadh m'athair: 'Ceol, cú nó cúrsaí caide, sin trí ní nár cheart a scaoileadh faoi dhíon aon tí mar ní leanann iad ach toirmeasc agus díomhaointeas.' Cé go ndeireadh sé rudaí mar sin bhí suim aige sa pheil agus bhí sé in ann cúpla a port a sheinm ar an mbosca. Minic go leor bhíodh sé ag éisteacht le Mícheál Ó hEithir agus chloisimis é ag rá: 'Níl aon dul go mbuafaimid ar Ros Comáin inniu' nó 'Buafaidh Co. na Mí go bog orthu.' Bhíodh mo mháthair chomh mór sin trí chéile nuair a bhíodh comhscór idir na foirne go mbíodh uirthi dul amach sa ghairdín ar eagla go scóráilfaí cúl i gcoinne Chiarraí!

Anois is arís bhíodh clár ceoil nó dráma Gaeilge ar an raidió a mbainimis taitneamh as. An rud is annamh is iontach! Is cuimhin liom oíche áirithe ar thug bean chomharsan cuairt orainn. Ní raibh aon chur amach aici ar raidió, ach d'iarr mo mháthair uirthi fanacht chun éisteacht le dráma. Dar leis an gcuairteoir, níorbh fhiú dráma a chloisteáil mura mbeadh sí in ann na haisteoirí a fheiceáil. Ar aon nós, dúirt sí go bhfanfadh sí chun an *machine* aisteach seo a fheiceáil ag obair! Dráma Béarla a bhí ar siúl. Thit ciúnas ar a raibh sa seomra. Bhí gach éinne ag baint suilt as an mbean seo a fheiceáil ag druidim a cluaise níos cóngaraí don raidió. Bhí an-suim ar fad aici sa dráma. Go tobann stop an chaint ar an raidió. Dhruid sí níos cóngaraí dó. *'You are near enough now,'* arsa duine de na haisteoirí os ard. Léim an bhean as an gcathaoir.

'Ó a Íosa Críost – moladh go deo leis – conas a chonaic sé amach as an raidió mé?' ar sise. Rug sí ar a seál agus d'imigh sí amach an doras. 'Ní haon rud fónta an gléas san,' ar sise, 'tá sé ins na púcaí.'

Bhíodh an bhothántaíocht againn mar chaitheamh aimsire i rith oícheanta fada an gheimhridh. Bhíodh cuideachta agus craic sna tithe go léir ar fud an pharóiste. Bhí scéalaithe den scoth inár measc agus, minic go leor, bhíodh cúpla véarsa – nó b'fhéidir fiche véarsa – de sheanamhrán éigin le cloisteáil againn.

Thagadh fear leathan téagartha darbh ainm Ó Conchúir as Baile an Mhúraigh go dtí an teach s'againne, ar a laghad trí oíche sa tseachtain, chun nuacht a sé a chloisteáil. Bhí cogadh Korea ar siúl agus, toisc a lán de mhuintir an pharóiste a bheith ina gcónaí i Meiriceá (agus in arm na Stát Aontaithe), bhí a lán acu páirteach sa chogadh sin. 'Grae' an leasainm a bhí againn ar an bhfear seo. Cleasaí, fear cuideachta agus sárscéalaí ba ea é. Scéalta seoigh atá i gceist agam. Shuíodh sé siar díreach os comhair na tine, an chathaoir scaoilte siar ar an dá chois deiridh aige, agus a phíopa ina bhéal aige. Tharraingíodh sé gal fada isteach ina scamhóga agus ligeadh sé an deatach amach an bhearna a bhí idir na fiacla aige. Bhíodh cuid againn inár suí ar fhód stuaicín in aice na tine. Bhíodh mo dheartháir, Paidí, an duine ba shine againn, ina shuí le mo thaobhsa. Bhí mo dheartháir, Seán, i Meiriceá ag an am sin. Bhíodh mo mháthair ar an taobh clé de Ghrae. Bhíodh Tomás, mo dheartháir óg, sa leaba. Ba mhinic m'athair agus Grae ag iascach i naomhóig le chéile. Níorbh aon ionadh, mar sin, scéalta iascaigh a bheith ag Grae. Ní insíodh sé na scéalta ab fhearr go dtí go mbíodh na páistí sa leaba, ach is minic a bhínn féin ag éisteacht ag poll na heochrach. Seo ceann de na scéalta a chuala mé:

Bhí Grae agus Páid Carty agus Hugh ag iascach bhallach in aice le Cuas na Ceannaine. Baoite portán a bhí acu, ach ní raibh aon phriocadh á fháil acu. Mhol Hugh dóibh druidim aníos cúpla feá. Rinne siad amhlaidh agus laistigh d'uair an chloig bhí fiche ballach agus trí phollóg ar bord acu! Bhí ocras mór ar Ghrae. Bhí sé ina lag trá ag an am agus bhí ábhar tine ina phaca aige. Dúirt sé leis an mbeirt eile go rachadh siad isteach i bpluais chun na ballaigh a bheiriú. D'aontaigh na fir eile mar bhí ocras orthusan freisin. Las Grae an tine agus ghlan Carty an t-iasc. Shín Hugh siar ar an ngaineamh agus a bholg le gréin. 'Mura mbeadh mise,' ar seisean 'bheadh sibhse amuigh ag glinneáil fós agus gan faic ar an nduán ach an baoite.' Nuair a bhí an t-iasc beirithe ní raibh pláta ag éinne ach ag Grae. Rith Hugh síos go dtí an naomhóig agus fuair sé cupán a bhíodh ag taoscadh acu.

'Nach maith a chuimhnigh an diabhal air,' arsa Dainín, ag cur isteach ar an scéal.

'Chuimhnigh an bastairt,' arsa Grae agus lean sé lena scéal:

Bhí ar Carty bocht ithe as tóin an sciléid. Nuair a bhí an béile thart chuimil Hugh a bholg agus é go breá sásta. Chuir Grae ceist air ar nigh sé an cupán sular ith sé as. Dúirt Hugh nár nigh. Ansin d'inis Grae dó gur bhuail tinneas duine darbh ainm Jéimsín lá nuair a bhí sé amuigh ag iascach. Lig Jéimsín a bhriste síos agus lig sé ualach maith isteach sa chupán sin! Tháinig dath liathbhán ar Hugh agus chuir sé amach a raibh ite aige!

Rinne mo mháthair gáire croiúil nuair a chuala sí an scéal sin. Ar ndóigh ní dhearna Jéimsín 'gnó an rí' isteach sa chupán in aon chor!

Saol bocht a bhí againn, ach bhíodh neart tae agus aráin againn; agus ar ócáidí speisialta bhíodh leathcheann muice nó iasc nó galún pórtair againn.

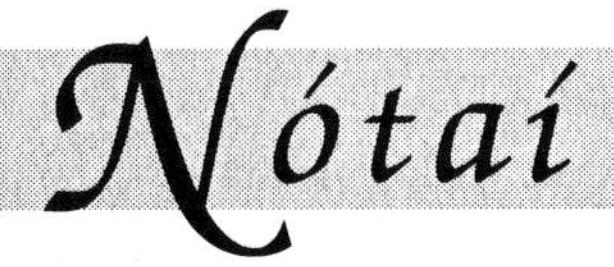

Nótaí

Na Pearsana sa Chaibidil Thuas

- **a** Maidhc Dainín
- **b** Athair Mhaidhc (i.e., Dainín)
- **c** Máthair Mhaidhc
- **d** Bean chomharsan
- **e** Grae (Ó Conchúir), Páid Carty agus Hugh

Príomhphointí na Caibidle

- **a** Na tithe
- **b** An raidió
- **c** An *All Ireland*
- **d** *'You are near enough now'*
- **e** An bhothántaíocht
- **g** Grae, Páid agus Hugh

Maidhc Dainín

- **a** Feicimid arís anseo gurb é an tréith is láidre a bhaineann le Maidhc Dainín ná an dúil atá aige sa ghreann. Tá an méid sin soiléir ó na heachtraí greannmhara a dtugann sé cur síos orthu sa chaibidil seo (c.f., **'An Greann sa Chaibidil '** thíos).

- **b** Sna leathanaigh seo tugann Maidhc Dainín cur síos dúinn ar roinnt de na rudaí a thaitin leis nuair a bhí sé óg – an raidió, na cuairteoirí a thagadh isteach chuig a mhuintir, nós na bothántaíochta, an chraic a bhíodh ar siúl sa teach. Is léir ó na heachtraí seo go léir go raibh meas mór ag Maidhc ar a mhuintir, ar a pharóiste dúchais, ar a theanga agus ar na nósanna a bhain lena mhuintir féin. Mórtas cine atá i gceist anseo, i ndáiríre.
- **c** Tuigimid go maith ó na heachtraí go léir sa chuid seo den leabhar go bhfuil bua na cuimhne ag Maidhc Dainín agus go bhfuil sé in ann cur síos beo a thabhairt ar nithe a tharla le linn a óige.
- **d** Tá sé de bhua ag Maidhc go bhfuil sé in ann gáire maith croíúil a ligean as nuair a smaoiníonn sé ar na rudaí a dhéanadh a thuismitheoirí féin. Tuigimid go maith uaidh seo go léir go raibh grá mór aige dá tuismitheoirí.

Dainín

Tá neart leideanna ag Maidhc sa chaibidil seo a chuireann in iúl dúinn an cineál duine ba ea a athair:

- **a** Ba leis féin an raidió, ar bhealach! Ní ligeadh sé d'éinne a bheith ag útamáil leis na cnaipí.
- **b** Bhíodh sé go minic ag éisteacht leis an nuacht, agus cuireann an méid sin in iúl dúinn go raibh suim mhór aige i gcúrsaí an domhain.
- **c** Ligeadh sé air nach raibh suim aige i gceol ná i gcluichí, ach insíonn Maidhc dúinn go raibh sé in ann cúpla port a sheinm ar an mbosca agus go n-éisteadh sé le cluichí peile ar an raidió.
- **d** Thaitin an chuideachta go mór leis, mar bhíodh cuid mhaith daoine ag bothántaíocht sa teach acu.
- **e** Thaitin scéal Ghrae go mór leis.

Máthair Mhaidhc

Ní thugann an t-údar mórán eolais dúinn i dtaobh a mháthar anseo, ach tuigimid an méid seo a leanas i bhfianaise a bhfuil ina taobh sa scéal:

- **a** Thaitin an chuideachta go mór léi, mar bhíodh cuid mhaith daoine ag bothántaíocht sa teach acu.
- **b** Bhíodh sí ar bís nuair a bhíodh an *All Ireland* ar siúl agus bhíodh uirthi dul amach go dtí an gairdín ar eagla go scóráilfaí cúl i gcoinne Chiarraí.
- **c** Thaitin scéal Ghrae go mór léi agus phléasc sí amach ag gáire nuair a bhí an scéal sin cloiste aici.

An Greann sa Chaibidil

Tá greann le feiceáil againn sna heachtraí seo a leanas:

- athair Mhaidhc ag titim ina chodladh le linn na nuachta;
- eagla ar mhuintir an tí an raidió a chur as;
- máthair Mhaidhc ag imeacht amach go dtí an ghairdín nuair a bhíodh an cluiche ar siúl;
- an bhean chomharsan agus *'You are near enough now'*;
- an scéal a bhí ag Grae.

Eolas i dtaobh Mhuintir na hÁite

Tugann an t-údar an t-eolas seo a leanas dúinn i dtaobh mhuintir na háite:

- go raibh céad teach ag trí chéad duine;
- go mbíodh pota prátaí ag beiriú ar an gcroch iarainn os cionn tine mhóna sa tráthnóna;
- nach raibh teilifís ar bith sa pharóiste;
- go raibh dhá raidió sa pharóiste;
- go mbíodh an raidió ag feidhmiú ar dhá chadhnra;
- go mbíodh an teach lán nuair a bhíodh an *All Ireland* ar siúl;
- gur mhaith leis na daoine éisteacht le clár ceoil nó le dráma ar an raidió;
- go mbíodh an bhothántaíocht ina caitheamh aimsire ag na daoine;
- go mbíodh neart scéalaithe – go háirithe scéalaithe seoigh – ina measc;
- go mbíodh na fir amuigh ag iascach sna naomhóga (agus tugtar roinnt mhaith téarmaí dúinn a bhaineann leis an iascaireacht);
- go mbíodh neart tae agus aráin agus, anois is arís, leathcheann muice nó galún pórtair acu.

Stíl

- **a** Feicimid arís **an tsimplíocht** a bhaineann leis an gcaoi ar féidir le Maidhc Dainín Ó Sé cur síos a thabhairt dúinn ar eachtraí a tharla dó.
- **b** Tugann Maidhc **cuntas beo suimiúil** dúinn ar an gcistin, ar an tábhacht a bhain leis an raidió, ar an eachtra a tharla don bhean chomharsan, ar scéal Ghrae. Tá bua na scéalaíochta ag Maidhc féin gan amhras.
- **c** Tá seanfhocal deas aige: 'An rud is annamh is iontach' – i.e., bíonn suim i gcónaí ag daoine sa rud nach dtarlaíonn rómhinic.
- **d** Tá neart fianaise sa chaibidil seo go bhfuil bua láidir na cuimhne ag Maidhc Dainín. Feicimid an méid sin sa **chuntas beo suimiúil** a thugann sé dúinn ar an gcistin, ar an tábhacht a bhain leis an raidió, ar an eachtra a tharla don bhean chomharsan, ar scéal Ghrae.

Ceisteanna le Freagairt

1 **a** 'Stíl shimplí nádúrtha atá ag an údar, Maidhc Dainín Ó Sé. Ag an am céanna, áfach, éiríonn leis pictiúr beo soiléir a thabhairt dúinn de na laethanta a chaith sé ar scoil.'
É sin a phlé agus an eachtra a bhain le Grae agus a chairde san áireamh agat.

b Scríobh cuntas *gairid* ar a mbíodh ar siúl i dteach Uí Shé agus na daoine ag éisteacht leis an *All Ireland.*

2 **a** 'Tugann an t-údar, Maidhc Dainín Ó Sé, pictiúr cruinn soiléir dúinn den chineál saoil a bhí ag muintir a pharóiste dúchais.'
É sin a phlé.

b Scríobh cuntas *gairid* ar a bhfuil de **ghreann** sa chaibidil seo.

4

Iascach na mBradán

Ritheann abhainn mar theorainn idir Charrachán agus Bhaile Ghainnín. Braitheann ainm na habhann seo ar ainm an cheantair trína bhfuil sí ag rith! Tá ainmneacha mar abhainn an Bhaile Bhric agus abhainn Bhaile Ghainnín uirthi. Is dócha gurb í abhainn na Feothanaí atá uirthi go hoifigiúil! Tá an abhainn seo domhain in áiteanna agus tanaí in áiteanna eile. Bhíodh ainmneacha ag daoine ar na poill doimhne a bhí san abhainn – e.g., Poll na Leacht, Linn an Chaisleáin agus Poll Liam.

Bhíodh a lán éisc san abhainn seo sna caogaidí. Toisc airgead a bheith gann na laethanta sin bhíodh iascach neamhdhleathach bradán ar siúl san abhainn. Bhíodh ar dhuine an cheird seo a fhoghlaim go hóg, mar bhí scileanna áirithe ag baint léi. Bhíodh ar dhuine an tsúil a bheith traenáilte go maith aige chun an bradán a fheiceáil ar leaba na habhann nó in aice an phoirt. Ní inseoidh mé mórán de na scileanna anseo ar eagla go bhfoghlaimeodh an iomarca daoine iad! D'úsáidimis traimil san oíche, mar bhíodh na mogaill ar an traimil beag go leor chun breith ar an mbreac geal chomh maith leis an mbradán. Rinne m'athair píce speisialta don iascaireacht seo. Bhí scil ag baint leis an bpíce mar dá dteipfeadh ort an breac a shá an chéad uair d'imeodh sé fiáin.

Bhí beirt fhear sa cheantar agus bhí clú mór orthu mar gheall ar scil an phíce a bheith ar fheabhas acu. Tharla an oíche a raibh duine acu faoi chlár go ndúirt duine de na póitseálaithe sa cheantar os ard: 'Is é an trua Mhuire an dá shúil id cheann a chur sa chré gan a fháil amach conas a múnlaíodh thú.'

Lá amháin bhí mé féin ag gabháil port na habhann nuair a chonaic mé radharc a chuir éirí croí orm. Istigh in aice le tor sliotharnaí chonaic mé bradán breá agus a eireaball á luascadh aige sall agus anall. Bhrostaigh mé i dtreo an tí agus bhuail mé le m'athair Dainín ag teacht amach as gort éigin agus asal ar adhastar aige. Nuair a d'inis mé dó céard a bhí feicthe agam ní raibh aon mhoill air an t-asal a cheangal den phola agus a rá liom an píce a fháil as na frathacha sa bhothán uachtair. Níor ghá dó a insint domsa cá raibh an píce, ar ndóigh! Níorbh fhada go raibh an bheirt againn ar bogshodar i dtreo an droichid. Dúirt m'athair liom gan a bheith ag rith in aon chor ar eagla go dtabharfadh na comharsana faoi deara sinn agus go mbeadh siad ag iarraidh cabhrú linn!

Bhí an bradán bailithe leis nuair a shroicheamar an áit. Dúirt m'athair liom a bheith foighneach. Ansin thug mé an bradán faoi deara sé troithe ón gcéad áit ina bhfaca mé é. Thaispeáin mé do m'athair é. D'ullmhaigh sé é féin chun oibre... 'Chím é,' ar seisean. Ní túisce a bhí na focail sin as a bhéal aige ná bhí an píce sáite san iasc aige agus é á thógáil aníos as an abhainn.

'Fámaire breá,' arsa m'athair. Chomh luath is a dúirt sé na focail sin thug an bradán cor éigin ag iarraidh an píce a chur de. Chuala mé cnag ón bpíce agus briseadh é ina dhá leath! Thit m'athair bocht isteach san abhainn agus a fhiacla agus a phíp fós ina bhéal aige! D'imigh an bradán leis agus cuid den phíce fós ina dhroim aige. B'éigean dom féin pléascadh ag gáire. Tháinig rabharta feirge ar m'athair. Níor chuala mé riamh i mo shaol drochfhocal ó m'athair go dtí an lá sin. Bhí sé ansin agus a chaipín imithe le sruth. Tháinig slabhra focal amach as a bhéal nár cheap mé riamh a bheith sa Ghaeilge!

Chuardaíomar ar feadh tamaill, ach ní fhacamar tásc ná tuairisc den bhradán. Ansin díreach nuair a bhí sé i gceist againn imeacht abhaile chonaic Dainín sruth fola in aice le port na habhann. Sháigh sé a lámh isteach agus thóg sé amach an bradán ba bhreátha dá bhfaca mé riamh ag teacht as abhainn na Feothanaí. Bhí sonas le tabhairt faoi deara ar aghaidh m'athar agus é ar a bhealach abhaile.

Chaithinn féin agus duine de na comharsana cuid mhaith oícheanta ag tarraingt líon síos suas an abhainn. Bhí aithne agam ar gach orlach den abhainn. Bhíodh orainn dul amach leis na líonta san oíche mar bhíodh na Gardaí Síochána agus báillí stróinséartha ag faire na habhann i rith an lae. Fiú amháin san oíche bhíodh *scout* againn ar an droichead. Ligeadh an *scout* dhá fhead as dá bhfeicfeadh sé gluaisteán stróinséartha ag teacht an treo. Dar linne, bhí buannacht na habhann ag gach duine sa pharóiste.

An bhliain a bhfuil mé ag tagairt di bhí na héisc go tiubh san abhainn. Bhí sé furasta ceannaitheoirí a fháil, go háirithe i measc na ndaoine a bhí ar saoire sa cheantar. Mura gceannaíodh na cuairteoirí iad bhíodh sé furasta iad a dhíol leis na tithe ósta sa Daingean. Bhí na bradáin chomh maith sin sa bhliain 1956 gur cuimhin liom bradán cheithre puint déag a dhíol ar dhá scilling déag.

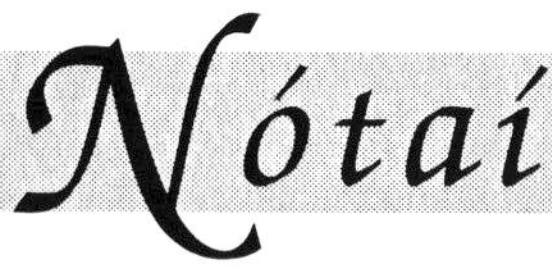

Nótaí

Na Pearsana sa Chaibidil Thuas

- **a** Maidhc Dainín
- **b** Athair Mhaidhc (i.e., Dainín)

Príomhphointí na Caibidle

- **a** Cur síos ar abhainn na Feothanaí
- **b** Scileanna an iascaire
- **c** An bradán san abhainn
- **d** Póitseáil na mbradán

Maidhc Dainín

- **a** Mar is gnáth leis cuireann Maidhc Dainnín in iúl dúinn arís anseo an dúil mhór a bhíonn i gcónaí aige sa ghreann. Feicimid é seo sa chur síos a thugann sé dúinn ar an gcaoi ar thit a athair bocht isteach san abhainn – a phíp agus a fhiacla fós ina bhéal aige.
- **b** Feicimid an meas mór atá ag Maidhc ar a athair sna leathanaigh seo. Cé go ngáireann sé faoina athair tá a fhios againn go raibh bród air as scil a athar i mbun an phíce. Taitníonn le Maidhc a bheith in ann a insint dúinn gur bhuaigh a athair ar an mbradán.
- **c** Tá bua na cuimhne ag Maidhc Dainín gan amhras. Tugann sé cur síos cruinn beo dúinn ar eachtra seo an bhradáin.

Dainín

- **a** Bhí comrádaíocht láidir idir é féin agus a mhac.
- **b** Ní rómhinic a d'úsáideadh sé caint gharbh, mar deir Maidhc Dainín linn nár chuala sé drochfhocal as béal a athar go dtí an lá sin ar an abhainn.
- **c** Bhí scil mhaith aige in úsáid an phíce. Ní raibh aon mhoill air an píce sin a shá sa bhradán.
- **d** Bhí sé glic. Dúirt sé le Maidhc Dainín gan a bheith ag rith ar eagla go dtabharfadh na comharsana faoi deara iad ag dul i dtreo na habhann.

An Greann sa Chaibidil

Feicimid greann san eachtra a tharla d'athair an údair agus é ag iarraidh breith ar an mbradán – sa chaoi ar thit sé isteach san abhainn, a phíp agus a fhiacla fós ina bhéal aige.

Eolas i dtaobh Mhuintir na hÁite

Tugann an t-údar an t-eolas seo a leanas dúinn i dtaobh mhuintir na háite:

- go mbíodh ainm dá gcuid féin acu ar a gcuid féin den abhainn;
- go n-úsáideadh siad traimil nó píce agus iad ag iascach san abhainn;
- go mbíodh siad ag póitseáil;
- gur bhraith siad go raibh buannacht na habhann ag gach duine sa pharóiste.

Stíl

a Feicimid arís **an tsimplíocht** a bhaineann leis an gcaoi ar féidir le Maidhc Dainín Ó Sé cur síos a thabhairt dúinn ar eachtraí a tharla dó.

b Tá bua na scéalaíochta ag Maidhc. Tugann sé **cuntas beo suimiúil** dúinn ar an eachtra a tharla dó féin agus dá athair cois abhainn.

c Tá bua na cuimhne ag Maidhc Dainín gan amhras. Tugann sé cur síos cruinn beo dúinn ar eachtra an bhradáin.

Ceist le Freagairt

a 'Tugann an t-údar, Maidhc Dainín Ó Sé, pictiúr cruinn soiléir dúinn de nósanna iascaigh a bhain le muintir a pharóiste féin.' An ráiteas sin a phlé.

b Scríobh cuntas *gairid* ar a bhfuil de **ghreann** sa chaibidil seo.

5

Fiacha na dToitíní

Bhí mé dhá bhliain déag d'aois nuair a bhlais mé mo chéad toitín. Gach tráthnóna bhíodh idir óg agus aosta bailithe ag bun an phoirt ar an bhFeothanaigh ag an am sin. Bhíodh buit toitín ina bhéal ag aon bhuachaill a mbíodh an sé bliana déag bainte amach aige. D'fhanainn féin ar thaobh na gaoithe den duine a mbíodh *Woodbine* ina bhéal aige! Bhíodh an boladh go hálainn. Nuair a bhíodh smut den toitín caite ag cuid de na daoine bhaineadh siad an barr dearg de agus chuireadh siad ar ais sa phóca é. Bhímis ag faire ar éinne a mbíodh bosca toitíní aige – ag súil go bhfaighimis buit uaidh. Dar linne ní raibh tú i d'fhear go dtí go raibh *feaig* sáite isteach i do bhéal agat. Bhí sórt laochais ag baint leis na toitíní ag an am sin. Bhí buachaill ann darbh ainm Eddie Hutch agus bhíodh buit de thoitín aige ina phóca nuair a thagadh sé ar scoil gach lá. Nuair a d'inis sé dom go bhfaigheadh sé toitíní óna uncail Maidhc, níorbh fhada gur thosaigh mé féin ag cur aithne ar uncail Maidhc!

Satharn breá i ndeireadh an tsamhraidh thug mé cuairt air i mBaile an Mhúraigh. Bhí Maidhc ina shuí ar chathaoir shúgáin sa chúinne agus Eddie ar stól beag in aice leis. Bhí an bheirt acu ag caitheamh. Phointeáil Maidhc lena chána agus d'iarr sé orm suí ar stóilín. Tharraing Maidhc na toitíní as a phóca, sháigh Eddie ceann acu isteach i mo bhéal agus dheargaigh sé é le smearóid a thóg sé as an tine leis an tlú. Dúirt Eddie liom an deatach a scaoileadh siar ionas go mbainfinn sásamh as. Cheap mé go raibh mé i m'fhear agus an *feaig* ansin agam idir mo dhá mhéar. Tar éis tamaill bhain mé an barr dearg den toitín chomh pointeálta le haon fhear fásta! Go tobann bhraith mé mo cheann ag éirí éadrom agus mo scamhóga ag casadh ar a chéile! Ghabh mé mo leithscéal leis an mbeirt eile agus lig mé orm go raibh orm dul abhaile chun móin a thabhairt isteach. Rith mé amach chuig bóithrín ciúin nach mbíodh in úsáid ag éinne agus chuir mé amach a raibh istigh i mo bholg. Chaith mé uair an chloig i mo luí ansin go dtí gur tháinig mé chugam féin.

Ní thagann ciall roimh aois, mar a déarfá, agus níorbh fhada go raibh dúil sna toitíní agam. Is annamh a bhíodh fiacha na dtoitíní agam mar dá dtuillfinn cúpla pingin ag obair d'fheirmeoir ar bith bhíodh orm an t-airgead a thabhairt do mo mháthair. Gach maidin Luain théinn féin agus Eddie go doras halla an pharóiste. Bhailímis na buiteanna a bhíodh ar an talamh, bhainimis an páipéar díobh agus chuirimis an tobac i mbosca stáin. Chuirimis an bosca stáin i bpoll sa chlaí agus aon uair a mbíodh gal uainn ní bhíodh le déanamh againn ach an tobac a chur taobh istigh de bhlúire den *Kerryman*!

Deich bpingine agus leathphingin a bhí ar phaicéad *Woodbine* agus trí leathphinginí ar bhosca lasán. Bhí an t-airgead gann. Bhíodh seifteanna éagsúla againn chun fiacha na dtoitíní a fháil. Uaireanta théimis chuig stábla agus bhearraimis an ruaimneach d'eireaball nó de mhuing an chapaill. Dhíolamis an ruaimneach leis na tincéirí ar scilling an punt. Chuirtí an milleán ar na tincéirí, ar ndóigh, nuair a d'fheiceadh éinne eireaball an chapaill bearrtha siar go dtí an stumpa! Tharlaíodh an rud céanna nuair a bhí m'athair óg freisin, mar d'inis sé dom gur gearradh eireaball le miúil a bhí ag John Horgan siar go dtí an stumpa uair freisin. Ní róbhuíoch a bhí bean John!

Seift eile a bhíodh againn ná uibheacha a ghoid ó bhothán na gcearc. Bhí scilling agus naoi bpingine ar dhosaen ubh. Bhí seanduine ina chónaí i gCarrachán agus b'fhusa briseadh isteach go Fort Knox ná dul isteach sa chlós cearc a bhí aige. 'Meex' an leasainm a bhí air. Maidin amháin d'fhair mé é sa chlós. É féin a thugadh an bia do na cearca. Thagadh na cearca amach trí pholl i mbun an dorais. Ní raibh ach slí d'aon chearc amháin sa turas chun teacht amach as. Bheireadh Meex ina gceann agus ina gceann orthu agus ropadh sé ceann dá mhéara suas go háras na n-uibheacha. Aon chearc a mbraitheadh sé ubh a bheith aici chuireadh sé í ar thaobh eile den chlós, áit a raibh neadacha réitithe aige! Bhí cor mírialta éigin ina mhéar ag Meex a chabhraigh leis an obair sin a dhéanamh!

Is cuimhin liom go maith lá a bhí mé ag bun ár ngoirt féin nuair a thug mé faoi deara cearc dár gcuid féin ag teacht amach as tor aitinn. Tháinig mé ar nead agus, ar a laghad, dosaen ubh inti! Bhí an chearc tamall amach ón nead. Chomhairigh mé na huibheacha. Trí cinn déag a bhí ann. Bheadh gal breá agam amárach! Chuaigh mé suas i dtreo an tí chun *soda* a fháil. D'úsáideadh mo mháthair an *soda* chun na huibheacha a ghlanadh. Bhí mé ag feadaíl ionas nach dtabharfadh éinne faoi deara go raibh fuadar fúm. Fuair mé mála siopadóireachta agus chuir mé cúpla leathanach den *Kerryman* isteach ann. Ar ais liom go dtí an nead. Bhí an chearc ina suí inti! Sháigh mé mo lámh isteach chun na huibheacha a fháil. Bhain an chearc piocadh maith asam lena gob. 'Léan ort, a bhitch,' arsa mise. Rug mé ar a heireaball agus chaith mé amach as an nead í. Chuir mé na huibheacha isteach sa mhála agus síos liom go port na habhann leo. Nigh mé iad agus ghlan mé leis an *soda* iad. Chas mé píosa den *Kerryman* ar gach ceann de na huibheacha.

Chuaigh mé trí na páirceanna go dtí an uachtarlann agus dhíol mé na huibheacha leis an mbainisteoir. Bheadh tobac seachtaine agam!

Cúpla tráthnóna ina dhiaidh sin léim mo chroí nuair a chuala mé mo mháthair ag rá: 'N'fheadar cad chuige go bhfuil bainisteoir na huachtarlainne ag tabhairt cuairt orainn tráthnóna.' Bhí m'athair suite sa chúinne agus bús deataigh ag teacht as a phíp. Tháinig an bainisteoir isteach agus leag sé mála ar an mbord. Rug mise ar an bpaca folamh móna agus dúirt mé go dtabharfainn isteach paca móna.

'Fan go fóill,' arsa an bainisteoir. 'Na huibhe seo a chuiris siar chugam cúpla lá ó shin...' Bhí mé i gcruachás. Lean sé air: 'Sé Micheál a thug chugam iad maidin inné,' ar seisean. 'Bhí sicíní i hocht gcinn acu agus bhí ceithre cinn de ghlugars orthu chomh maith. Bhí na sicíní ar fad caillte sna huibhe.'

Léim m'athair in airde agus thug sé crústa dom i log na cluaise. Chuir sé ceist orm cad a rinne mé leis na huibheacha agus leis an airgead. Bhuail sé sa chluais arís mé. D'inis mé dó gur dhíol mé na huibheacha agus gur cheannaigh mé *chocolates* agus *sweets* leis an airgead. Bhí greim aige ar chúl mo chasóige. D'éirigh liom sleamhnú amach as an gcasóig agus ghread mé liom i dtreo na habhann. Chuaigh mé i bhfolach in Inse Bhaile Ghainnín go dtí go mbeadh an stoirm thart. Tháinig mo dheartháir Páidí chugam tar éis tamaill agus d'inis sé dom go raibh Dainín imithe amach ag iascach. Chuaigh mé abhaile.

'Sea anois,' arsa mo mháthair liom, 'tá súil agam gur fhoghlaimís do cheacht inniu. Nuair a thiocfair abhaile ó scoil tráthnóna amáireach mar chúiteamh ar fhiacha na n-ubh caithfir paca sciolltán a scoltadh.' Níor thaitin sé sin liom mar ba dheacair Dainín a shásamh maidir le scoltadh na sciolltán!

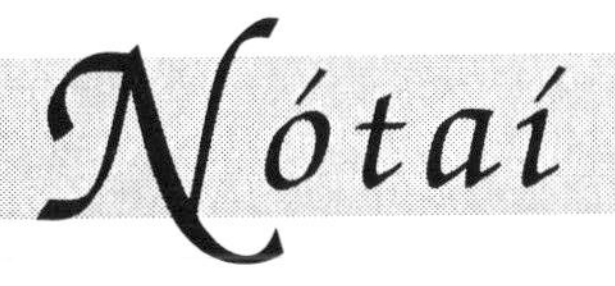

Na Pearsana sa Chaibidil Thuas

- **a** Maidhc Dainín
- **b** Athair Mhaidhc (i.e., Dainín)
- **c** Máthair Mhaidhc
- **d** Eddie Hutch
- **e** Uncail Maidhc
- **f** Meex
- **g** Bainisteoir na huachtarlainne

Príomhphointí na Caibidle

- **a** *Woodbines* ag bun an phoirt ar an bhFeothanaigh
- **b** An chéad *feaig*
- **c** Tobac ag halla an pharóiste
- **d** Ruaimneach na gcapall
- **e** Meex agus na cearca
- **f** Uibheacha le díol
- **g** Cúpla crústa ó Dhainín

Maidhc Dainín

- **a** Mar is gnáth leis cuireann Maidhc Dainnín in iúl dúinn arís anseo an dúil mhór a bhíonn i gcónaí aige sa ghreann. Feicimid an greann seo: sa chur síos a thugtar dúinn ar na leaideanna óga agus na *Woodbines* ina mbéil acu; sa chur síos ar iompar Meex; sa chur síos ar Mhaidhc ag caitheamh toitín in éineacht le Eddie Hutch agus uncail Maidhc; sa chleas a d'imríodh na buachaillí ar na capaill; sa chur síos ar an ngadaíocht a rinne Maidhc agus ar ar tharla dó mar gheall air sin. Tuigimid go maith ón gcaibidil seo go bhfuil Maidhc Dainín in ann gáire maith croíúil a dhéanamh faoi féin.
- **b** Léiríonn na samplaí thuas luaite go raibh Maidhc ina phleidhce nuair a bhí sé óg. Bhí sé ag caitheamh toitíní i ngan fhios dá thuismitheoirí. Ní dhearna sé aon mhoill aithne a chur ar uncail Maidhc nuair a thuig sé go bhfaigheadh sé toitín uaidh. Níor chuir sé as dó gadaíocht a dhéanamh nuair a fuair sé an seans. Thapaigh sé an deis chun bréag a insint nuair a d'fhiafraigh a athair de céard a rinne sé leis an airgead a fuair sé ar na huibheacha.
- **c** Tá bua na cuimhne ag Maidhc Dainín gan amhras. Tugann sé cur síos cruinn beo dúinn ar iompar na ndaoine óga, ar a chéad ghal tobac, ar Meex agus na cearca, agus ar eachtra na n-uibheacha.

Dainín

Feicimid taobh eile ar fad de charachtar Dhainín anseo. D'éirigh sé an-chrosta ar fad nuair a thuig sé céard a bhí déanta ag Maidhc leis na huibheacha. Bhíodh eagla an-mhór ar fad ar Mhaidhc nuair a thagadh fearg ar a athair.

An Greann sa Chaibidil

Tá neart samplaí den ghreann sa chaibidil seo. Rud eile a chuireann an chaibidil seo in iúl dúinn ná gur féidir le Maidhc Dainín gáire faoi na rudaí greannmhara a tharlaíonn dó féin. Is iad seo a leanas roinnt samplaí den ghreann atá le feiceáil sa chaibidil:

- **a** an cur síos a thugtar dúinn ar na leaideanna óga agus na *Woodbines* ina mbéil acu;
- **b** an cur síos ar Meex agus é ag tabhairt bia do na cearca;
- **c** an cur síos ar Mhaidhc ag caitheamh toitín in éineacht le Eddie Hutch agus uncail Maidhc;
- **d** an cleas a d'imríodh na buachaillí ar na capaill;
- **e** an cur síos ar an ngadaíocht a rinne Maidhc agus ar ar tharla dó mar gheall air sin.

Stíl

- **a** Feicimid arís **an tsimplíocht** a bhaineann leis an gcaoi ar féidir le Maidhc Dainín Ó Sé cur síos a thabhairt dúinn ar eachtraí a tharla dó.
- **b** Tá **bua na scéalaíochta** ag Maidhc. Tugann sé **cuntas beo suimiúil** dúinn ar na heachtraí a tharla dó féin agus ar na cleasa a d'imríodh sé féin agus na buachaillí eile le linn a óige.
- **c** Úsáideann sé seanhfocal deas arís: 'Ní thagann ciall roimh aois'.

Ceisteanna le Freagairt

1 **a** 'Tugann an t-údar, Maidhc Dainín Ó Sé, pictiúr cruinn soiléir dúinn de na cleasa a d'imríodh sé féin agus a chairde le linn na gcaogaidí.' An ráiteas sin a phlé.

b Scríobh cuntas *gairid* ar a bhfuil de **ghreann** sa chaibidil seo.

2 **a** 'Ba mhinic an t-údar agus a chairde ag pleidhcíocht. Ní bhíodh mórán dochair ag baint leis na cleasa a d'imríodh siad, áfach.' Fírinne an ráitis sin a phlé.

b Cuntas *gairid* a scríobh ar an léargas a fhaighimid ar charachtar an údair féin sa chaibidil seo.

Draíocht an Cheoil

Thaitin an bosca ceoil liom níos mó ná gléas ar bith eile. Bhíodh clár bailéidí agus ceol traidisiúnta ar an raidió nuair a bhí mé óg agus é faoi urraíocht ag 'Cox of Kilcock', comhlacht a dhíoladh gléasanna ceoil de dhéantús *Hohner*. Ní raibh aon trácht ar *tape recorders* sna laethanta sin, cé go mbíodh gramafón ag corrdhuine. An t-aon seans eile a bhíodh agam ceol a chloisteáil ná tar éis Aifrinn ar an Domhnach, nuair a bhíodh scata buachaillí ar an mbóthar taobh amuigh de theach Sheáin Uí Dhomhnaill. Sárcheoltóir ab ea Seán agus bhí draíocht ag baint leis an stíl a bhí aige. Bhí bailiúchán mór port aige. Bhíodh Seán ag seinm in Áras Bhréanainn an uair sin, le Muiris Ó Cuinn. Ceoltóir cumasach ab ea Muiris freisin agus bhí an ceol ina chosa aige chomh maith lena ghuth. Tá sé chomh maith céanna inniu, bail ó Dhia air.

Bhí mo dheartháir Páidí ag obair don Chomhairle Chontae sa chairéal i gCeann Trá ag an am sin. Théadh seisean chuig na rincí agus chloiseadh sé i bhfad níos mó ceoil ná mise. Lá amháin, tamall tar éis do Halla na Muirí a oscailt don chéad uair bhí mé féin agus Páidí suite ar an gclaí nuair a d'inis Páidí dom faoin gceoltóir seo a bhí tagtha abhaile ó Shasana. D'inis sé dom go raibh an fear seo in ann an dá *row* ar an mbosca a sheinm le chéile! 'Paoli Scragani' nó 'Paoli Soprani' an t-ainm a bhí ar an mbosca a bhí aige, dar le Páidí.

'Ó 'Mhuire,' arsa mise tar éis tamaill, 'nár dheas é dá mbeadh mileodian againn,' arsa mise.

D'inis Páidí dom gur chuala sé ar 'Cox of Kilcock' go raibh *Hohner double row* le fáil ar dhá phunt déag, deich agus réal. Dá mbeadh dhá phunt ag duine le cur síos air, ní bheadh ach dódhéag agus réal sa mhí le híoc go dtí go mbeadh an praghas glanta. Dúirt Páidí gur mhaith an rud é fios a chur ar cheann de na leabhair ina mbeadh pictiúir de na boscaí éagsúla.

Thug Páidí praghas an stampa dom agus chuir mé litir sa phost an lá ina dhiaidh sin. Cúpla lá ina dhiaidh sin tháinig an freagra, ach níor oscail mé é go dtí gur tháinig Páidí abhaile. Scrúdaíomar an leabhar agus roghnaíomar bosca.

An tráthnóna sin bhí m'athair amuigh ag bothántaíocht. Labhair

Páidí agus mé féin lenár máthair. D'insíomar di faoin gcaint a chualamar ar an raidió i dtaobh an bhosca. 'Ní mise a churfidh bac libh,' ar sise, 'ach go sábhála Dia sinn, nuair a chloisfidh Dainín é déanfaidh sé raic.'

Lean mise ag tathant uirthi go dtí gur thug sí an dá phunt dúinn le cur síos ar an mbosca. Lig mé liú asam, léim mé in airde agus chuir mé mo dhá láimh timpeall uirthi. 'Era a Mham,' arsa mise, 'ní bheidh aon dua agatsa teacht timpeall ar Dhaid.'

Roinnt laethanta ina dhiaidh sin fuaireamar litir ag rá go mbeadh an mileoidean á sheoladh go Post-Oifig Bhaile na nGall. Bhailigh mise é. Bhí gach éinne sa bhaile agus iad go léir ag iarraidh an meaisín aisteach seo a fheiceáil. Thug duine éigin scian dom agus ní raibh mé rófhada ag baint na gcordaí agus an pháipéir de. Ó, bhí sé go hálainn! Chuir mé na stropaí trasna ar mo ghualainn tar éis do gach éinne é a scrúdú. Ansin thosaigh mé. Ní mórán de cheol a bhain mé as, ar ndóigh!

Díreach ansin tháinig m'athair isteach ón bportach.

'Sín chugam é sin nóimint,' ar seisean.

Cheap mise go mbeadh sé seo greannmhar. Thug mé an bosca dó. Bhí lámha móra leathana aige agus thosaigh sé ag cuardach nótaí leis na lámha sin. Ar m'anam, ach go raibh ag éirí leis cúpla nóta a chur le chéile! Sheinn sé port darbh ainm 'An Bóthar ó thuaidh chun Trá Lí' agus cúpla ceann eile freisin. Bhí ionadh an domhain orainn go léir!

'Táim pósta leis an bhfear san le breis agus fiche bliain,' arsa mo mháthair, 'agus ní raibh a fhios agam go raibh port ina chorp.'

Ba dhóigh leat gurbh é Jimmy Shand a bhí mar athair agam! D'inis sé dúinn ansin gur fhoghlaim sé cúpla port ó Sheán Coughlan i Chicago.

Tar éis tae thosaigh mé ag cleachtadh sa seomra agus níorbh fhada go raibh cúpla nóta de 'Ar maidin moch' agam agus mé ag cur allais ó bheith ag brú agus ag tarraingt. Sheinn m'athair cúpla port eile an oíche sin. Ba é Dainín laoch na hoíche, gan amhras!

Gach oíche tar éis don obair abhaile a bheith déanta bhíodh mé féin agus Páidí ag cleachtadh sa seomra agus faoi cheann coicíse bhí cúpla port an duine ar eolas againn. Oíche amháin bhuail mo mháthair le Seán Coughlan – an fear a sheinn sna hallaí móra i Chicago – ar an mbus abhaile ón Daingean. D'inis sí dó faoin mbosca nua. Thug sí cuireadh isteach dó. Tháinig sé isteach chun triail a bhaint as an mbosca nua. Rug sé ar an mbosca agus d'aithníomar láithreach go raibh fios a ghnó ar fheabhas aige. Sheinn sé ríl chrua chasta. Bhí mé ar neamh le binneas an cheoil.

Chuir mé ceist air cén t-ainm a bhí ar an bport agus d'fhreagair sé 'Stocaí Breaca John Mhicil'.

Dúirt mise leis gur cheap mé go raibh sé tar éis dhá phort as a chéile a sheinm.

Thosaigh sé ag gáire agus ar seisean: 'Ó, *a thig ná tit orm*, tá cluas mhaith cheoil ort. "Cnagarnach na Cairte ar an mBóthar" ab ea an port eile.'

Fhad is a bhí Seán ag glacadh muga tae agus pláta feola sheinn mé cúpla port. Dúirt sé liom bheith ag foghlaim ar an *draw* in ionad an *press* agus go mbeadh orm an dá *row* a fhoghlaim. Chaith sé uair an chloig ag tabhairt nodanna tábhachtacha dom ina dhiaidh sin. Ba cheacht an-luachmhar é sin.

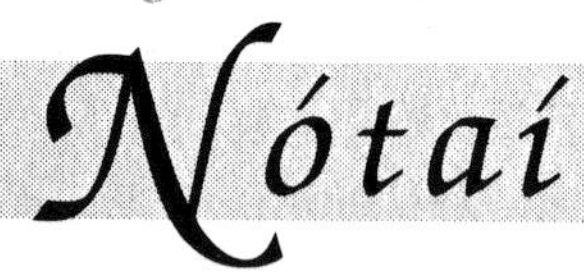

Na Pearsana sa Chaibidil Thuas

- **a** Maidhc Dainín
- **b** Athair Mhaidhc (i.e., Dainín)
- **c** Máthair Mhaidhc
- **d** Páidí
- **e** Seán Ó Domhnaill
- **f** Seán Coughlan

Príomhphointí na Caibidle

- **a** 'Cox of Kilcock'
- **b** Páidí agus 'Paulo Scragani'
- **c** Leabhar sa phost
- **d** Dhá phunt ó mo mháthair
- **e** 'Meaisín aisteach'
- **f** Dainín ag seinm
- **g** Seán Coughlan ag seinm
- **h** *'A thig ná tit orm'*

Maidhc Dainín

- **a** Feicimid Maidhc Dainín, an ceoltóir, anseo don chéad uair. Insíonn sé dúinn go raibh suim mhór aige sa cheol – go háirithe sa cheol ar an mbosca ó bhí sé an-óg. Bhí baint mhór leis seo ag Seán Ó Domhnaill a bhíodh ag seinm tar éis Aifrinn ar an Domhnach. Mar an gcéanna bhí tionchar ag an gclár raidió, *'Cox of Kilcock'* air. Nuair a chuala sé óna dheartháir, Páidí, faoin gceoltóir ó Shasana a bhí in ann an dá *row* a sheinm le chéile, theastaigh uaidh a bheith in ann an rud céanna a dhéanamh lá éigin.

b Thuig Maidhc go maith go bhféadfadh sé rud ar bith a fháil óna mháthair dá mbeadh a athair ina choinne. Ní haon ionadh, mar sin, gur chuir sé ceist an bhosca agus an airgid ar a mháthair nuair a bhí a athair amuigh ag bothántaíocht. Tuigimid uaidh seo gliceas Mhaidhc agus an grá a bhí aige dá mháthair.

c Mar an gcéanna léiríonn an eachtra seo (**b** thuas) go raibh eagla ar Mhaidhc go bhfaigheadh sé diúltú dá rachadh sé ag iarraidh airgid ar a athair.

d Is léir ón gcaibidil seo go raibh gaol maith ag Maidhc lena dhearthair, Páidí. Phleanáil siad ceannach an bhosca le chéile agus rinne siad beirt cleachtadh ar an mbosca céanna.

e Níl aon amhras ach go bhfuil meas mór ag Maidhc Dainín ar cheoltóirí maithe. Feicimid an meas seo sa chaoi a labhraíonn sé i dtaobh ceoltóirí mar Sheán Ó Domhnaill, Muiris Ó Cuinn agus Seán Coughlan.

f Is léir ón gcéad nóiméad a leag Maidhc lámh ar an mbosca ceoil go bhfuil bua an cheoil ann. Ní raibh mórán ama imithe sula raibh cúpla port ar eolas aige. Chomh maith leis sin d'aithin sé go raibh Seán Coughlan tar éis dhá phort a sheinm.

g Is fíor gur admhaigh Maidhc Dainín roimhe seo nár thaitin cúrsaí scolaíochta go rómhaith leis. Scéal eile ar fad a bhí ann maidir le foghlaim an cheoil, áfach, mar bhí sé sásta glacadh leis na leideanna go léir a fuair sé ó Sheán Coughlan agus a leithéidí.

Dainín

a B'fhearr le Maidhc Dainín ceist an bhosca a chur ar a mháthair agus d'fhan sé go dtí go raibh a athair imithe amach ag bothántaíocht. Is dócha go mbeadh sé ceart a rá, mar sin, go raibh Dainín níos déine ar a mhac ná mar a bhí a bhean chéile. Tá míniú eile ar an scéal, áfach. Is léir ó roinnt rudaí a dúirt an t-údar sa leabhar roimhe seo nach raibh muintir Uí Shé go maith as. D'fhéadfaimis a rá, mar sin, gur chreid an t-athair nach bhféadfadh sé a bheith rófhial leis an airgead.

b Buailimid le Dainín, an ceoltóir, don chéad uair sa chaibidil seo. Baintear geit asainn! Baintear geit as Maidhc! Baintear geit as máthair Mhaidhc!

Máthair Mhaidhc

Tuigeann Maidhc go maith nach mbeidh sé ró-éasca ceist an bhosca ná ceist an airgid a phlé lena athair. Dá bhrí sin téann sé i muinín a mháthar. Tuigimid go maith uaidh seo go raibh grá speisialta ag Maidhc dá mháthair agus gur bean ghrámhar chineálta lách í.

Stíl

Feicimid arís **an tsimplíocht** a bhaineann leis an gcaoi ar féidir le Maidhc Dainín Ó Sé cur síos a thabhairt dúinn ar eachtraí a tharla dó.

Ceisteanna le Freagairt

1 **a** 'Cuirimid aithne mhaith ar Mhaidhc Dainín, an ceoltóir, sa chaibidil seo. Tugtar cuntas dúinn ar an gcaoi a neadaíodh an tsuim sa cheol ann, ar na daoine a raibh tionchar acu ar a chuid ceoil agus ar an draíocht a bhain leis an gceol i dteach Uí Shé.' É sin a phlé.

b Nóta *gairid* a scríobh ar an léargas a thugtar dúinn sa chaibidil seo ar an gcineál duine a bhí i máthair Mhaidhc.

2 **a** Scríobh cuntas cruinn ar an gcaoi ar tharla go bhfuair Maidhc Dainín a chéad bhosca ceoil.

b Nóta *gairid* a scríobh ar an léargas a thugtar dúinn sa chaibidil seo ar an gcineál duine a bhí i máthair Mhaidhc.

Bóthar Mo Leasa

Theastaigh ó na tuismitheoirí go léir ag an am sin múinteoirí a dhéanamh dá gclann. Bhí súil ag mo thuimsitheoirí go ndéanfainn an scrúdú a thabharfadh isteach go dtí an Coláiste Ullmhúcháin mé. Dúirt siad liom go mbeadh mo lá oibre curtha díom agam ag a trí a chlog gach lá agus go mbeinn in ann léine bhán agus *tie* a chaitheamh. Bhíodh siad i gcónaí ag cur brú orm mo cheachtanna a dhéanamh thíos sa seomra. Is é an rud a bhíodh ar siúl agamsa sa seomra ná an bosca a sheinm! Á, a Mhuire, bhrisfeadh sé mo chroí agus mo shláinte dá mbeadh orm sé bliana a chaitheamh i mbun na leabhar. Lig mé orm go raibh mé ag obair go dian. Nuair a chuir mo mháthair ceist orm conas a d'éirigh liom sa scrúdú dúirt mé léi go raibh an scrúdú ní ba dheacra an bhliain sin ná mar a bhí riamh roimhe sin!

'Dhera,' ar sise, 'ní theastaíonn uathu ach go n-éireodh le fíorbheagán, clann na múinteoirí féin agus mar sin go bhfuil breis speilpe orthu.' Bhí mé an-sásta leis an bhfreagra sin uaithi agus shíl mé go mbeadh deireadh leis an argóint!

Dúirt sí liom ansin a bheith ag ullmhú le dul go dtí Ceardscoil an Daingin. Bhain sé sin geit asam. Dúirt mé léi nach raibh suim dá laghad agam sna leabhair agus go raibh sé i gceist agam dul ag obair d'fheirmeoir éigin. D'éirigh sí an-chrosta liom ansin. Nuair a théadh rud isteach i gceann mo mháthar ba rídheacair é a chur amach as. Dúirt sí liom go mbeinn i mo sclábhaí sluaiste nó i mo spailpín fánach. Dúirt mé léi go mbeadh sé chomh maith agam mé féin a chaitheamh le haill ná a bheith ag foghlaim ráiméise.

Tamall ina dhiaidh sin chuir mé ceist ar bhuachaill agus d'inis sé dom nach raibh an cheardscoil chomh dona is a cheap mé. Ní raibh mórán béime ar na leabhair agus bheinn in ann siúinéireacht a fhoghlaim. Ghéill mé do chaint mo mháthar, mar sin, agus gheall mé go mbainfinn triail as an gceardscoil ar feadh bliana.

Bhí mé ceithre bliana déag d'aois ag an am agus sheas mé ag barr Bhóithrín an Bhuitsir go dtí go dtiocfadh cóir taistil. Tar éis tamaill tháinig sean-*bhanger*. Stop sé. Labhair an fear meánaosta a bhí á thiomáint: *'Are you going to the Tech?'*

Léim mé isteach sa seancharr Meiriceánach. Sílim gur *Buick* a bhí ann agus bhí suíochán breise inti agus é déanta as adhmad. Ar aghaidh linn ansin trí Bhaile an Fheirtéaraigh, suas an Seanachnoc, trí Cheann Trá agus isteach sa Daingean. Bhí aon duine dhéag de phaisinéirí sa charr faoin am sin!

Bhí difríocht mhór idir an cheardscoil agus an tseanscoil. Bhí binsí breátha adhmaid sa seomra ranga agus bosca lán d'uirlisí siúinéara ceangailte de gach binse. Chuaigh na cailíní isteach i seomra leo féin. Nuair a bhíomar inár suí tháinig beirt fhear isteach. Bhuaileamar le Tomás Ó Cofaigh, an príomhoide, agus d'inis sé dúinn go mbeadh Gaeilge, Béarla agus Matamaitic á múineadh aige féin. Bheadh adhmadóireacht agus líníocht mheicniúil á múineadh ag Micheál Ó hIarnáin as Contae na Gaillimhe. Dúirt an príomhoide go mbeadh dhá bhliain againn le hullmhú don Ghrúptheastas. Bhí mé i mo shuí in aice le Seosamh Mac Gearailt ón gClochán Dubh an mhaidin sin. Bhí triúr de mo chairde as scoil Bhaile an Mhúraigh ag freastal ar Cheardscoil an Daingin in éineacht liom.

Ag am lóin chuamar suas Sráid an Dhoirín agus chuir leaid ceist orainn: 'An bhfuil a fhios agaibh cá bhfuil tig "Maidhcín Fuacht"?' Ní raibh a fhios agam cérbh é féin, ach níorbh fhada gur tháinig athrú ar an scéal sin.

Tamall anuas ón séipéal chasamar isteach doras tí. Bhí fear beag taobh thiar den chuntar ann agus é ag deisiú bróige. Bhí, ar a laghad, caoga péiré bróg le deisiú aige – iad ar sheilfeanna, ar an bhfuinneoig nó i mboscaí. Chuir leaid ó Ghlaise Bheag in aithne do Mhaidhcín sinn agus tharraing sé amach paicéad *Woodbines*. Shín sé ceann chugamsa, ceann chuig na buachaillí eile agus ceann chuig Maidhcín. Ba léir gur bhain Maidhcín an-taitneamh as cuideachta na ndaoine óga. Théimis go minic go dtí siopa an ghréasaí ina dhiaidh sin. Bhíodh leathlá sa Daingean Déardaoin agus d'imrímis cluiche caide i bPáirc Ághasaigh an lá sin – deichniúr ar gach taobh agus *sub* ar an taobhlíne. Bhíodh Micheál Ó hIarnáin ina mholtóir againn. Bhainimis an-sult as Micheál mar bhí Gaeilge Chonamara aige. Ní raibh aon trácht ar Raidió na Gaeltachta ag an am sin agus b'ait linn Gaeilge a chloisteáil nach raibh cosúil lenár gcuid Gaeilge féin. Bhí Micheál an-sásta le caighdeán na caide agus bhí súil aige go mbeadh foireann ag an gceardscoil do shraith an chontae an bhliain ina dhiaidh sin.

Laistigh de chúpla mí bhí mé ag baint taitnimh as an scoil. Bhí mé ag obair le mo lámha trí lá sa tseachtain agus thaitin sé sin go mór liom. Bhí feabhas ag teacht ar mo chuid líníochta agus ar mo chuid matamaitice freisin. Bhí dream deas scoláirí sa scoil agus thug an scoil sin misneach dúinn tabhairt ar an saol mór.

Bhí rása naomhóg ar siúl sa Daingean ag an am sin. Bhíodh ár múinteoir adhmadóireachta ag 'iomramh curachaí' ina chontae dúchais féin. Níor dheacair dúinn a chur ina luí air gur cheart don cheardscoil criú naomhóige faoina hocht déag a chur go rás na Fianaite. Fuaireamar iasacht naomhóg iascaigh ón bhfear sa teach solais i gCuan an Daingin. Ba dheacair an bád seo a choimeád díreach nuair a bhíodh aon leoithne ann.

Dúirt fear na Gaillimhe linn go ndéanfadh an bád trom maitheas dár ngéaga agus dár gcosa. Dúirt sé, dá n-éireodh go maith linn sa rás, go ndéanfaimis naomhóg rásaíochta sa scoil mar chuid den churaclam! Idir an dá linn fuair an múinteoir iasacht naomhóg rásaíochta ó Mhurt Ó Leary thíos sa Leitriúch. Bhíomar ag traenáil ar feadh cúpla mí sa tsean-naomhóg.

Faoi dheireadh tháinig an lá mór. Lá ceobhránach a bhí ann, an seachtú lá de Bhealtaine 1957. Bhí an fharraige garbh a dhóthain. B'iad an criú a bhí againn ná: Pádraig Mac Mathúna ó Ghlaise Bheag, Pádraig Ó Séaghdha ó Bhaile an Mhúraigh, Pádraig Ó Sé ó Ghleann Fán agus mé féin. Bhuaileamar le Murt Ó Leary ar an *slip*. Thug sé an naomhóg dúinn agus dúirt sé linn a bheith cúramach, go raibh sí guagach. Struipeálamar go dtí an bhásta. Amach linn chun taithí a fháil sa bhád. Bhí sí deas éadrom, ach d'imigh sí soir siar orainn nuair a bhíomar ag dul i gcoinne na gaoithe.

Ar deireadh thiar glaodh orainn don rás. Cúig cinn de naomhóga a bhí ag glacadh páirte. Scaoileadh an piléar. Bhí an rás ar siúl. Bhí cóir na gaoithe againn amach go dtí an chéad bhaoithe. B'fhearr linn gan é a bheith mar sin, mar ní raibh taithí againn ar bhád beag a láimhseáil. Bhíomar go mór chun deiridh. Nuair a chasamar bhí orainn dul díreach i gcoinne na gaoithe. Níl sé deacair dul i gcoinne na gaoithe, mar is eol d'aon bhádóir maith, agus níorbh fhada go rabhamar ag teacht suas leis na naomhóga eile. Gan móran moille bhíomar sa tríú háit – agus gan ach fad naomhóige idir an chéad dá bhád. Bhí liúirigh agus béicigh ar siúl ar an gcé. Thit duine den lucht féachana i laige! Níor bhuamar an rás sin, ach bhí 'Maidhc an Adhmaid' an-bhródúil asainn!

Seachtain ina dhiaidh sin thosaíomar ag múnlú na naomhóige. Múnla na Gaillimhe a d'úsáideamar. Minic go leor théimis go dtí an Daingean ar na rothair Dé Sathairn ionas go bhféadfaimis an obair a chríochnú go tapa. Bhí an craiceann ar an mbád againn roimh Nollaig 1957.

Bhí seanuncail do Phádraig Mac Mathúna ag faire orainn an lá a chuireamar ar an uisce í. Bhí seantaithí aigesean ar an rásaíocht. Chuireamar ceist air ar cheap sé go raibh an bád nua go maith chun rásaíochta. 'Ní déarfainn go bhfuil,' ar seisean, 'mar tá sí ag tarraingt an iomad uisce ina diaidh.'

Chuir sé sin olc orainn, ach níor ghéilleamar dá chuid cainte. Chaitheamar tamall fada ag traenáil agus ghlacamar páirt i rás na Fianaite arís. Thángamar isteach chun deiridh ar fad an uair sin. Ba ansin a ghéilleamar do chaint an tseanduine. Níor thógamar an bád sin amach arís. Deirtear gur cheannaigh iascaire éigin i gCeann Trá ina dhiaidh sin í. Chuala mé daoine ag rá go ndúirt an t-iascaire céanna gurbh í an naomhóg ba shochra a bhí riamh ag iascach aige í.

I mí na Samhna 1957 a thosaigh comórtas idirchontae peile na gceardscoileanna. Ní raibh ach seacht nduine dhéag de bhuachaillí sa cheardscoil – foireann agus dhá *shub*! Bheimis i bponc dá ngortófaí imreoir ar bith. Bhí duine amháin den dá *shub* go maith chun breith ar an gcaid, ach ní fhéadfadh sé í a chiceáil i gceart in aon chor. Maidir leis an *sub* eile, bhí giorra radhairce air! Bhí an fhoireann réasúnta maith, áfach, agus sinn traenáilte go maith ag Maidhc an Adhmaid.

I gcoinne Oileán Chiarraí a bhí an chéad chluiche agus chuamar go hOileán Chiarraí ar an mbus lá fliuch geimhridh. Thug Maidhc an Adhmaid óráid mhór dúinn agus sinn ar an aistear fada sin. Nuair a shroicheamar an pháirc chuala mé duine de na buachaillí ag rá le Maidhc: 'Bheimis gearánach ar Pháirc an Ághasaigh ach is geall le Croke Park í seachas an sliabh pludaigh seo.'

Ghléasamar sinn féin i gcúinne na páirce. Bhí áthas orainn nuair a chonaiceamar an fhoireann eile mar ní raibh iontu ach 'spriosáin bheaga laga', dar linne. Bhí mé féin ag imirt sa bháide. Ní raibh mé róshásta leis sin. Bhí Pádraig Mac Mathúna agus Maidhcí Doyle Ó Caomhánaigh ag imirt i lár na páirce, agus bhíomar ag brath go mór ar Jim Choráilí Ó Beaglaoich sna tosaithe. Imreoirí maithe eile a bhí linn ná Bertie Ó Coileáin, Peats Mac Gearailt, Tomás Mac Cárthaigh, Pádraig Mac Síthigh, Pádraig Ó Sé agus Seosamh Jamsie Mac Gearailt.

Shéid an moltóir an fhliúit agus chuir sé tús leis an gcluiche. Bhíomar ag imirt i gcoinne na gaoithe sa chéad leath. Níorbh fhada go raibh Pádraig Ó Sé agus duine de thosaithe na foirne eile ag rith i ndiaidh na caide. Leagadh an buachaill eile anuas ar a bhéal agus ar a fhiacla sa phluda agus ghlan Pádraig an chaid amach go lár na páirce. Bhí eagla ar an leaid eile dul in aice na caide ina dhiaidh sin, agus lig traenálaí Oileán Chiarraí béic as: *'Are you afraid of him? Keep in with him, he won't bite you'.* Thug mo dhuine freagra tapa air: *'Are you sure he's not one of the teachers? I swear he's shaving for the last seven years!'*

Bhí mé préachta leis an bhfuacht idir sin agus an sos, mar níor tháinig an chaid i mo threo in aon chor. D'iarr mé ar an traenálaí ligean dom teacht amach as an mbáide sa dara leath. Lig sé dom imirt sna tosaithe. Bhuamar an cluiche sin 5-15 i gcoinne 0-2. Ar an mbealach abhaile d'inis an traenálaí dúinn gurbh iad Oileán Chiarraí an fhoireann ba mheasa sa chontae! 'Ná tagadh aon cheann ataithe dhaoibh go fóill,' ar seisean.

Trí seachtaine ina dhiaidh sin chuamar go dtí an Coireán don chluiche leathcheannais. Ní raibh aon deacracht againn an cluiche seo a bhuachan ach oiread. Bhuaigh an Tóchar an cluiche leathcheannais eile i gcoinne Cheardscoil Thrá Lí. Bhíomar sa chraobhchluiche anois agus bhíomar ag traenáil trí lá in aghaidh na seachtaine.

Bheadh an *final* ar siúl i gceann coicíse i bPáirc an Ághasaigh. Chualamar go raibh foireann an Tóchair á dtraenáil ag Bobby Buckley, duine de pheileadóirí Chiarraí. Bhíomar buartha nuair a chualamar é sin, ach dúirt Maidhc an Admhaid linn mura raibh an stuif sna buachaillí féin nár mhór an difríocht a dhéanfadh an traenálaí.

Domhnach breá i dtosach na Bealtaine a bhí an *final* ar siúl. Bhí snaidhmeanna i mo bholg an oíche roimh an gcluiche. Bhí Ciarraí Thiar ag imirt i Sraith an Chontae an lá céanna agus bhí neart tacaíochta againn, mar sin. Bhíomarna gléasta i ngeansaithe na bPiarsach. Amach leis na foirne ar an bpáirc. Thug mé faoi deara go raibh fir bhreátha láidre ag imirt don Tóchar. Bhí a fhios agam nach mbeadh aon fhuacht sa bháide inniu orm!

Bhuaigh an Tóchar iompú na pingine agus d'imir siad i gcoinne na gaoithe. Thug Maidhc an Adhmaid faoi deara go raibh beirt fhear mhóra i lár na páirce ag an Tóchar. Ghlaoigh sé ar Mhaidhcí Doyle agus ar Phádraig Mac Mathúna. Dúirt sé leo gan breith ar an gcaid nuair a chaithfí isteach í, ach í a bhriseadh síos. Chomh luath is a caitheadh an chaid isteach leag Pádraig síos go dtí Maidhcí Doyle í agus bhuail seisean isteach i dtreo an bháide í. Bhuail an chaid ucht an lánchúil agus d'éirigh le Jim Choráilí breith uirthi agus í a chur isteach i gcúinne clé an bháide! Leanamar linn ag cur brú ar an Tóchar agus bhí 'trí bháide agus naoi bpointe' ag foireann an Daingin ag an sos! Ambaiste bhí Maidhc an Adhmaid sásta linn!

Nuair a bhí an dara leath ar siúl bhí Bobby Buckley ag rith síos suas an líne. 'Nach breá an Béarla atá aige?' arsa mise le Caoimhín Ó Fearaíl. Lig sé béic as: *'Put Kirby midfield, you're beaten there, and for Crissake get your act together!'*

Tháinig athrú mór ar an gcluiche nuair a bhí Kirby i lár na páirce. Bhí mise gnóthach sa bháide anois. Tháinig an chaid i mo threo. Rith mé ina coinne agus mo dhorn dúnta agam. Thosaigh duine de mhuintir an Tóchair ag rith i mo choinne. Bhuail an dá cholainn i gcoinne a chéile. Leagadh mé ar an talamh. Nuair a d'oscail mé mo shúile bhí fear mór trom ina luí orm.

'Gabh anuas dom a stail!' arsa mise.

'I don't know what you said,' ar seisean, *'but you have a knee as sharp and as hard as a pickaxe!'*

Nuair a d'éirigh an fear eile bhí greim aige ar a chromán. Bhíodh sé de nós agamsa i gcónaí mo ghlúine a bheith romham amach agam nuair a bheinn ag dul in airde ag triall ar an gcaid.

Nuair nach raibh ach fiche nóiméad fágtha sa chluiche fuair an Tóchar an-bháide. Ina dhiaidh sin thosaigh foireann an Daingin ag titim as a chéile agus bhí an Tóchar i ngiorracht dhá phointe dúinn agus gan ach trí nóiméad fágtha. Dúirt Maidhc leis na tosaithe cabhrú leis na cúlaithe. Bhuail dream an Tóchair an pola dhá uair. Bhí áthas an domhain orainn nuair a cuireadh deireadh leis an gcluiche.

Bhí craobh an chontae buaite againn! Bhí ceiliúradh iontach againn ina dhiaidh sin – béile mór agus bronnadh na mbonn.

Bhí an Grúptheastas againn mí ina dhiaidh sin agus d'éirigh le gach duine againn sa scrúdú. B'iad sin an dá bhliain ab fhearr a chuir mé isteach riamh. Chuir siad ar bhóthar mo leasa mé.

Na Pearsana sa Chaibidil Thuas

- **a** Maidhc Dainín
- **b** Máthair Mhaidhc
- **c** Tomás Ó Cofaigh
- **d** Maidhc an Adhmaid
- **e** Maidhcín Fuacht

(Chomh maith leis na daoine thuas luaite buailimid leis na daoine seo a leanas sa chaibidil: tiománaí an *Buick*; Seosamh Mac Gearailt (a bhí ina shuí in aon bhinse leis an údar ar scoil); Murt Ó Leary (an fear a thug an naomhóg ar iasacht dóibh); Pádraig Mac Mathúna, Pádraig Ó Séaghdha, Pádraig Ó Sé (criú na naomhóige); seanuncail do Phádraig Mac Mathúna (a thug comhairle don chriú i leith na naomhóige); Pádraig Mac Mathúna, Maidhcí Doyle Ó Caomhánaigh, Jim Choráilí Ó Beaglaoich, Bertie Ó Coileáin, Peats Mac Gearailt, Tomás Mac Cárthaigh, Pádraig Mac Síthigh, Pádraig Ó Sé, Seosamh Jamsie Mac Gearailt, Caoimhín Ó Fearaíl (peileadóirí); Pat Kirby (foireann an Tóchair), Bobby Buckley (traenálaí an Tóchair).

Príomhphointí na Caibidle

- **a** Argóint i dtaobh an Choláiste Ullmhúcháin
- **b** Mé le cur go dtí an Cheardscoil
- **c** *Buick*
- **d** Mo mhúinteoirí
- **e** Maidhcín Fuacht
- **f** Rása naomhóg
- **g** Ár naomhóg féin
- **h** Comórtas peile

Maidhc Dainín

- **a** Tá sé an-soiléir ón gcaibidil seo nach raibh suim dá laghad ag Maidhc Dainín in eolas na leabhar. Níor theastaigh uaidh dul go dtí an Coláiste Ullmhúcháin mar ní raibh in eolas na leabhar ach ráiméis, dar leis. Admhaíonn sé go mbíodh sé ag seinm an bhosca thíos sa seomra nuair ba chóir a bheith ag ullmhú don scrúdú.

b Bhí Maidhc Dainín sásta dallamullóg a chur ar a mháthair i dtaobh cúrsaí scoile. Lig sé air go raibh an scrúdú i bhfad ní ba dheacra an bhliain sin ná mar a bhí sé bliain ar bith eile.

c Tá neart fianaise againn anseo go raibh suim mhór ag Maidhc Dainín in aon obair a tharraingeodh amach ó na leabhair é. Dúirt sé lena mháthair, mar shampla, go mbeadh sé sásta dul ag obair d'fheirmeoir éigin. Nuair a chuala sé nach mbeadh mórán béime ar na leabhair sa cheardscoil agus go mbeadh seans aige siúinéireacht a dhéanamh, d'athraigh sé a aigne i dtaobh na ceardscoile ansin.

d Bhí Maidhc Dainín an-sásta le saol na ceardscoile – ag dul chuig Maidhcín Fuacht ag am lóin, ag imirt caide Déardaoin, ag déanamh líníochta agus adhmadóireachta, ag glacadh páirte i rásaíocht na naomhóg, ag imirt ar fhoireann na scoile.

e Feicimid go raibh roinnt eolais ag Maidhc i dtaobh cúrsaí bádóireachta. Roghnaíodh é ar chriú na scoile agus insíonn sé dúinn go mbíonn sé níos fusa dul i gcoinne na gaoithe ná a bheith ag gluaiseacht le cóir gaoithe.

f B'fhéidir go mbeimis ag dul thar fóir dá ndéarfaimis go raibh Maidhc ina pheileadóir maith. Is leor a rá gur imir sé 'sa bháide' ach gur theastaigh uaidh a bheith ag imirt sna tosaithe!

g Tá sé an-soiléir gur thaitin a laethanta sa cheardscoil go mór le Maidhc. Bhí meas mór aige ar Mhaidhc an Adhmaid agus deir sé linn gur chuir an cheardscoil ar bhóthar a leasa é.

h Feicimid féith an ghrinn i Maidhc anseo arís: – sna hargóintí a bhí aige lena mháthair i dtaobh an Choláiste Ullmhúcháin;
- sa leithscéal a thug sé dá mháthair nuair nár éirigh go maith leis sa scrúdú;
- sa chur síos a thugann sé dúinn ar a aistear go dtí an Daingean;
- sna cuairteanna a thugadh na buachaillí ar Mhaidhcín Fuacht;
- sa chur síos a thugann sé dúinn ar na heachtraí greannmhara a tharla ar pháirc an imeartha.

i Is léir go dtaitníonn na cuimhní seo go léir le Maidhc. Tá cur síos chomh maith sin aige ar rás na naomhóg agus ar na cluichí peile – agus fiú amháin ar na daoine a ghlac páirt iontu – go bhfuil sé soiléir go bhfuil na heachtraí seo beo beathach ina chuimhne.

Máthair Mhaidhc

- **a** Tá sé an-soiléir nach raibh i gceist riamh ag máthair Mhaidhc ach a mac a chur ar bhóthar a leasa. Rinne sí a dícheall é a chur go dtí an Coláiste Ullmhúcháin. Sheol sí go dtí an cheardscoil ina dhiaidh sin é.
- **b** Theastaigh uaithi féin agus óna fear céile múinteoir a dhéanamh de Mhaidhc. Bhí pictiúr simplí de shaol an mhúinteora ina haigne aici: an lá oibre curtha isteach ag a trí a chlog agus é in ann léine bhán agus *tie* a chaitheamh.
- **c** B'fhurasta do Mhaidhc dallamullóg a chur uirthi. Chreid sí é nuair a dúirt sé go raibh an scrúdú an-deacair an bhliain sin, agus dúirt sí: 'Dhera, ní theastaíonn uathu ach go n-éireodh le fíorbheagán, clann na múinteoirí féin agus mar sin go bhfuil breis speilpe orthu.'

Maidhc an Adhmaid

- **a** Micheál Ó hIarnáin an t-ainm ceart a bhí ar Mhaidhc an Adhmaid.
- **b** B'as Contae na Gaillimhe é.
- **c** Mhúineadh sé adhmadóireacht agus líníocht mheicniúil sa cheardscoil.
- **d** Bhí Gaeilge Chonamara aige agus cheap na scoláirí go raibh canúint ghreannmhar Gaeilge aige. Mar shampla, thugadh sé 'iomramh curachaí' ar rámhaíocht naomhóg.
- **e** Bhí an-suim aige i rásaíocht na naomhóg. Thug sé traenáil mhaith do na buachaillí le haghaidh rás na Fianaite, agus thaispeáin sé dóibh conas naomhóg rásaíochta dá gcuid féin a dhéanamh ar scoil.
- **f** Bhí suim mhór aige i gcúrsaí caide. Thraenáil sé foireann Cheardscoil an Daingin agus bhuaigh siad sraith an chontae nuair a bhí siad faoina chúram.

Stíl

- **a** Gaeilge shimplí so-léite atá againn arís sa chaibidil seo – faoi mar a bheadh an cur síos á thabhairt ag gnáthmhuintir na háite.

b Éiríonn le Maidhc **cuntas beo suimiúil** a thabhairt dúinn ar rás na naomhóg agus ar an dá chluiche peile. Léiríonn sé arís an chuimhne bheo atá aige sa chaoi a dtugann sé cur síos dúinn ar mhionsonraí a bhaineann leis na heachtraí seo agus ar na carachtair a ghlac páirt leis iontu.

Ceisteanna le Freagairt

1 a 'Tugann an t-údar cur síos beo dúinn anseo ar na heachtraí ba mhó a bhain dó agus é ag freastal ar Cheardscoil an Daingin. Is léir gur bhain sé sult mór as an tréimhse sin.' É sin a phlé.

b Nóta *gairid* a scríobh ar an léargas a thugtar dúinn sa chaibidil seo ar dhuine amháin de na daoine ar bhuail an t-údar leo le linn dó a bheith sa Cheardscoil.

2 a Scríobh cuntas cruinn ar na laethanta a chaith Maidhc Dainín Ó Sé i gCeardscoil an Daingin agus ar an gcaoi a ndeachaigh an scoil sin i bhfeidhm air mar dhuine.

b Nóta *gairid* a scríobh ar an léargas a thugtar dúinn sa chaibidil seo ar an gcineál duine a bhí i Maidhc an Adhmaid.

B'in é an Samhradh!

Nuair a tháinig samhradh 1958 bhí mé cúig bliana déag go leith d'aois agus bhí mo rásúr féin agam. Bhí mé in ann seachtain oibre a fháil anseo is ansiúd agus bhí na cúrsaí Gaeilge ag tosú ar an Muirígh. Bhí idir trí agus ceithre chéad scoláire ar na cúrsaí an bhliain sin agus ba ghearrchailí a bhformhór! Bhíodh céilí beag (go dtí a deich a chlog) ar siúl i Halla na Muirí istoíche, ach bhíodh céilí mór (go dtí uair an mheán oíche) ann gach Luan, Céadaoin agus Aoine. Bhíodh cead ag muintir na háite dul chuig na céilithe beaga saor in aisce, ach bhíodh orthu dhá scilling a íoc ar na céilithe móra. Bhí an t-ádh liomsa go raibh mé in ann an bosca sheinm, mar fuair mé post ag seinm do na céilithe beaga. Is é an margadh a rinne mé ná tríocha punt pá don trí mhí agus cead agam dul isteach saor in aisce go dtí na céilithe móra.

Bhí mé le bheith ar mo thriail an chéad oíche a thosaigh an cúrsa. Bhí mé ag obair in éineacht le m'athair i mBaile Ghainnín Beag an lá sin. Bhíomar ag obair ar an bhféar le meitheal fear a bhí ag cabhrú le feirmeoir. Ní raibh mórán suime agamsa san obair agus bhí deifir abhaile orm. Chuir m'athair ceist orm cá raibh mo dheifir agus d'iarr sé orm fanacht go dtí go mbeadh gal aige. D'inis mé dó go raibh mé ag dul ag seinm i Halla na Muirí.

'Sea ambaist,' ar seisean, 'ceol agus rince agus mná! Agus is dócha go bhfuilir ag tarraingt tobac leis.'

Thug mé freagra drochbhéasach air, mar bhí a phíopa ina bhéal aige ag an am. D'imigh mé go tapa abhaile agus bhí na fir sna tríthí gáire.

Bhain mé díom go básta agus nigh mé mé féin go maith le huisce te agus gallúnach. Chuir mé neart *Brillantine* i mo chuid gruaige freisin. Chuir mo mháthair ceist orm cá raibh mé ag dul agus mo chuid éadaigh Domhnaigh orm. D'inis mé di go raibh mé ag dul ag seinm ag an gcéilí.

'Ní foláir nó go bhfuil ag breith ana-chruaidh orthu ceoltóir a fháil chun do leithéidse a thabhairt leo,' ar sise! 'Bailigh leat tapaidh sula bhfeicidh d'athair tú agus do ghruaig plastarálta agat le *hair-oil*'.

Fuair mé iasacht rothair ó mo mháthair agus chuir mé an bosca isteach sa bhascaed a bhí chun tosaigh ar an rothar. Chlúdaigh mé an bosca le paca garbh ionas nach mbeadh na comharsana ag caint orm!

Bhí an-fhothrom agus an-sciotaraíl ar siúl nuair a chuaigh mé isteach sa halla. Na cailíní is mó a bhí le cloisteáil. 'Scata ban nó scata géanna' a deireadh m'athair i gcónaí! Nuair a chonaic na scoláirí an bosca thug siad bualadh bos dom. Suas liom ar an stáitse agus cuma phroifisiúnta orm. Chroch mé mo chasóg ar chúl na cathaoireach agus shuigh mé síos. 'Fallaí Luimnigh' an chéad rince a bhí acu. Bhí radharc breá agam ar na cailíní ar thaobh clé an halla – céad go leith díobh, ar a laghad, le gruaig rua, gruaig fhionn agus gruaig chíordhubh. Bhí na buachaillí ar thaobh eile an halla. Maidir leis an gceol bhí ag éirí go breá liom. Chonaic mé, áfach, go raibh roinnt de bhuachaillí na háite ag dul ag fiach cheana féin agus bhí a fhios agam anois go raibh mé i gcruachás! Ní bheinn in ann cailín ar bith a fháil agus mé ar an stáitse!

Sean-*waltz* a bhí ann don dara rince. Ní raibh aon mhoill ar bhuachaillí na háite dul amach ar an urlár. Thug mé faoi deara go raibh i bhfad ní ba mhó cailíní ná buachaillí ann. B'fhéidir go bhfaighinn mo sheans roimh dheireadh na hoíche, arsa mise liom féin. Ansin thug mé beirt chailíní faoi deara sa chúinne agus duine acu ag féachaint ormsa ó am go chéile, súile gorma aici agus gruaig fhada.

'Cuir do dhá shúil ar ais i do cheann agus críochnaigh an *waltz*,' a dúirt guth crosta liom. Duine de na múinteoirí a bhí ag caint agus bhí an ceol curtha ar strae agam!

'Droichead Átha Luain' an chéad rince eile a bhí againn. Sheas an bheirt chailíní sa líne díreach faoi mo bhun. 'Bhís ar féachaint ar Eibhlín,' arsa duine acu liom. 'Bhíos,' arsa mise, 'ach má bhíos bhí sise ag féachaint ormsa chomh maith.' Nuair a bhí an rince ar siúl labhair mé anuas leis an gcailín arís: 'An...an...an mbeadh aon seans ar *date* léi?' 'Tá gach aon tseans,' ar sise. Tar éis an rince shuigh siad síos arís agus bhí a fhios agam ón luí súl a fuair mé ó Eibhlín go raibh 'mo bhó curtha thar abhainn agam gan corraí den stáitse in aon chor.'

Bhí buachaill an-dathúil sa cheantar agus Seán Mór Ó Domhnaill ab ainm dó. Bhí gruaig dhubh mhéiríneach air agus bhí bua na cainte aige chomh maith. Thosaigh sé ag caint le hEibhlín agus ag rince léi. Bhí a fhios agam gur ag iarraidh mé a chrá a bhí sé, ach luigh Eibhlín a súil ormsa agus bhí a fhios agam go raibh gach rud i gceart fós! Dhírigh Seán a dhorn ormsa, ag ligean air go raibh fearg air. Is dócha go raibh diúltú faighte aige ó Eibhlín!

Tar éis Amhrán na bhFiann dúirt an múinteoir leis na scoláirí dul ar ais go dtí an lóistín láithreach agus go mbeadh glaoch rolla sna tithe roimh a haon déag a chlog. Síos liomsa go dtí an doras go tapa. Bhí Seán Mór ann agus cailín breá mór ar adhastar aige. 'Inis dom conas a dheinis an bheart ar bhean Luimnigh gan corraí den stáitse?' ar seisean agus é ag spochadh asam.

Bhí Eibhlín ag feitheamh liom. Chuir mé mo lámh timpeall uirthi agus shiúlamar giota. D'inis mé di gurbh é Micheál Ó Sé m'ainm. 'Eibhlín Ní Shúilleabháin ó Chathair Luimnigh,' ar sise. 'Tá eagla orm ná fuil mórán Gaeilge agam.' Dúirt mé léi go mbeadh neart Gaeilge aici sula mbeadh an cúrsa thart! Chuamar suas bóithrín Cháit Sayers ansin agus bhí sé cosúil le Sráid Uí Chonaill le cúplaí ag cuirteireacht! Thug mé go dtí bóithrín eile í, mar sin – bóithrín ciúin. Nuair a d'inis sí dom go raibh sí ar lóistín thoir ar imeall an bhaile dúirt mé léi: 'Beidh sé a haondéag sula nglaofar an rolla i do thigse.' Thuig mé an córas go maith, ar ndóigh!

Shuíomar ansin go deas compordach go dtí gur chualamar cúpla ag argóint taobh thiar den chlaí in aice linn! Bhogamar chun siúil arís go dtí go bhfuaireamar áit bhreá chompordach dár gcuid féin. Ní inseoidh mé duit, a leitheoir, céard a rinneamar ansin, mar tá tú ag éirí rófhiosrach! Ar aon nós thug mé ar ais go dtí an lóistín í agus thug sí cuireadh dom teacht léi go dtí an céilí mór an oíche ina dhiaidh sin. Bhí mearbhall i mo cheann agam ar mo bhealach abhaile agus bhí áthas orm go raibh m'fhocal istigh agam le hEibhlín sular tháinig Casanova na Cille an treo!

An tráthnóna ina dhiaidh sin bhí m'athair ag ithe a shuipéir ag barr an bhoird agus bhí mé féin struipeálta go básta agus mé ag ní ag bun an bhoird. Chuir sé ceist orm cá raibh mé ag dul. Níor inis mé an fhírinne iomlán dó, ach dúirt mé go raibh mé ag dul ag seinm ag an gcéilí. D'éirigh sé crosta agus dúirt sé go raibh daoine óga imithe i gcoinne grásta Dé ar fad. Dúirt sé go gcaithfinn éirí go luath ar maidin agus go mbeadh orm mo shúile a bheith ar oscailt agam in ionad a bheith ag imeacht ó áit go háit ar nós Raifteirí. 'Táimse ag fáil díolta as mo chuid ceoil,' arsa mise, 'ach bhí Raifteirí ag seinm do phócaí folamh.' Tháinig fearg air agus dúirt sé go mbeimis ag tanú turnapaí i gCill Chuáin ar maidin.

Bhí Seán Mór ag doras an halla agus thóg sé *tie* as a phóca. D'iarr sé orm é a chur air. Dúirt sé nár theastaigh uaidh daoine a bheith ag gáire faoi dá bheicfeadh siad é ag siúl tríd an bparóiste agus *tie* air! Thug mé sracadh don *tie* agus dúirt mé le Seán fanacht amach ó Eibhlín. Dúirt seisean go raibh 'bád' dá chuid féin aige, áfach. 'Agus fan amach as lochta bhothán John Mhicil anocht,' ar seisean, 'mar beidh sé in úsáid!' Isteach linn.

Thosaigh an banna ag seinm *waltz* agus chuamar ag rince lenár mbeirt bhád. Bhí cúpla rince agam le hEibhlín ina dhiaidh sin. Tar éis gach rince shuíodh na cailíní ina n-áiteanna féin ar eagla go bhfeicfeadh na múinteoirí iad ag caint leis na buachaillí. Bhí mé ag cur allais agus bhain mé mo chasóg díom. Bhí ionadh orm nach ndearna Seán an rud céanna mar bhí seisean ag cur allais freisin. D'iarr sé orm teacht isteach sa leithreas ionas go bhféadfadh sé a scéal a mhíniú dom. D'ardaigh sé cúl a chasóige. Bhí poll mór i gcúl a léine! Nigh sé féin an léine chéanna an lá sin agus chuir sé amach le triomú í ar thor. Céard a tharla ach gur ith gamhain giota den léine!

Bhí mí iontach agam le hEibhlín ina dhiaidh sin agus thugainn abhaile í gach aon oíche. Céilí beag a bhí againn an oíche dheireanach, toisc go raibh ar na scoláirí éirí go luath do na busanna ar maidin. Bhí uaigneas mór ar bhuachaillí na háite – agus, ar ndóigh, ormsa. Ní raibh seans ar bith agam rince le hEibhlín, mar bhí mé ar an stáitse. Bhí an halla leathfholamh go luath, mar ní raibh na múinteoirí ródhian an oíche sin. Bhí sé i gceist agam an rince deireanach a ghiorrú go mór dá mba *waltz* é! Chomh luath is a bhí Amhrán na bhFiann thart chuaigh mé go dtí Eibhlín, a bhí ag feitheamh liom ag cúinne an halla. Shiúlamar an bóithrín céanna a shiúlamar an chéad oíche. Ní raibh focal eadrainn. Bhí a ceann ligthe aici ar mo ghualainn dheis. Bhí sise ag pusail ghoil. D'iarr sí orm scríobh chuici. Dúirt mé go scríobhfainn. Sháigh sí giota páipéir, agus a seoladh air, isteach i mo phóca. Ansin chuir mé ceist ar Eibhlín cén áit sa teach lóistín a raibh a seomra. D'inis sí dom go raibh a seomra in airde staighre agus go raibh fuinneog ar an mbinn theas.

Bhí plean agamsa agus mhínigh mé an plean sin di! Nuair a bheadh an rolla glaoite sa teach ag na múinteoirí, gheobhainnse an dréimire a bhí ina sheasamh i gcoinne choca John Aindí. Chuirfinn an dréimire i gcoinne an tí. Rachainn suas. Bhuailfinn cnag ar an bhfuinneog. Thiocfadh Eibhlín anuas an dréimire in éineacht liom – tar éis di an fhuinneog a tharraingt anuas, ar eagla go séidfeadh an leoithne isteach sa seomra. Chuirfinn féin an dréimire i bhfolach agus bheimis in ann tamall fada a chaitheamh le chéile. Thoiligh sí!

Bhí ceathrar nó cúigear buachaillí ag crochadh timpeall nuair a shroicheamar an lóistín. Chuir bean an tí an ruaig orthu agus d'fhág mé slán ag Eibhlín, mar dhea. Chonaiceamar soilse gluaisteán na múinteoirí ag teacht. Chuamar go léir i bhfolach. 'N'fheadar an dtiocfaidh na cailíní amach arís,' arsa duine de na buachaillí liom. Dúirt mise leis go gcuirfeadh bean an tí an bolta ar an doras chomh luath is a bheadh na múinteoirí imithe. D'imigh na múinteoirí.

Chuir Éamonn Ó Dálaigh ceist orm ar mhaith liom síob ar bheár a rothair. D'iarr mé air fanacht, go mbeadh cabhair uaim le dréimire! Thuig seisean an scéal láithreach. Chuir Éamonn a rothar i bhfolach agus fuaireamar an dréimire. Nuair a bhí an dréimire curtha le binn an tí againn dúirt mé le hÉamonn go bhféadfadh sé imeacht. Dúirt seisean gur theastaigh uaidh fanacht agus bean a fháil. 'Déanfaidh aon cheann acu mé,' ar seisean, 'is mar a chéile iad.'

Suas liom. Bhí a chosa i dtaca ag Éamonn ag bun an dréimire. Bhuail mé cnag ar an bhfuinneog. Níor tháinig aon fhreagra. Ansin bhuail mé an pána le pingin. D'oscail cara Eibhlín an fhuinneog. Chuir mé ceist uirthi an mbeadh sí féin sásta teacht amach le hÉamonn. Chuir sí ceist orm an raibh Éamonn dathúil agus rinne sí iarracht é a fheiceáil sa dorchadas. 'An bhfacais riamh pictiúr de Rock Hudson?' arsa mise. 'Bhuel ní choimeádfadh sé coinneal don bhfear atá i mbun an dréimire.' Thiocfadh sí amach, mar sin!

Bhí Eibhlín ag crith le heagla agus mé ag cabhrú léi teacht amach ar an dréimire. 'Béarfar cinnte orainn,' ar sise. Díreach ansin tháinig roinnt de na buachaillí an treo ar a rothair. Thosaigh siad ag béiceadh. 'Ó,' arsa duine acu, 'nach ait an t-am d'oíche é do bheirt siúinéirí bheith ag cur fuinneoige isteach.' Osclaíodh doras an tí. Amach le bean an tí. Chuir sí an ruaig ar na buachaillí. Isteach le hEibhlín! As go brách le hÉamonn! Chaithfinn éalú. Léim mé anuas ón gceatrhrú runga. Bhuail an bhean mé idir an dá shlinneán le scuab.

'Tóg an méid sin, a tháilliúirín na mban,' ar sise, 'ní haon *kip shop* é seo.' Cheap mé go raibh mo dhroim briste.

Nuair a bhuail mé le hÉamonn bhí sé ag briseadh a chroí ag gáire. Chabhraigh sé liom dul in airde ar mo rothar. 'An bhfuilimid ag dul ar ais go dtí an dtig sin arís?' ar seisean go magúil.

'Dá mbeadh Elizabeth Taylor ag feitheamh liom sa tig sin,' arsa mise, 'ní rachainn in aon ghiorracht dó.'

Nótaí

Na Pearsana sa Chaibidil Thuas

- **a** Maidhc Dainín
- **b** Máthair Mhaidhc
- **c** Athair Mhaidhc
- **d** Eibhlín ní Shúilleabháin
- **e** Seán Mór Ó Domhnaill
- **f** Éamonn Ó Dálaigh

Príomhphointí na Caibidle

- **a** Na cúrsaí samhraidh ag tosú
- **b** Meitheal fear i mBaile Ghainnín Beag
- **c** Uisce te agus *Brillantine*
- **d** Ar mo thriail ag an gcéilí
- **e** Mé i gcruachás
- **f** 'Bád' faighte agam
- **g** Seán Mór ag iarraidh mé a chrá
- **h** Mé féin agus Eibhlín
- **i** M'athair agus Raifteirí
- **j** An céilí mór
- **k** Léine stróicthe
- **l** An céilí deireanach
- **m** Plean
- **n** Beirt siúinéirí ag cur fuinneoige isteach
- **o** Buille idir an dá shlinneán

Maidhc Dainín

- **a** An rud is soiléire a fheiceann an léitheoir sa chaibidil seo ná go bhfuil féith an ghrinn go láidir i Maidhc Dainín Ó Sé (c.f. **An Greann sa Chaibidil** thíos). An rud is taitneamhaí a bhaineann le Maidhc sa chur síos seo ná gur féidir leis gáire faoi féin.
- **b** D'éirigh le Maidhc aithne mhaith a chur ar chóras na

gColáistí Samhraidh. Thuig sé go maith conas na rialacha a shárú!

c Is léir go raibh sé ina cheoltóir maith nó ní fhostófaí é le ceol a chur ar fáil i rith an tsamhraidh ar fad mura mbeadh caighdeán an cheoil go maith aige.

d Tá sé deisbhéileach. Bhí sé in ann freagra maith tapa a thabhairt ar chaint a athar nuair a dúirt an t-athair: 'Is dócha go bhfuilir ag tarraingt tobac leis.' Mar an gcéanna thug sé freagra tapa glic ar a athair nuair a dúirt sé: 'Táimse ag fáil díolta as mo chuid ceoil, ach bhí Raifteirí ag seinm do phócaí folamh.'

e Níodh sé é féin go básta gach aon oíche agus chuireadh sé neart *Brillantine* ina chuid gruaige. Léiríonn sé sin dúinn an meas a bhí aige ar Eibhlín.

f Tá sé cúthail. Chuir sé an bosca sa bhascaed agus chlúdaigh sé é ar eagla go mbeadh na comharsana ag caint air! Feicimid an chúthaileacht arís sa chaoi a ndearna sé a chéad choinne le hEibhlín. Ní raibh sé de mhisneach aige an cheist a chur uirthi féin. Ba ar chara Eibhlín a chuir sé an cheist.

g Níl aon amhras ach gur thaitin na cailíní go mór leis. Is ar na cailíní a bhí sé ag smaoineamh nuair a bhí a fhios aige go mbeadh an cúrsa ar siúl. Bhí sé breá sásta nuair a bhí radharc maith aige ar na cailíní ón stáitse. Tá a fhios againn ón gcur síos a thugann sé ar an gcéad oíche nár theastaigh uaidh ach a 'bhó' a chur thar abhainn!

h Tá roinnt den seobhaineachas ag baint le Maidhc. Dúirt sé go raibh a 'bhó curtha thar abhainn' aige gan corraí den stáitse in aon chor. 'Bád' a thug sé ar Eibhlín freisin! Chomh maith leis sin dúirt sé go raibh cailín 'ar adhastar' ag Seán Mór.

i Tá sé in ann corrbhréag a insint. Dúirt sé lena athair go raibh sé ag seinm ag an gcéilí nuar a bhí sé ag dul go dtí an céilí mór le hEibhlín.

j Rógaire críochnaithe ba ea é! Is léir an méid sin ón bplean a bhí aige dó féin agus d'Eibhlín an oíche dheireanach.

Athair Mhaidhc

a Oibrí dian dícheallach ba ea é. Aon uair a mbuailimid leis sa chaibidil seo tá sé ag obair nó ag ullmhú chun na hoibre.

b Is dócha go raibh sé ag spochadh as a mhac nuair a dúirt sé:

'Sea ambaist,' ar seisean, 'ceol agus rince agus mná! Agus is dócha go bhfuilir ag tarraingt tobac leis.' Bhí féith an ghrinn ann, mar sin.

c B'fhéidir go raibh sé dian ar Mhaidhc. Bhíodh sé i gcónaí ag cur i gcuimhne dó go raibh obair le déanamh aige. Chomh maith leis sin, bhí eagla ar Mhaidhc an fhírinne a insint dá athair nuair a bhí sé ag dul go dtí an céilí mór chun bualadh le hEibhlín.

Seán Mór

a Buachaill an-dathúil, le gruaig dhubh mhéiríneach ab ea Seán.

b Bhí bua na cainte aige, go háirithe nuair a bhíodh sé ag deighleáil leis na cailíní.

c Rógaire ba ea é. Bhí sé ag iarraidh Maidhc a chrá nuair a thosaigh sé ag rince le hEibhlín.

d Bhí féith an ghrinn go láidir ann. Feicimid an tréith sin sna samplaí seo a leanas:

- nuair a thosaigh sé ag rince le hEibhlín chun Maidhc Dainín a chrá;
- nuair a bhagair sé a dhorn ar Mhaidhc Dainín, ag ligean air go raibh fearg air;
- nuair a dúirt sé: 'Inis dom conas a dheinis an bheart ar bhean Luimnigh gan corraí den stáitse?'
- nuair a thaispeáin sé a léine do Mhaidhc Dainín.

e Ní bheadh sé deacair ceann faoi a chur ar Sheán Mór. Dúirt sé nár theastaigh uaidh daoine a bheith ag gáire faoi dá bheicfeadh siad é ag siúl tríd an bparóiste agus *tie* air!

f Bhí roinnt den seobhaineachas ag baint le Seán freisin. Dúirt sé go raibh 'bád' dá chuid féin aige.

Eibhlín Ní Shúilleabháin

a Cailín álainn ba ea Eibhlín, le súile gorma agus gruaig fhada.

b Thaitin Maidhc Dainín léi chomh luath is a leag sí súil air.

c Is dócha go raibh sí cúthail. Níor labhair sí le Maidhc Dainín nuair a bhí sí ina seasamh in aice an stáitse. A cara a rinne an chaint go léir.

d Ní raibh Gaeilge rómhaith aici. Dúirt sí an méid sin le Maidhc Dainín.

An Greann sa Chaibidil

Tá an chaibidil seo chomh lán sin de ghreann gur féidir linn liosta fada de na heachtraí greannmhara a dhéanamh amach gan deacracht ar bith.

- **a** an babhta cainte idir an t-údar agus a athair nuair a theastaigh ó Mhaidhc Dainín dul ag seinm ag an gcéilí don chéad uair: 'Sea ambaist,' ar seisean, 'ceol agus rince agus mná! Agus is dócha go bhfuilir ag tarraingt tobac leis';
- **b** an freagra drochbhéasach a thug Maidhc ar a athair ar an ócáid chéanna;
- **c** an t-údar ag ní ag an mbord agus ag cur *Brillantine* ina chuid gruaige;
- **d** Maidhc ar a rothar agus an bosca ceoil curtha i bhfolach aige;
- **e** na scoláirí ag sciotaraíl sa halla nuair a shiúil Maidhc Dainín isteach;
- **f** Maidhc Dainín i gcruachás nuair a chonaic sé go raibh buachaillí na háite 'ag fiach';
- **g** caint an mhúinteora: 'Cuir do dhá shúil ar ais i do cheann agus críochnaigh an *waltz*';
- **h** an chaoi ar chuir Maidhc agus Eibhlín aithne ar a chéile: 'Bhís ar féachaint ar Eibhlín,' arsa duine acu liom. 'Bhíos,' arsa mise, 'ach má bhíos bhí sise ag féachaint ormsa chomh maith.' Nuair a bhí an rince ar siúl labhair mé anuas leis an gcailín arís: 'An...an...an mbeadh aon seans ar *date* léi?'
- **i** nuair a dúirt an t-údar go raibh: 'mo bhó curtha thar abhainn agam gan corraí den stáitse in aon chor';
- **j** bóithrín Cháit Sayers plódaithe ag cúplaí a bhí ag cúirtéireacht;
- **k** an eachtra ag bord na cistine nuair a d'inis Maidhc Dainín an bhréag dá athair agus nuair a dúirt sé: 'Táimse ag fáil díolta as mo chuid ceoil, ach bhí Raifteirí ag seinm do phócaí folamh';
- **l** ceann faoi ar Sheán Mór *tie* a chaitheamh;
- **m** an eachtra leis an léine;
- **n** an eachtra ar an dréimire;
- **o** na focail seo ó Éamonn Ó Dálaigh: 'Déanfaidh aon cheann acu mé, is mar a chéile iad';
- **p** Maidhc ag insint don chailín go raibh Éamonn chomh dathúil le Rock Hudson;

q an buachaill a dúirt: 'Nach ait an t-am d'oíche é do bheirt siúinéirí bheith ag cur fuinneoige isteach';

r focail Mhaidhc Dainín ag an deireadh: Dá mbeadh Elizabeth Taylor ag feitheamh liom sa tig sin, ní rachainn in aon ghiorracht dó.'

Stíl

a Is é an rud is taitneamhaí a bhaineann leis an gcaibidil seo ná an tsimplíocht a bhaineann leis an gcaoi a n-insíonn an t-údar a scéal. Tá stíl shimplí nádúrtha aige.

b Tuigeann Maidhc Dainín meon an duine óig agus, dá bhrí sin, tá an chaibidil seo go mór in oiriúint do dhaoine óga.

c Tugann an t-údar pictiúr beo soiléir dúinn de gach éinne de na carachtair. Tá an méid sin le feiceáil sna nótaí thuas ar na daoine seo: Maidhc Dainín; athair Mhaidhc;
Eibhlín Ní Shúilleabháin; Seán Mór.

d Tugann an t-údar pictiúr réalaíoch dúinn den chúrsa samhraidh a bhí á reáchtáil ina cheantar féin. Dá bhrí sin is doiciméad cruinn soiléir stairiúil í an chuid seo den dírbheathaisnéis.

Ceisteanna le Freagairt

1 a 'Stíl shimplí nádúrtha atá ag an scríbhneoir,
Maidhc Dainín Ó Sé. Ag an am céanna, áfach, éiríonn leis pictiúr beo soiléir a thabhairt dúinn de na carachtair a bhí timpeall air le linn a óige.' É sin a phlé.

b Cén t-eolas a thugann an t-údar dúinn i dtaobh an Choláiste?

2 a 'Tugann an t-údar pictiúr réalaíoch dúinn den chúrsa samhraidh a bhí á reáchtáil ina cheantar féin. Dá bhrí sin is doiciméad cruinn soiléir stairiúil í an chuid seo den dírbheathaisnéis.' An ráiteas sin a phlé.

b Luaigh dhá thréith ar bith a bhaineann le hathair an údair i bhfianaise a bhfuil d'eolas againn air sa chaibidil seo.

3 a 'Duine a raibh féith an ghrinn go láidir ann le linn a óige is ea Maidhc Dainín Ó Sé. Ag an am céanna, áfach, bhí cúthaileacht ag baint leis. Fírinne an ráitis sin a phlé agus an chaibidil seo mar bhunús agat le do fhreagra.

b Luaigh dhá thréith ar bith a bhaineann le Seán Mór Ó Domhnaill i bhfianaise a bhfuil d'eolas againn air sa chaibidil seo.

Go Sasana ar thóir Oibre

Tar éis an chúrsa bhí an áit an-chiúin. Tháinig torthaí an Ghrúptheastais amach agus fuair mé pas i ngach ábhar. Thosaigh mé ag lorg oibre ansin. Bhain mé triail as gach ceardaí sa cheantar, ach ní raibh printíseach ag teastáil ó éinne acu. Bhí lagmhisneach ag teacht orm agus bhí mé ró-óg chun saighneáil don *dole*.

Bhí mé féin agus beirt fhear eile ag ceangal coirce (agus feochadán!) d'fheirmeoir i gCill Chuáin Uachtair. Caithfidh go raibh craiceann na beirte eile chomh righin le craiceann asail, mar ní dhearna siad aon ghearán i dtaobh na bhfeochadán. Tar éis coicíse bhí an jab sin déanta agus bhí áthas orm. Dúirt mé leis an mbeirt eile nach n-oibreoinn arís i ngort feochadán! Bhí mo lámha bochta ataithe ag na deilgní ach ní dhearna siadsan ach gáire fúm. Nigh mé mo lámha le huisce te agus *Dettol*.

Léim mé ar mo rothar agus isteach liom go dtí an Daingean. Dúirt mé le mo mháthair gur chuig na pictiúir a bhí mé ag dul. Bréag a bhí sa mhéid sin, ar ndóigh. Ar thóir an airgid a thuill mé ar an gcúrsa samhraidh a bhí mé. Stop mé i mBóthar an Dhoirín agus chnag mé ar dhoras cheannaire an chúrsa samhraidh. Níor oscail bean an tí ach leath-throigh den doras.

'Tá cloigín ar thaobh an dorais,' ar sise. 'Ní gá duit é a bhrú.'

D'fhág sí i mo sheasamh ag an doras dúnta mé go dtí go raibh a chuid tae ólta ag an múinteoir. Sin mar a bhí an saol ag an am sin. Bhíodh ar an sclábhaí bocht fanacht ag an doras fad is a bhíodh an piarda ag líonadh a bhoilg. Ar deireadh thiar tháinig sé amach agus a phus á chuimilt aige le páipéar bán. Thosaigh sé ag cumadh leithscéalta. Dúirt sé liom gur chuir sé cuntas go dtí an Roinn Oideachais, ach gurbh é an freagra a fuair sé ar an litir ná go raibh gach cúrsa samhraidh eile ag úsáid ceirníní chun ceol rince a chur ar fáil. Dá bhrí sin, dar leis, ní raibh an Roinn Oideachais sásta ceoltóirí a íoc. Tháinig fearg ormsa. Bhí mo chos sa doras agam agus bhí mé chun é a bhualadh. Dúirt seisean go raibh sé chun glaoch ar na gardaí.

Is dócha gur tháinig mo chiall chugam, mar chúlaigh mé siar ón doras agus dúnadh amach i mo dhiaidh é. Ní raibh leigheas ar bith agam ar an scéal. Ní raibh mé in ann a chruthú go raibh margadh ar bith déanta againn. Dúirt mé liom féin go rachainn chuig na pictiúir. Chuaigh mé chomh fada le fuinneog Chéití Sarah go bhfeicfinn cén pictiúr a bhí ar siúl. *Western* a bhí le bheith ann. Thaitin na *Westerns* go mór liom.

Dhá scilling a bhí le híoc ar na suíocháin bhoga agus scilling ar na suíocháin eile. Ar na suíocháin bhoga a bhíodh an chraic ab fhearr. Bhí 'Pathe News' ar siúl nuair a chuaigh mé isteach agus bhí seanchara liom darbh ainm Muiris ina shuí taobh liom. D'inis mé scéal an airgid dó, agus dúirt mé leis gurbh é an plean a bhí agam dá mbeadh an t-airgead sin agam ná dul go dtí an cluiche leathcheannais i mBaile Átha Cliath agus an bád a thógáil go Sasana tráthnóna Dé Domhnaigh. Bhí ionadh air, ach dúirt mé leis gurbh fhearr liom dul ar thóir oibre i Sasana ná a bheith díomhaoin agus gan praghas an bhosca toitíní agam. Dúirt sé liom gur as mo mheabhair a bhí mé.

Chríochnaigh an pictiúr timpeall a leathuair tar éis a haon déag agus shiúlamar le chéile go dtí an áit ina raibh na rothair curtha i bhfolach againn. Chuir Muiiris ceist orm ar phléigh mé ceist Shasana le mo thuismitheoirí fós.

'An dóigh leat go bhfuilim simplí ar fad?' arsa mise. 'Dá mbeadh a fhios ag an seanaleaid nó ag an sean-*lady* cad tá i mo cheann d'imeoidís bán.' Mhínigh mé do Mhuiris go raibh sé i gceist agam a rá le mo thuismitheoirí go mbeinn ag caitheamh seachtaine i mBaile Átha Cliath le col ceathrar liom. Scríobhfainn abhaile chucu ó Shasana nuair nach mbeadh siad in ann stop a chur liom.

Buachaill ab ea Muiris nár chaith tobac ná nár ól pionta riamh. Dúirt sé gurbh é an t-aon uair amháin a mbíodh airgead uaidh ná aimsir na Nollag. D'inis sé dom go raibh tríocha punt ar bharr an churpaird aige sa bhaile. Thabharfadh sé an t-airgead sin dom ar dhá choinníoll: 'Ná habair leo aige baile go deo cé thug costas an bhóthair duit agus uimhir a dó, go ndéanfair gach iarracht é a dhíol ar ais roimh Nollaig.'

Chuir mé mo lámh timpeall a ghualainn agus ghlac mé go fonnmhar lena thairiscint.

'Ó, a Chríost,' ar seisean tar éis nóiméid, 'má fhaigheann Dainín amach go deo gur thugas airgead duit caithfidh sé i bpoll portaigh mé.' Scairteamar amach ag gáire!

Bhí lár na hoíche ann nuair a shroicheamar teach Mhuiris. Bhí mé in éad leis nuair a chonaic mé an dorn nótaí a bhí aige. 'Tá an fheirmeoireacht ag dul i bhfeabhas le cúpla bliain,' arsa Muiris, agus dúirt sé go mbeadh an fheirm aige nuair a bheadh sé bliain is fiche. Thug sé an t-airgead dom agus ghuidh sé a bheannacht orm. Dúirt mé leis go bhfanfainn i Sasana go ceann bliana agus go rachainn go Meiriceá nuair a bheadh an costas agam. Bhí tocht éigin i mo chroí ag druidim leis an seanbhothán.

D'éirigh mé go luath maidin Dé Sathairn. Bhí sé ceomhar amuigh. Chuir mé mo chuid éadaigh Domhnaigh agus mo bhróga nua orm. Bhí cás beag faoin leaba agus chuir mé cúpla seanléine, cúpla bríste agus seanphéire bróga tairní isteach ann. Chuir mé an cás faoin leaba. Isteach liom chun na cistine, áit a raibh m'athair ag an mbord ag ól tae agus mo mháthair ag bun an bhoird ag déanamh císte. 'An go dtí oifig atánn tú ag dul?' arsa m'athair agus é ag magadh fúm.

D'inis mé dóibh go raibh mé ag dul chuig an gcluiche idir Chiarraí agus Doire. Chuir siad ceist orm an raibh go leor airgid agam. 'Tá ambaist,' arsa mise. 'Fuaireas airgead an cheoil aréir.' Dúirt mé leo go raibh sé i gceist agam seachtain a chaitheamh le muintir Uí Eara i mBaile Átha Cliath.

Rug m'athair ar a chaipín agus a chasóg agus é ag dul amach an doras. 'Má fhiafraíonn tú dhomsa é,' ar seisean, 'tá leaideanna óga an lae inniu lán de theaspach.' Lean sé ar aghaidh ag seanmóireacht agus é ar a bhealach amach an doras. Lean mé ag féachaint air go dtí go raibh sé imithe as radharc.

Dúirt mé le mo mháthair go dtógfainn iasacht rothair uaithi agus go bhfágfainn an rothar ag garraí Chlery. 'Tabhair aire dhuit féin i mBaile Átha Cliath,' ar sise, 'tá gach saghas tincéara ansiúd.' D'imigh mé agus nuair a d'fhéach mé siar bhí sí fós ag féachaint orm. Déarfainn go raibh a fhios aici nach bhfeicfeadh sí go ceann i bhfad mé. Níor fhéad mé na deora a choimeád siar.

Fuair mé bus leathuair tar éis a deich ón Daingean go Trá Lí, áit a raibh greim bia agus cupán tae agam. Cheannaigh mé ticéad go Londain. Seacht bpunt déag agus réal a chosain an ticéad – níos saoire ná mar a bhí mé ag ceapadh. Ba é sin mo chéad aistear traenach agus bhí mé sé bliana déag d'aois. Shuigh mé in aice na fuinneoige agus bhí mé ag déanamh iontais de chumhacht na traenach. Rith a lán smaointe trí mo cheann ar an aistear sin – smaointe ar an imirce, ar an easpa oibre sa bhaile, ar mo mháthair. Cad a déarfadh mo dheartháir Dónall nuair a shiúlfainn isteach chuige i Londain Dé Luain? Bhí seisean i Londain le roinnt blianta. Bheadh sé ina Chogadh an Dá Rí eadrainn!

Thug fear a bhí ar an traein seoladh dom ina bhfaighinn lóistín – in aice le Páirc an Chrócaigh. Shroicheamar an chathair timpeall a sé a chlog. Baineadh geit asam nuair a chonaic mé na foirgnimh mhóra arda agus na sluaite daoine a bhí ag deifriú thar a chéile. *'Hello Sir!'* arsa mé le fear a bhí ag dul thar bráid. D'fhéach sé orm go míchéatach. Fuair mé treoracha ó Gharda agus níorbh fhada go raibh mé sa lóistín. 'The Castle' ab ainm don áit agus ba le fear ó Chathair Saidhbhín é. Is minic a d'fhan mé san áit chéanna ina dhiaidh sin.

D'éirigh mé go luath ar maidin agus cuireadh pláta os mo chomhair a bhí lán de bhagún róstaithe, putóga bána agus dubha agus ubh róstaithe. Ghabh mé buíochas le muintir an tí, d'íoc mé as mo chuid bia agus mo lóistín agus thug mé aghaidh ar Pháirc an Chrócaigh. Ní fhaca mé an méid sin daoine in aon áit riamh is a chonaic mé ar mo bhealach go Páirc an Chrócaigh. Fuair mé suíochán sa Hogan Stand. Chonaic mé leithéidí Micko agus McKeever ag imirt i gcoinne a chéile an lá sin. Bhí cúpla sean-*warrior* ar fhoireann Chiarraí ar cheart dóibh a bheith suite i measc an lucht féachana! Bhuaigh Doire an cluiche gan stró agus dúirt mé liom féin go mbeadh lá eile ag an bPaorach.

Na Pearsana sa Chaibidil Thuas

- **a** Maidhc Dainín
- **b** Máthair Mhaidhc
- **c** Athair Mhaidhc
- **d** Muiris

Príomhphointí na Caibidle

- **a** Torthaí an Ghrúptheastais
- **b** Feochadáin
- **c** Airgead nár íocadh
- **d** Sa phictiúrlann
- **e** Airgead ar iasacht
- **f** Mé ag imeacht
- **g** Deora
- **h** Aistear Traenach
- **i** Sa chathair
- **j** An teach lóistín
- **k** Páirc an Chrócaigh

Maidhc Dainín

- **a** Níl aon amhras ach gur rug droch-chríoch ar Mhaidhc Dainín ag deireadh an tsamhraidh. Bhí an obair gann, bhí a lámha ataithe ón mbeagán oibre a rinne sé agus níor thug lucht an chúrsa a chuid airgid (a bhí tuillte go maith aige) dó.

b Cé gur fíor a rá nach raibh mórán oibre ar fáil is deacair don léitheoir a fheiceáil go ndearna Maidhc iarracht réasúnta obair a fháil in Éirinn. Níl aon fhianaise sa chaibidil, mar shampla, gur phléigh sé ceist na hoibre lena thuismitheoirí ná go ndeachaigh sé ar thóir oibre sa Daingean ná i mbaile mór ar bith eile.

c An bhfuil an iomarca den umhlaíocht ag baint le Maidhc Dainín sna laethanta sin? 'Sclábhaí' a thug sé air féin agus 'piarda' a thug sé ar an múinteoir.

d Tá a fhios againn gur theastaigh ó Mhaidhc Dainín an múinteoir a bhualadh nuair nach bhfuair sé a chuid airgid uaidh. Chúlaigh sé siar ón doras, áfach, agus d'imigh sé. Cuireann an méid sin in iúl dúinn go raibh ciall agus dínit agus stuaim ag baint le Maidhc Dainín.

e Thaitin na *Westerns* go mór leis.

f Is deacair don léitheoir gan a rá nár thug Maidhc Dainín cothrom na Féinne dá thuismitheoirí. D'imigh sé i bhfad ó bhaile agus níor inis sé dóibh céard a bhí faoi a dhéanamh. Is fíor, áfach, go raibh sé i gceist aige teagmháil leo go luath.

g Shil Maidhc na deora tar éis dó slán a fhágáil ag a mháthair. Tuigimid, mar sin, go raibh sé dian go leor air an baile a fhágail.

h Rinne sé iontas mór den aistear traenach.

i Mar an gcéanna, rinne sé iontas de chathair Bhaile Átha Cliath.

Máthair Mhaidhc

De réir dealraimh, bhí a fhios ag máthair Mhaidhc agus é ag imeacht nach bhfeicfeadh sí go ceann i bhfad é. Léiríonn an eachtra bhrónach seo dúinn an grá a bhí aici dá mac agus, is dócha, an briseadh croí a bhí faoi cheilt aici.

Athair Mhaidhc

Ní thagann an t-athair isteach sa chaibidil seo ach aon uair amháin. Mar is dual d'athair Mhaidhc is meascán den chrostacht agus den ghreann a thagann amach ina chuid cainte: 'Má fhiafraíonn tú dhomsa é,' ar seisean, 'tá leaideanna óga an lae inniu lán de theaspach.' Lean sé ar aghaidh ag seanmóireacht agus é ar a bhealach amach an doras. Deir Maidhc linn gur imigh a athair amach an doras ansin agus gur lean sé féin ag féachaint air go dtí go raibh sé imithe as radharc – rud a thugann leid dúinn den ghrá a bhí ag an údar ina chroí dá athair.

Stíl

a Gaeilge shimplí so-léite atá againn arís sa chaibidil seo.

b Éiríonn le Maidhc cuntas beo suimiúil a thabhairt dúinn ar an argóint a bhí aige le ceannaire an chúrsa agus ar ar tharla dó ó d'fhág sé an baile go dtí go raibh an cluiche leathcheannais thart.

Ceist le Freagairt

a 'Ní raibh an saol ag dul chomh mór sin ina choinne nach raibh aon rogha ag Maidhc Dainín ach dul go Sasana.' Do thuairim uait faoi sin i bhfianaise a bhfuil d'eolas againn ar charachtar Mhaidhc Dainín go dtí seo sa leabhar.

b Tuairisc ghairid a scríobh ar imeachtaí na hoíche ar bhuail Maidhc Dainín lena chara, Muiris, sa phictiúrlann.

10

Tá Jab Fachta Agam

Sheol an *Naomh Pádraig* amach ón gCaladh Thuaidh ar a naoi a chlog. Bhí an bád sin chomh leathan le sráid mhór an Daingin! Bhí daoine ar an deic, ar na staighrí agus i ngach áit. Bhí bunc ar fáil ar phunt breise, ach d'inis duine éigin dom nárbh fhiú ceann a fháil. Bhí slua mór ar an deic ag breathnú ar thalamh na hÉireann ag sleamhnú uainn sa dorchadas. Bhí roinnt daoine ag gol agus dúirt mé liom féin: 'Ó mhuise, nach orainn a chuir an Fear in airde an chros ná féadfaimis slí bheatha a bhaint amach inár ndúthaigh féin.' D'éirigh mé an-bhrónach agus chuaigh mé síos staighre, áit a raibh tae, ceapaire agus deochanna le fáil. Bhí slua bailithe timpeall ar fhear as Gaillimh a bhí ag seinm go meidhreach. Bhí na daoine ag ól agus ag pocléim leis an gceol. Shuigh mise ar mo shuaimhneas agus bhain mé sult as an gcraic. Chan na daoine sin roinnt amhrán nach dtaitneodh le Banríon Shasana dá mbeadh sí i láthair! Agus sinn ag druidim isteach le cósta na Breataine Bige dúnadh an beár agus bhí daoine sínte ar fud na háite ina gcodladh. Bhí daoine eile ann agus ba léir nach raibh aon chosa farraige acu, mar bhí siad tinn.

Ní mórán a bhí agamsa le taispeáint do lucht an chustaim, ach bhí daoine inár measc agus shílfeá gur thug siad troscán an tí leo! Lean mé an slua agus níorbh fhada go raibh suíochán agam ar an traein go Londain. Thit mo chodladh orm. Tamall ina dhiaidh sin dhúisigh fear na dticéad mé agus dúirt sé liom go mbeimis i Londain i gceann uair an chloig.

An chéad rud a bhraith mé agus an traein ag dul trí Londain ná an boladh gránna stálaithe. Aer breá folláin a bhí i mBaile Átha Cliath i gcomparáid le Londain. Thóg mé an tiúb ó Paddington go Wood Green, áit a raibh cónaí ar mo dheartháir. Bhí na traenacha faoi thalamh go hiontach. Ag imeacht le haibhléis a bhí siad! Bhí na sluaite daoine, idir dhubh agus gheal, i Wood Green – cuid acu chomh dubh le corcán na dtrí cos a bhí againn sa bhaile! Bhí deifir ar gach éinne. Tar éis roinnt daoine a cheistiú bhain mé amach uimhir a tríocha, Victoria Road, ar deireadh thiar. Bhí bríc dhearg ar na tithe go léir. Bhrúigh mé cnaipe an dorais. Faoi cheann tamaill bhí bean íseal leathan liath ina seasamh os mo chomhair amach.

Tar éis dom a insint di gur deartháir mé le Dónall Ó Sé thug sí isteach chun na cistine mé. Chuamar suas staighre ansin agus thaispeáin sí seomra dom. Ba léir nár lasadh tine san ionad tine le fada an lá. Dúirt an bhean go gcosnódh an seomra trí phunt in aghaidh na seachtaine, bricfeasta agus dinnéar san áireamh. Tar éis dom an trí phunt a thabhairt di thug sí isteach chun na cistine arís mé agus rinne sí muga tae agus ceapaire dom. Chuir mé ceist uirthi cén áit a bhfaighinn obair. Thug sí cúpla seoladh dom agus d'imigh mé ar thóir oibre.

Thóg mé an traein go dtí St. Paul's Road ansin, áit a raibh an chéad mhonarcha. Isteach liom. *'Come back next spring,'* a dúradh liom. Chaith mé an chuid eile den lá ag dul ó áit go háit ag lorg oibre. Tar éis tamaill dúirt mé liom féin go mbeadh sé chomh maith agam filleadh ar an lóistín. Díreach ansin thug mé áit faoi deara i gcúlshráid. Bhí an doras leathoscailte. Isteach liom. Chuir fear meánaosta ceist orm céard a bhí uaim. Bhí mé ag súil le diúltú, agus níor fhreagair mé a cheist láithreach. *'Out with it mate,'* ar seisean.

D'fhéach mé go truamhéileach air agus d'inis mé dó gur tháinig mé trasna ar an mbád an oíche roimhe sin agus go raibh taithí agam ar mhóin a bhaint agus coirce a cheangal. D'fhiafraigh sé díom an bhféadfainn *blueprint* a léamh. Bhí áthas orm anois go ndearna mé an líníocht mheicniúil sa cheardscoil. Thóg an fear páipéar mór bán as a phóca agus dúirt sé liom féachaint air. Ansin shiúlamar tríd an mhonarcha go dtí triúr fear a bhí ag cur páirteanna difriúla de mheaisín le chéile. Thóg sé amach an *blueprint* arís agus d'fhiafraigh sé díom cén áit ar an talamh a bhí ceann de na rudaí a bhí sa *blueprint*. Thaispeáin mé dó é. Rinneadh sé machnamh ar feadh tamaill agus ansin dúirt sé liom teacht isteach ar a hocht a chlog an mhaidin ina dhiaidh sin!

'Ó a bhuachaill bháin,' arsa mise liom féin agus mé ar mo bhealach ar ais chuig an lóistín, 'nach mé atá go neamhspleách.'

Tar éis tamaill ar an traein chuir mé ceist ar fhear na dticéad an raibh mé i bhfad ó Wood Green. Dúirt sé liom go raibh mé ag dul an treo mícheart! Bhí orm teacht amach ag an gcéad stáisiún eile, an droichead a thrasnú agus traein eile a fháil!

Shroich mé an lóistín ar a sé a chlog. Dúirt mé liom féin go scríobhfainn abhaile agus go seolfainn cúig phunt chucu! Bhogfadh sin an scéal! Ba chuma liom faoi De Valera anois. Bheinn ag dul amach ag obair ar maidin. Tar éis tamaill chaith mé cúpla steall uisce ar m'aghaidh agus chíor mé mo chuid gruaige. Theastaigh uaim a bheith suite sa chistin nuair a thiocfadh mo dhearthái isteach ionas go bhfeicfinn an t-ionadh ina aghaidh. Bhuail mé le fear an tí. Duine ciúin lom ba ea é, ach bhí go leor cainte ag an mbean don bheirt acu! Faoi dheireadh tháinig Dónall *'Hello,'* ar seisean le bean an tí.

'An bhfuil aon *hello* agat domsa, a Dhónaill?' arsa mise. Thit a chaipín as a láimh.

'A Mhaidhc, a dhiabhail!' ar seisean. 'An bhfuilir beo nó an bhfuilim ag feiscint púcaí?' Agus rugamar greim daingean ar a chéile. 'Cad as a tháinis?' ar seisean. 'Níor baineadh an oiread geite asam ón lá a lean tarbh Sheáin Bheaglaoich mé fadó.' D'inis mé dó gur i ngan fhios do mo thuismitheoirí a tháinig mé go Londain. 'Féadair scríobh abhaile anocht agus an scéal a bhriseadh,' ar seisean. 'Ó in ainm Dé...Déanfaidh siad raic.' D'inis mé dó go raibh jab faighte agam cheana féin. Bhí ionadh air.

Ansin labhair bean an tí: *'Speak English, you're in England now.'* Dúirt Dónall léi nach raibh aon dlí sa tír i gcoinne labhairt na Gaeilge. 'Straip fiosrach is ea í sin,' ar seisean liom.

Amach linn go dtí an seomra tar éis an dinnéir agus chuir Dónall peann agus páipéar i mo láimh. Scríobh mé litir chun an bhaile agus chuir mé nóta cúig phunt isteach ann. Chuir Dónall ceist orm céard a cheap mé faoin dinnéar.

'Ó Mhuis,' arsa mise, 'níor chuir sé aon rud i gcuimhne dhom ach an phraiseach a thugaidís dos na muca aige baile.' Dúirt sé go bhfaighimis seomra ceart lá éigin agus go dtaispeánfaimis 'ár sála don m*bitch* sin.'

Dúirt Dónall liom a rá leis an dream a raibh mé ag obair leo go mbeinn naoi mbliana déag d'aois ar an dara lá d'Fheabhra agus go bhfaigheadh seisean cártaí dom ón *Labour* an lá ina dhiaidh sin. Mura ndéanfainn é sin ní bhfaighinn ach pá garsúin.

Chuamar go Wood Green ansin agus chuireamar an litir sa phost. Ní fhaca mé an méid sin soilse in aon áit riamh is a chonaic mé i Wood Green an oíche sin. Chuir Dónall a lán ceisteanna orm agus bhí mé tuirseach traochta nuair a bhain mé an leaba amach ar deireadh thiar.

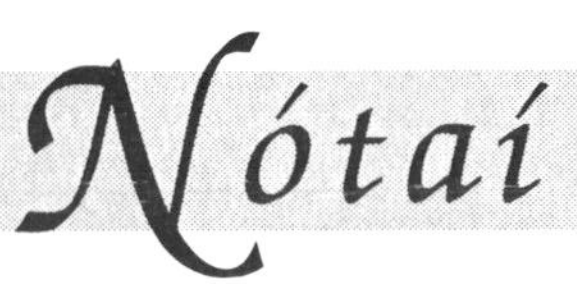

Na Pearsana sa Chaibidil Thuas

- **a** Maidhc Dainín
- **b** Bean an lóistín
- **c** Fear an lóistín
- **d** Dónall

Príomhphointí na Caibidle

- **a** Aistear ceolmhar farraige
- **b** Londain
- **c** Lóistín faighte agam
- **d** Ar thóir oibre
- **e** Ionadh mór ar Dhónall
- **f** *'Speak English, you're in England now.'*
- **g** Litir curtha sa phost

Maidhc Dainín

- **a** Cé gur fíor a rá go raibh croí an údair go trom agus é ag imeacht amach ón gCaladh Thuaidh, bheadh air féin a admháil gur ghlac sé leis an gcéad deis a bhí aige imeacht óna bhaile dúchais agus óna mhuintir. Seachránaí ó nádúr ba ea é, mar sin.
- **b** Feicimid arís an grá mór atá ag Maidhc Dainín don cheol sa chaoi ar fhan sé i gcomhluadar na gceoltóirí agus é ar an aistear farraige sin go Sasana.

c Duine seiftiúil is ea Maidhc Dainín. D'éirigh leis lóistín agus jab a fháil gan chabhair ó éinne.

d Cé go ndúirt Maidhc Dainín cheana féin sa leabhar nach raibh suim ar bith aige sna leabhair, is léir gur chabhraigh an beagán a d'fhoghlaim sé i gCeardscoil an Daingin go mór leis an chéad jab a bhaint amach dó féin. Bhí éirím aigne ag baint le Maidhc Dainín, mar sin.

e Feicimid an grá mór atá ag Maidhc Dainín dá dheartháir sa chaoi dheas chairdiúil ar fháiltigh siad roimh a chéile.

Dónall

a Ba mhór an fháilte a chuir Dónall roimh a dheartháir. Taispeánann sé seo dúinn an meas mór atá aige air.

b Níor ghéill Dónall do bhean an lóistín nuair a dúirt sí leis Béarla a labhairt. Is léir nach raibh móran measa aige uirthi. Feicimid an dearcadh céanna aige i leith na mná céanna nuair a dúirt sé: 'Chomh luath agus a bheidh sé ar ár gcumas seomra a fháil in áit éigin taispeánfam ár sála don m*bitch* sin.'

c Ní haon amadán é Dónall. Chomhairligh sé do Mhaidhc a rá leis na húdaráis go raibh sé ag druidim le naoi mbliana déag d'aois. Sa caoi sin gheobhadh Maidhc pá iomlán.

An Greann sa Chaibidil

Tá roinnt samplaí den ghreann sa chaibidil seo.

a an chomparáid a dhéanann an t-údar idir na daoine gorma agus 'corcán na dtrí gcos';

b an t-am a chuaigh Maidhc Dainín ar strae ar an traein;

c an chaoi ar thit an caipín as láimh Dhónaill nuair a chonaic sé a dheartháir i dtosach báire, agus an cómhrá idir an bheirt acu ina dhiaidh sin;

d an chaoi ar labhair Dónall le Maidhc i dtaobh bhean an lóistín.

Stíl

a Is é an rud is taitneamhaí a bhaineann leis an gcaibidil seo ná an tsimplíocht a bhaineann leis an gcaoi a n-insíonn an t-údar a scéal. Tá stíl shimplí nádúrtha aige.

b Tugann an t-údar pictiúr beo soiléir dúinn de gach ar tharla dó ar a bhealach go Londain agus ar a chéad lá sa chathair sin.

c Gaeilge shimplí so-léite atá againn arís sa chaibidil seo.

Ceist le Freagairt

a 'Cé go raibh Maidhc Dainín as baile don chéad uair bhain sé úsáid iomlán as a raibh de chiall aige chun Londain a bhaint amach, lóistín maith a aimsiú agus post a fháil dó féin.'
Do thuairim uait faoi sin.

b Tuairisc ghairid a scríobh ar ar tharla nuair a bhuail Maidhc Dainín agus a dheartháir le chéile sa teach lóistín.

11

Tugtar Pat ar gach Éireannach

'*Breakfast ready for steady boarders!*' Sin an chéad rud a chuala mé ar maidin. Bhí mé i Londain! D'éirigh mé. Thóg mé seanbhríste oibre amach as mo chás agus chuir mé orm é. Fuair mé iasacht rásúir ó Dhónall. Nuair a bhí mé nite, bearrtha agus gléasta chuaigh mé isteach chun na cistine agus bhí Dónall suite chun boird. Bhí blúire de bhagún casta agus ubh róstaithe ag snámh i ngeir ar mo phláta. D'ith mé é, ar ndóigh, mar bhí ocras orm. Dúirt Dónall go mbeadh sé liom ar an traein chomh fada le Finsbury Park agus thug sé treoracha dom conas dul chuig an suíomh oibre. D'imíomar linn.

Bhí an t-ádh liomsa nár thit mé cúpla uair mar bhí na bróga tairní ag sleamhnú ar an gcosán. Dúirt Dónall liom go gcaithfinn bróga oibre a cheannach a mbeadh bonn rubair fúthu. Bhí daoine ag gáire fúm – mé féin agus mo bhróga tairní! '*Welcome to London, Pat,*' a dúirt fear amháin liom! Mhínigh Dónall dom, agus é ag gáire, go raibh sé de nós ag na Sasanaigh Pat a thabhairt ar gach Éireannach. Chuir sé sin olc orm!

Shroich mé monarcha United Aircoil ar a ceathrú chun a hocht, rinne mé comhartha na croise agus thug mé aghaidh ar mo chéad lá oibre i dtír iasachta. Chonaic mé oibrithe ag cur cártaí i meaisín éigin. Tháinig an fear ar bhuail mé leis an lá roimhe sin isteach. Thug sé isteach chun na hoifige mé agus scríobh sé síos roinnt sonraí – m'ainm, mo dháta breithe agus mo sheoladh. Ansin dúirt sé liom dul chuig George Houghton ar an líne chóimeála agus a rá leis go mbeinn ag obair leis. Rugadh agus tógadh George i Londain agus d'inis sé dom go raibh sé ag obair sa mhonarcha seo ar feadh breis agus scór bliain. Ní raibh sé deacair a chuid Béarla a thuiscint agus dúirt sé liom a bheith ag faire air féin agus an mbeirt eile a bheadh ag obair in éineacht leis ionas go bhfoghlaimeoinn mo ghnó go tapa. Bhí sé an-sásta nuair a chonaic sé go raibh mé in ann *blueprint* a leanúint.

Ba dheacair an bheirt fhear eile a thuiscint, ach níorbh fhada gur thug mé faoi deara go raibh focal amháin á úsáid acu nár chuala mé riamh i dteach mo mhuintire sa bhaile. Sin locht ar na Sasanaigh ar bhuail mé leo. Níorbh fhéidir leo dhá fhocal a rá gan an focal gránna sin a úsáid. Chuaigh mé i dtaithí go luath ar an ainm, Pat, agus chabraigh George go mór liom i mo chuid oibre.

Tar éis tamaill bhéic fear: *'Tea up!'* Isteach sa cheaintín linn go léir. Dhá phingin a bhí ar chupán tae agus b'fhiú go mór é. Chonaic mé fear ag comhrá le fear eile. D'aithin mé gur Éireannach a bhí ann. Chuaigh mé chun cainte leis. B'as Baile Átha Cliath é agus Ken Fitzpatrick ab ainm dó. Shíl sé go raibh mise i mo Chorcaíoch, ach d'inis mé dó gur Chiarraíoch mé. Chroith sé lámh liom agus d'inis sé dom go raibh sé féin ag obair ar an líne chóimeála freisin. Dúirt sé liom dul chuige dá mbeadh fadhb ar bith agam.

Tamall ina dhiaidh sin chuir mé ceist ar Ken cén fáth a raibh na Sasanaigh ag caint ar éanlaithe an t-am ar fad. Phléasc sé amach ag gáire agus d'inis sé dom gur éanlaithe gan cleití gan sciatháin a bhí i gceist acu! *'Sex is the religion in this country, my boy,'* ar seisean. Chuir mé a lán ceisteanna air ag am lóin agus d'inis sé dom go raibh, ar a laghad, cúig halla rince Gaelacha i Londain.

An tráthnóna sin tháinig fear agus casóg bhán air agus labhair sé go ciúin le George. Tar éis tamaill labhair sé liomsa: *'I'm Frank Linski, they call me the Gov.'* Bhí a fhios agam go raibh George tar éis me a mholadh. *'By the way, do you want to work overtime?'* ar seisean. Dúirt sé go raibh cead agam dhá uair a chloig breise a dhéanamh tráthnóna ar bith agus leath an lae Dé Sathairn. Bhí áthas orm é sin a chloisteáil. Ní raibh deacracht ar bith agam leis an obair, mar bhí mé ábalta na gormphriontaí a léamh. Maidin Dé Sathairn labhair fear na casóige báine liom: *'Keep up the good work.'* Bhí a fhios agam ansin go raibh post seasmhach agam.

Nuair a buaileadh an clog ag uair an mheán lae Dé Sathairn tugadh clúdach litreach donn do gach éinne. Ní raibh mé ag súil le mórán airgid an lá sin mar níor thosaigh mé ag obair go dtí an Mháirt. Bhí áthas an domhain orm nuair a chonaic mé go raibh trí phunt déag agus réal faighte agam. Bheinn ag obair ar feadh míosa sa bhaile sula bhfaighinn an méid sin. D'inis Seoirse dom go mbeadh bónas le fáil anois is arís ag deireadh na míosa dá mbeadh go leor oibre déanta ag na hoibrithe. D'inis sé dom go bhfuair sé féin bónas dhá phunt déag an lá sin agus nach ndearnadh mórán oibre an mhí sin.

Chuaigh mé go siopa *Marks & Spencer* ansin agus cheannaigh mé léine nua agus *tie*. Thug mé faoi deara go raibh an t-éadach saor go maith sa siopa sin. Bhuail mé le Dónall agus mé ag siúl ó Wood Green go Victoria Road. Bhí carbhat air agus chuir mé ceist air an raibh slaghdán air. Dúirt sé liom go raibh sé ag dul chuig cluiche sacair agus go raibh dathanna Tottenham Hotspurs ar an gcarbhat aige. Chuir sé ceist orm ar mhaith liom teacht go dtí an cluiche leis. Dúirt mé leis nach rachainn trasna an bhóthair chun cluiche sacair a fheiceáil. 'Gheobhair an *bug* fós,' ar seisean, 'fan go bhfeicfir.'

Theastaigh uaim roinnt de Londain a fheiceáil. Tar éis an dinnéir, mar sin, thóg mé an bus go Hyde Park. Bhí dhá urlár sa bhus agus chuaigh mé in airde staighre chun radharc níos fearr a fháil. Bhí orm seasamh an tslí ar fad mar ní raibh aon suíochán folamh le fáil.

Na Pearsana sa Chaibidil Thuas

- **a** Maidhc Dainín
- **b** Dónall
- **c** George Houghton
- **d** Ken Fitzpatrick
- **e** Frank Linski

Príomhphointí na Caibidle

- **a** Amach chun na hoibre
- **b** Bróga tairní agus *'Welcome to London, Pat'*
- **c** Ag obair le George Houghton ar an líne chóimeála
- **d** Focal gránna ag na Sasanaigh
- **e** *'Tea up'* agus Ken Fitzpatrick
- **f** Éanlaith gan sciatháin
- **g** Frank Linski, *the Gov.*
- **h** Pá maith
- **i** Léine nua agus *tie*
- **j** Dónall agus Tottenham Hotspurs
- **k** Turas go Hyde Park ar an mbus

Maidhc Dainín

- **a** Thuig Maidhc Dainín láithreach bonn go gcaithfeadh sé luí isteach chun na hoibre. Dá bhrí sin ní raibh aon mhoill air éirí as an leaba agus bualadh amach chun na hoibre.
- **b** An raibh sé deacair Maidhc Dainín a shásamh? Rinne sé gearán i dtaobh an bhia sa chaibidil roimhe seo agus ní raibh aon fhocal molta aige i dtaobh an bhricfeasta sa chaibidil seo ach oiread.
- **c** Is léir go raibh Maidhc Dainín ina oibrí maith. Mhol George Houghton é agus bhí fear na casóige báine sásta obair bhreise a thabhairt dó.
- **d** Chaith sé a chéad leathlá go ciallmhar. Cheannaigh sé léine agus *tie* i siopa *Marks & Spencer* agus chuaigh sé go Hyde Park ina dhiaidh sin.
- **e** Ní raibh suim dá laghad aige sa sacar.

Dónall

- **a** Chaith Dónall go fial lena dheartháir. Thug sé a rásúr ar iasacht dó agus thug sé treoracha dó ar maidin tar éis dó taisteal go Finsbury Park in éineacht leis.
- **b** Bhí suim mhór aige sa sacar. Bhí dathanna Tottenham Hotspurs á gcaitheamh aige agus bhí sé ar a bhealach chuig cluiche.

An Greann sa Chaibidil

Tá cúpla sampla den ghreann sa chaibidil seo.

- **a** Maidhc ag gearán i dtaobh an bhricfeasta;
- **b** Maidhc ag sleamhnú ar fud na háite ar na bróga tairní agus Sasanach ag rá *Good morning, Pat* leis;
- **c** Maidhc ag gearán i dtaobh an fhocail ghránna a bhí ag na Sasanaigh;
- **d** Na Sasanaigh ag caint faoi éanlaithe gan chleití gan sciatháin.

Stíl

- **a** Feicimid stíl shimplí nádúrtha an údair arís sa chaibidil seo.
- **b** Tugann an t-údar pictiúr beo soiléir dúinn dá chéad lá ar an suíomh oibre agus ar na daoine ar bhuail sé leo sa mhonarcha.
- **c** Gaeilge shimplí so-léite atá againn arís sa chaibidil seo.

Ceist le Freagairt

a 'Ní raibh aon deacracht ag Maidhc Dainín luí isteach chun na hoibre agus aithne a chur ar a chomhghleacaithe.' Do thuairim uait faoi sin.

b Tuairisc ghairid a scríobh ar dhuine amháin de na daoine ar bhuail Maidhc Dainín leo ar an suíomh oibre.

12

Thugas an Oíche ag Rince

'Sin léine le dealramh' arsa mise liom féin agus mé ag féachaint orm féin i mo léine nua sa scáthán. Shiúil Dónall isteach. 'Cheapas go raibh duine éigin i do theannta sa tseomra ar an mbús cainte a bhí fút,' ar seisean. D'inis sé dom gur chaill Tottenham Hotspur an cluiche. 'Dhera ní bhuafaidís ar Pharóiste an Fheirtéaraigh inniu,' ar seisean. D'inis mé dó go raibh mé ag dul ag rince agus thug mé cuireadh dó teacht in éineacht liom. Dhiúltaigh sé, mar ní raibh suim ar bith aige sa rince. Rachadh seisean chuig na pictiúir. D'inis sé dom conas dul go Manor House, áit a raibh an halla rince. Nuair a bhí mé glanta gléasta bearrtha agus neart *Brylcreem* i mo chuid gruaige bhuail mé bóthar.

Nuair a bhí mé ag déanamh ar Manor House chuala mé jig breá bríomhar. Chuir an fhuaim sin i gcuimhne dom na hoícheanta breátha samhraidh a bhínn ag rothaíocht síos Ard na Carraige. D'íoc mé ceithre scillinge ag an doras. Bhí an áit dubh le daoine. Shuigh mé ar stól. Thug mé faoi deara siar ón stáitse seomra ina raibh ceapairí agus cístí milse ar díol. Díreach mar a bhí an scéal sa bhaile bhí na cailíní ar thaobh amháin den halla agus na fir ar an taobh eile. Aon chailín agus buachaill a bhí le chéile bhí siadsan thuas i seomra an tae. Mná breátha a bhí láthair, ar ndóigh, agus bhí súil agam go mbuailfinn le bean éigin a bhí ina cónaí in aice le Wood Green. Thug mé spéirbhean faoi deara. Thosaigh sean-*waltz*. D'iarr mé rince uirthi. Ní raibh uaithi ach gaoth an fhocail! Rinceoir an-mhaith ar fad ba ea í. Eibhlín Ní Chatháin ab ainm di agus b'as Contae Laoise í. Bhí sí i Londain le dhá bhliain. Bhí sí ag traenáil le bheith ina banaltra in Ospidéal Hackney, ar an taobh eile de Londain. D'fhág mé slán aici tar éis an *waltz* agus chaith mé an oíche ar fad ag rince le mná éagsúla. Ní raibh bean ar bith ina cónaí gar do Wood Green, de réir dealraimh.

Isteach liom go seomra an tae. Fuair mé cupán tae agus smut de chíste milis. Níorbh fhada gur shuigh buachaill agus beirt chailíní in aice liom. B'as Eochaill an buachaill. Tom ab ainm dó agus chuir sé na cailíní in aithne dom. Ba ó Lios Póil duine acu agus ó Mhaigh Eo an cailín eile. Tar éis tamaill thosaigh *quickstep. Peach* ceart ab ea an Ciarraíoch mná, ach fágadh bean Mhaigh Eo chun rince liomsa. Nuair a bhíomar ag rince d'inis sí dom gur tháinig an Corcaíoch go Londain coicís roimhe sin agus gurbh é seo an chéad dáta a bhí aige leis an gCiarraíoch. D'inis sí dom gur bhanaltra í a cara, Máire, agus go raibh cónaí uirthi i Hackney. D'inis sí dom gur tháinig sí féin go Londain an Nollaig roimhe sin. Nuair a bhí an rince thart chuamar ar ais go dtí an bheirt eile.

Bhí an rince deireanach againn ina dhiaidh sin. Rug Tom greim láimhe ar bhean Mhaigh Eo agus d'fhág sé mise agus Máire le chéile! Chuir mé a lán ceisteanna uirthi agus sinn ag rince. D'inis sí dom go raibh cónaí ar a cara – Caitlín Joyce – i Lordship Lane, ach ní raibh a fhios agam cá raibh sé sin. Bhuaileamar leis an mbeirt eile ag an doras.

'An mbeidh sibh anseo arís Dé Sathairn?' arsa mise le Tom, mar bhí mo mhisneach ag teacht chugam. Bhuail smaoineamh Tom ansin. Thug sé cuireadh don triúr againn dul chuig bialann ghalánta an Satharn ina dhiaidh sin. Scríobh mé síos seoladh na bialainne.

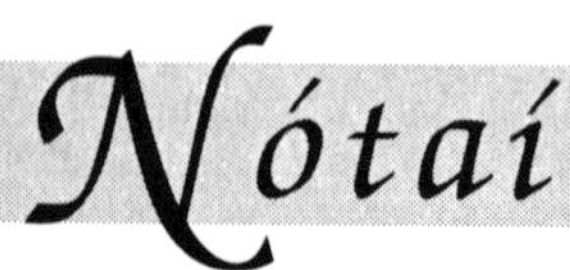

Na Pearsana sa Chaibidil Thuas

- **a** Maidhc Dainín
- **b** Dónall
- **c** Eibhlín Ní Chatháin, as Chontae Laoise
- **d** Tom, as Eochaill
- **e** Máire, as Lios Póil
- **f** Caitlín Joyce, as Contae Mhaigh Eo

Príomhphointí na Caibidle

- **a** Ag gléasadh don rince
- **b** Manor House
- **c** Sean-*waltz* le cailín as Contae Laoise
- **d** Ag ól tae le cairde nua
- **e** Ag rince le Caitlín Joyce

f Ag rince le Máire
g Coinne bhialainne

Maidhc Dainín

a Sa chaibidil seo déanann Maidhc Dainín a chéad iarracht, i dtír iasachta, cairde nua a dhéanamh dó féin. Nach breá mar a éiríonn leis an méid sin a dhéanamh!
b Feicimid anseo an dúil mhór atá ag Maidhc Dainín sa rince. Ní raibh sé rófhada sa halla sula raibh sé amuigh ar an urlár agus is léir gur bhain sé taitneamh as an oíche.
c Feicimid arís anseo an grá mór atá ag Maidhc Dainín don cheol Gaelach. Chuala sé an *jig* nuair a bhí sé ag druidim le doras an halla agus chuir sé sin an saol sa bhaile i gcuimhne dó.
d Taispeánann Maidhc Dainín anseo gur duine neamhspleách é. Ní raibh sé ag brath ar chomhluadar a dhearthár agus níor leasc leis dul amach ina aonar.

An Greann sa Chaibidil

Tá cúpla sampla den ghreann sa chaibidil seo.

a nuair a shiúil Dónall isteach sa seomra agus an t-údar ag caint leis féin;
b an chaint a dúirt Dónall i dtaobh Tottenham Hotspurs: 'Dhera ní bhuafaidís ar Pharóiste an Fheirtéaraigh inniu.'

Stíl

a Feicimid stíl shimplí nádúrtha an údair arís sa chaibidil seo.
b Tugann an t-údar cuntas beo soiléir dúinn ar a chéad oíche chuideachta i Londain agus ar na daoine ar bhuail sé leo an oíche sin.
c Gaeilge shimplí so-léite atá againn arís sa chaibidil seo.

Ceist le Freagairt

a 'Taispeánann Maidhc Dainín dúinn sa chaibidil seo gur duine neamhspleách é. Níl sé ag brath ar chomhluadar a dhearthár, ní leasc leis dul amach ina aonar agus tuigeann sé go maith conas cairde nua a dhéanamh dó féin.'
Do thuairim uait faoi sin.
b Tuairisc ghairid a scríobh ar dhuine amháin de na daoine ar bhuail Maidhc Dainín leo ag an rince.

13

Uaigneas i lár Slua

Bhraith mé an tseachtain sin an-fhada ar fad. Bhí mé féin agus Dónall fós ag caint ar imeacht ón mbia leathlofa agus na ballaí fuara agus áit níos fearr a fháil dúinn féin. Bhímis róthuirseach tar éis obair an lae, áfach, le rud ar bith a dhéanamh faoi. Is minic a smaoinigh mé i rith na seachtaine sin ar dhaoine a d'fhág sléibhte agus gleannta na hÉireann le teacht chun cónaithe sna foirgnimh mhóra bríce i Londain – iad go léir uaigneach, cé go raibh siad ina gcónaí i lár slua. Smaoinigh mé ar m'athair ina shuí cois tine le mo mháthair, sa bhaile agus bús deataigh as píp m'athar. Rachainn go Meiriceá i gceann bliana gan dabht.

Tháinig Dónall isteach i mo sheomra agus páipéar nuachta ina láimh aige. Theastaigh uaidh go rachaimis ag breathnú ar sheomra le háis chócaireachta i Brewers' Grove. Theastaigh uaimse fanacht go dtí an lá ina dhiaidh sin. 'Téanam ort,' arsa Dónall, 'nó beimid sáite sa pholl seo an chuid eile dár saol.'

Thógamar an bus go Brewers' Grove, a bhí in aice le Tottenham Hotspurs. Sráid dheas chiúin a bhí ann agus ní raibh sé rófhada ó na siopaí. Thug fear beag lom caite isteach sa teach sinn. Teach deas glan néata a bhí ann. Suas staighre linn. Thaispeáin an fear seomra breá fairsing aerúil dúinn. Bhí dhá leaba shingil ann agus cuma an-chompordach orthu. Dúirt an fear linn gur dhá phunt deich scillinge in aghaidh na seachtaine a bheadh ar an seomra. Labhair mé féin agus Dónall le chéile i nGaeilge agus bheartaíomar glacadh leis an seomra. Thugamar cíos seachtaine d'fhear an tí agus dúramar go mbeimis ar ais ar an Satharn. 'Cé déarfaidh leis an mbean thuas go bhfuilimid ag fágaint?' arsa mise. 'Fág fúmsa é,' arsa Dónall, 'mar tá cúpla rud eile agam le rá léi chomh maith.'

Tar éis mo leathlae oibre ar an Satharn cheannaigh mé péire bróg agus shroich mé Elmhurst Road. Bhí súil agam go raibh gach rud aistrithe ón tseanáit go dtí an seomra nua ag Dónall. Bhí doras an tseomra ar oscailt agus boladh breá rósta ag teach anuas an staighre i mo choinne. Chuir mé ceist ar Dhónall céard a bhí ar an b*pan* aige. '*Chops*, a bhuachaill,' ar seisean. 'An bhfuilir deimhneach nach smut de sheanamhadra é?' arsa mise. D'inis sé dom go raibh an tsean-*landlady* ag rince ar fud an tí le drochmhianach nuair a d'inis sé di go rabhamar ag imeacht. D'itheamar an béile ar ár suaimhneas.

Thug mé aghaidh ar theach Chaitlín i Lordship Lane timpeall a cúig a chlog an tráthnóna sin. Bhíomar le bualadh le Máire agus Tom ann ar a seacht a chlog. Thógamar an bus agus bhí an bheirt eile ag feitheamh linn ag doras na bialainne. Bhí orainn fanacht go dtí go raibh bord ar fáil agus bhí Tomás ag éirí mífhoighneach. 'Ó a Mhuire,' ar seisean nuair a shuíomar síos, cad chuige na foirc agus na sceana ar fad?' D'admhaigh sé gurbh é seo an chéad uair riamh aige i mbialann den chineál sin! 'Treoraigh mé, a chroí,' ar seisean le Máire, 'agus ná lig dom asal a dhéanamh díom féin.' D'ordaigh na cailíní an béile dúinn mar níor thuigeamarna na cúrsaí sin.

Súp sicín a bhí againn ar dtús. 'Ní mór den sicín a chonaic an súp seo,' arsa Tomás. 'Deinim amach gurb amhlaidh a scaoileadh an t-uisce fiuchaidh tríd an sicín.' Tugadh pláta mór an duine do gach duine againn ansin agus stráice beag mairteola ar gach ceann acu. Ina dhiaidh sin tugadh pláta beag eile do gach duine againn agus dhá phráta bheaga ar gach ceann acu. Sháigh Tomás a forc i ngach ceann acu agus ar seisean: *'Bring them in, they're boiled.'* Shíl sé gur le tástáil a tugadh na prátaí sin dúinn! Phléasc Máire amach ag gáire agus d'inis sí dó gurbh é sin an méid prátaí a bhí le fáil againn. Thosaigh Tomás ansin: *'God be with the days when the pig's head sat with its ears cocked in the middle of the table staring out with those two beady eyes as if it was pleading "eat me, eat me." Then my mother capsizing the big corcán next to it and the heap of spuds with the steam rising so high out of them that I couldn't see my father at the other end of the table.'* D'itheamar an béile ar ár suaimhneas agus dúirt Tomás go mbeadh tamall arís ann sula rachadh sé ar ais chuig bialann ghalánta. Ní raibh sé sásta *tip* a thabhairt don fhreastalaí. D'íocamar as an mbéile agus dúramar go rachaimis go dtí halla rince an Round Tower i Holloway Road. Thugamar aghaidh ar an Nag's Head i dtosach báire.

Tháinig ardú croí orm nuair a chuala mé duine éigin ag seinm ar bhosca ceoil sa Nag's Head. Lig mé liú breá Gaelach asam. D'ordaigh Tom beoir dó féin agus gloine fíona an duine do na cailíní. Chuir sé ceist ormsa céard a bheadh agam. 'Buidéal *lemonade*,' arsa mise. 'Ní bhlaiseas an stuif eile riamh.' Ansin d'athraigh mé m'aigne agus arsa mise: '*Allright* mar sin. Ólfad pén rud atá á ól agat féin.' D'inis Tom dom gur thóg sé féin an *pledge* nuair a bhí sé sé bliana déag toisc go raibh eagla air roimh an sagart, ach gur bhris sé an lá céanna é. 'Ó go maithe Dia duit do pheacaí, a Thomáis Mhic Cárthaigh,' arsa Máire.

Bhlais mé an pionta. Bhí siadsan ag faire orm, ach d'ól mé siar é ar nós duine a bhí ag ól le tamall. Bhí fear thíos ar an taobh eile agus é ag baint lasrach as an urlár ag rince. 'Ná dúrais liom go seinneann tú ceol, a Mhichíl?' arsa Caitlín agus, sula raibh seans agam mórán a rá, bhí sí ag caint i gcogar le fear an bhosca! Tugadh an bosca dom. Ní raibh mé i bhfad ag seinm nuair a bhí dhá phionta beorach le mo thaobh! Nuair a bhí mé críochnaithe d'inis fear an bhosca, Pádraig Ó Máille ó Chontae Mhaigh Eo, dom go raibh aithne aige ar fhear a bhí ag iarraidh bosca a dhíol. Bhain sé slog as a phionta agus ar seisean: 'Gheobhadsa dhuit é ar chúig puint déag, ar choinníoll amháin – go seinnfir i mo theannta sa Round Tower gach oíche Shathairn.' Gheobhaimis cúig phunt an duine ar an gceol.

Chuir Pádraig ceist orm an mbeinn ag dul go dtí an Round Tower an oíche sin. Dúirt mé go mbeinn. 'B'fhéidir go seinnfeá "Ionsaí na hInse" dom anocht,' ar seisean. 'Déanfaidh sé taithí duit.' Lean Pádraig ar aghaidh ag seinm. Sárcheoltóir ba ea é.

Tar éis dom trí phionta a ól bhí mé ag éirí meidhreach cainteach. Cheannaigh mé féin *round* ansin. Dúirt Caitlín liom a bheith cúramach mar nach raibh taithí agam ar an ól. Ghlac mé lena comhairle mar bhí eagla ag teacht orm go ndéanfainn praiseach de 'Ionsaí na hInse'.

Nuair a chuamar amach faoin aer d'éirigh mo cheann éadrom. Bhí fonn ar mo dhá chois siúl, ach ní raibh m'inchinn ar aon dul leo. Chomh luath is a bhaineamar an Round Tower amach chuaigh mé isteach i dteach an asail. Ní raibh an babhla sa leithreas ach bainte amach agam nuair a chuir mé amach an ceithre phionta a bhí ólta agam! Shuigh mé ar shuíochán an leithris agus fuarallas ag teacht amach tríom. Chuala mé duine éigin taobh amuigh den doras: 'An maireann tú, a Mhichíl?' Tomás a bhí ann. Lig sé scairt mhór gáire as nuair a dúirt mé leis nach dtarlódh a leithéid go deo arís dom. 'Sin é a deir siad ar fad,' ar seisean! Chaith mé steall uisce ar m'aghaidh agus ní raibh mé rófhada ag teacht chugam féin arís.

Thosaigh mé ag rince *waltz* le Caitlín, ach bhraith mé go raibh sí cineál stailciúil. Gheall mé di nach dtarlódh a leithéid arís. Fad is a bhíomar ag ól cupán tae thóg an banna sos agus thosaigh Pádraig Ó Máille ag seinm don 'Staicín Eorna'. Chríochnaigh an *barn dance* agus d'fhág gach éinne an t-urlár. Ansin labhair Pádraig Ó Máille: 'Tá ceoltóir inár measc nár chualabhair fós. Ó Chiarraí, seo chugaibh Micheál Ó Sé.' Nuair a chuala an slua an focal 'Ciarraí' thosaigh siad ag liú. Dhún mé mo dhá shúil agus sheinn mé dhá phort. Ba é sin an chéad uair a sheinn mé isteach i micreafón. Thug mé rince breá fada dóibh agus fuair mé bualadh bos breá nuair a bhí mé críochnaithe. Mhol Pádraig Ó Máille go hard na spéire mé agus dúirt sé go mbuailfeadh sé liom sa Nag's Head an Satharn ina dhiaidh sin.

Chaith mé féin agus mo chairde tamall ag rince ina dhiaidh sin agus shuíomar síos arís. Thosaigh Tomás ag caint faoi na seanlaethanta sa bhaile. Dúirt sé nár chaith sé bróga go dtí go raibh sé dhá bhliain déag d'aois agus gur thóg sé trí mhí air taithí a fháil orthu. Dúirt sé go mbíodh clog aige ar a lúidín. Bhí Tomás ar fheabhas chun scéalta a insint agus bhí Máire go hiontach chun é a chur sa tsiúl.

Bhí giall saghas casta ag Tomás agus thosaigh Máire ag piocadh air arís. 'An ag troid a bhís le duine éigin gur cuireadh do chorrán as alt?' ar sise. Thosaigh Tomás arís. Dúirt sé linn gur thosaigh sé ag gáire nuair a fuair sé an clabhta an lá a ndeachaigh sé faoi láimh easpaig. Nuair a chonaic an t-easpag ag gáire é, dar leis, thug sé clabhta eile dó agus chuir sé a chorrán trí orlaí as alt le fórsa an bhuille! 'Taibhsíodh dom go bhfeaca an Mhaighdean Mhuire ag imeacht os mo chionn in airde,' arsa Tomás.

Chuaigh mé féin agus Caitlín abhaile ar an mbus. Bhí sise an-chiúin, ach thug sí cuireadh isteach dom le haghaidh cupán tae. Chuir mé ceist uirthi céard a bhí ag cur as di an oíche ar fad. An raibh sí crosta liomsa fós toisc go raibh mé ólta? D'inis sí dom go raibh sí go minic i gcomhluadar daoine a bhí i bhfad níos ólta ná mise. Nuair a bhíomar suite chun boird d'inis sí dom ansin go raibh sí ag smaoineamh ar dhul isteach i gclochar. 'Deinim amach go bhfuil an glaoch fachta agam,' ar sise. Dúirt sí liom go gcaithfeadh sí triail a bhaint as an saol sin agus ar sise: 'Geallaim duit mura mbeadh glaoch níos airde bheith factha agam bheadh sé deacair sinn a scarúint.' Dúirt sí liom go mbeadh sí ag dul chuig clochar i dtuaisceart Shasana an tseachtain ina dhiaidh sin. Ghuidh mé gach rath uirthi, dúirt mé go bhfeicfinn í tráthnóna Dé Máirt agus thug mé m'aghaidh go brónach ar mo lóistín.

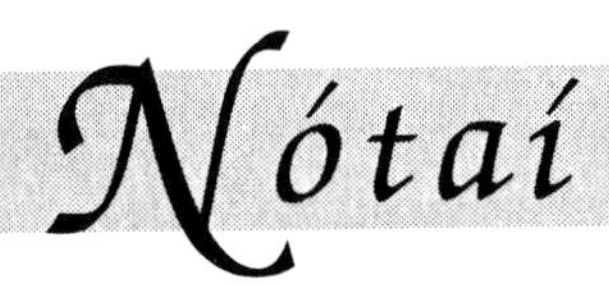

Na Pearsana sa Chaibidil Thuas

- **a** Maidhc Dainín
- **b** Dónall
- **c** Tomás Mac Cárthaigh
- **d** Caitlín Joyce
- **e** Máire
- **f** Pádraig Ó Máille

Príomhphointí na Caibidle

- **a** Smaointe ar Éirinn
- **b** Ag lorg lóistín
- **c** *Chops*
- **d** Sa bhialann
- **e** Mo chéad phionta

- **f** Mé ag seinm sa Nag's Head
- **g** Mé ólta
- **h** Ionsaí na hInse
- **i** Scéalta Thomáis
- **j** Caitlín ag dul chuig clochar

Maidhc Dainín

- **a** Bhraith an t-údar go raibh an tseachtain sin an-fhada ar fad. Chomh maith leis sin thosaigh sé ag smaoineamh ar an imirce, ar mhuintir na hÉireann agus ar a thuismitheoirí. B'fhéidir go raibh sórt aiféala air gur tháinig sé go Sasana. É sin nó bhí sé maoithneach.
- **b** Bhí Maidhc Dainín sásta ceist an lóistín a chur ar an méar fhada. An raibh sé beagáinín leisciúil?
- **c** Bhí eagla ar Mhaidhc Dainín dul chun cainte leis an *landlady* agus bhí eagla air filleadh ar an lóistín. D'fhág sé an obair shalach go léir faoina dheartháir, Dónall!
- **d** Chomh luath is a chuala Maidhc Dainín fuaim an bhosca lig sé liú as. Thug sé suntas don fhear a bhí ag rince freisin agus níor scaoil sé thairis an deis dreas ceoil a sheinm sa Nag's Head ná sa Round Tower. Tá neart fianaise againn, mar sin, go raibh suim mhór aige sa cheol.
- **e** Thaitin comhluadar Thomáis go mór leis. Thaitin scéalta agus greann Thomáis go mór leis freisin.
- **f** Níor fhan Maidhc Dainín dílis dá *pledge* le rófhada! Ba luath a d'fhoghlaim sé ceacht an druncaera freisin! Admhaíonn sé go raibh sé ag iarraidh a chuid fearúlachta a chur in iúl do gach éinne.
- **g** Bhain sé an-taitneamh as an mbualadh bos a thug an slua dó. Ní raibh eagla ar bith air dul ag seinm os comhair an tslua.

Dónall

- **a** Duine ciallmhar ab ea Dónall, de réir dealraimh. Murach eisean ní bhfaigheadh siad an seomra an lá sin.
- **b** Ní raibh eagla ar bith ar Dhónall labhairt amach go hoscailte leis an *landlady*. Ghlac sé leis an deis a raibh le rá aige a chur in iúl di go hoscailte.

Tomás Mac Cárthaigh

- **a** Bhí neart scéalta greannmhara ag Tomás Mac Cárthaigh agus bhí féith an ghrinn go láidir ann. Feicimid an méid sin sa chaoi ar iompair sé é féin sa bhialann, sna scéalta a d'inis sé ag an mbord agus sa chaoi a ndearna sé gáire faoi Mhaidhc Dainín nuair a bhí sé tinn sa leithreas.
- **b** Ní raibh aon chur i gcéill i gceist maidir le hiompar Thomáis. Feicimid é sin, go háirithe, ina chuid cainte ag an mbord sa bhialann.
- **c** Bhí scéalta greannmhara ag Tomás i dtaobh an easpaig sa bhaile. Cuireann an méid sin in iúl dúinn go bhfaca sé an taobh greannmhar maidir le cúrsaí creidimh.
- **d** Duine cairdiúil cuideachtúil ba ea é.

An Greann sa Chaibidil

Tá roinnt mhaith samplaí den ghreann sa chaibidil seo.

- **a** Bhí eagla ar Mhaidhc Dainín dul chun cainte leis an *landlady*. D'fhág sé an obair shalach go léir faoina dheartháir.
- **b** Eachtra ghreannmhar ó thús go deireadh a bhí sa chuairt a thug na cairde ar an mbialann. Ba i gcaint Thomáis a chonaiceamar an greann sin go léir.
- **c** Ba ghreannmhar an feic é an t-údar bocht ag cur amach sa leithreas agus Tomás ag briseadh a chroí ag gáire faoi taobh amuigh den doras.

Stíl

- **a** Feicimid stíl shimplí nádúrtha an údair sa chaibidil seo arís.
- **b** Tugann an t-údar cuntas beo soiléir dúinn ar an tráthnóna a chaith sé lena chairde sa bhialann, sa Nag's Head agus sa Round Tower.
- **c** Éiríonn go breá le Maidhc Dainín pictiúr iomlán suimiúil a thabhairt dúinn den chineál saoil a bhí ag na Gaeil agus iad i gcuideachta a chéile i Londain.
- **d** Gaeilge shimplí so-léite atá againn arís anseo.

Ceisteanna le Freagairt

1 a 'Éiríonn go breá le Maidhc Dainín pictiúr iomlán suimiúil a thabhairt dúinn den chineál saoil a bhí ag na Gaeil agus iad i gcuideachta a chéile i Londain.'

Do thuairim uait faoi sin i bhfianaise a bhfuil le rá ag an údar sa chaibidil seo.

b Tuairisc ghairid a scríobh ar ar tharla sa bhialann.

2 a 'Bhí neart scéalta greannmhara ag Tomás Mac Cárthaigh agus bhí féith an ghrinn go láidir ann. Feicimid an méid sin sa chaoi ar iompair sé é féin sa bhialann, sna scéalta a d'inis sé ag an mbord agus sa chaoi ar iompair sé é féin sa Nag's Head agus sa Round Tower.' An ráiteas sin a phlé.

b Tuairisc ghairid uait ar an bpáirt a bhí ag Caitlín nó ag Máire in imeachtaí na caibidle seo.

14

An Chéad Nollaig

Bhí cúrsaí oibre go maith ag United Aircoil. Bhí cead againn am breise a dhéanamh gach lá agus lá iomlán ar an Satharn. Bhí mé óg lúfar aclaí chun na hoibre agus bhí an iasacht airgid a fuair mé ó mo chara glanta agam agus bronntanas maith ina theannta. Bhí an Nollaig ag druidim linn agus soilse agus cuileann falsa i bhfuinneoga na siopaí. Bhí San Nioclás ag seasamh ag cúinne sráide agus páistí ag dul chuige le litreacha. D'imigh Dónall abhaile don Nollaig. Tháinig uaigneas ormsa, ach ní raibh ach ceithre lá saor le fáil agam. Seo an chéad Nollaig a mbeinn scartha ón gclann ó saolaíodh mé.

D'fhan Tomás Mac Cárthaigh i Londain don Nollaig freisin. Dúirt sé liom go mbeadh Máire ag teacht chuig an *flat* chun dinnéar Nollag a ullmhú. Thug sé cuireadh dom teacht agus cúpla lá a chaitheamh leo. Ghlac mé leis an gcuireadh ar choinníoll amháin – go n-íocfainn mo bhealach féin. Dúirt sé liom an bosca ceoil a thabhairt liom.

Dúnadh an mhonarcha ag meán lae an lá roimh an Nollaig. Bhí buidéal ag gach éinne de na fir sna málaí an lá sin agus ní uisce a bhí iontu. Tar éis dúinn an áit a ghlanadh thug lucht an chomhlachta deochanna uisce beatha agus beorach do na hoibrithe. Níor ól mise mórán mar ba chuimhin liom an drochoíche a bhí agam sa Nag's

Head! D'ól mé buidéal beorach chun a bheith béasach. Ina dhiaidh sin chuaigh na fir trasna na sráide go dtí an teach tábhairne, ach ní dheachaigh mé leo. Chuaigh mé abhaile agus bhí folcadh agam. Nuair a bhí mé i mo shuí sa tobán thosaigh mé ag smaoineamh ar Dhónall agus ar mo mhuintir sa bhaile – m'athair ag éisteacht le Dónall ag cur síos ar an saol i Sasana. Smaoinigh mé ar an gcéad litir a fuair mé ó mo mháthair. Rinne sí gearán sa litir sin, ach níor léirigh sí fearg ar bith. Ó, ba dheas an rud é bheith sa bhaile, shíl mé. Ach, faoi mar a dúirt sagart liom uair amháin i mbosca na faoistine, níor cuireadh aon duine ar an saol seo chun a bheith sásta. Chuir mé bríste nua agus léine nua orm – ceann de na léinte nua a bhí sa bhfaisean go bhféadfá bóna glan a chur uirthi gan í a athrú.

Bhí Brewers' Grove dubh le daoine nuair a chuaigh mé amach. Ní fhaca mé an méid sin daoine um Nollaig sa Daingean riamh. Bhí mé ag iarraidh bronntanas a cheannach do Thomás. Smaoinigh mé ar mo mháthair agus ar mhná eile sa Daingean ag súil le bronntanais Nollag ó na siopaí a mbíodh siad ag deighleáil leo i rith na bliana.

Bhí Tomás á bhearradh féin nuair a shroich mé an *flat*. Bhuail mé cás beorach suas ar an mbord. Bhí bosca mór ag Tomás i lár an bhoird agus istigh ann bhí stumpa de thurcaí a chuir muintir Mháire chuici! Chuir mé ceist ar Thomás an raibh Máire istigh, mar chuala mé torann sa seomra codlata.

'Éist, éist,' arsa Tomás, ag cur méire lena bhéal, 'sin í an *landlady*. Tagann sí aníos uair sa tseachtain agus glanann sí an *flat* ar fad.' Dúirt sé liom nach raibh sí ach tríocha is a cúig bliana d'aois agus gur maraíodh a fear céile nuair a thit sé síos an staighre. Tháinig an *landlady* amach as an seomra. *'That's it now, Tom love,'* a dúirt sí i gcanúint láidir Cockney.

'Sea, *Tom love*' arsa mise nuair a bhí sí imithe, 'Fan go gcloisfidh Máire é seo.' Dúirt sé liom go raibh rudaí 'ainnis a ndóthain' agus go mbeadh sé chomh maith againn gan aon rud mar sin a rá. D'inis sé dom nárbh í Máire a bhí ag déanamh tinnis dó agus thosaigh sé ar scéal eile! Seo an scéal:

An dara Satharn a bhí Tomás i Londain fuair sé bearradh gruaige agus *shampoo*. Nuair a bhí an jab déanta ag an mbearbóir thug sé dhá phaicéad bheaga do Thomás agus dúirt sé leis i mBéarla briste: *'They are very good, will come in handy for weekend.'* Shíl Tomás gur dhá phaicéad *shampoo* a bhí aige agus chuir sé ar tseilf os cionn na tine iad. Chonaic an *landlady* iad cúpla lá ina dhiaidh sin nuair a bhí an glantachán á dhéanamh aici. *'Oh Thomas, you are planning an adventure this weekend,'* ar sise! *'Of course,'* arsa Tomás. Nach é a bhí glas! Aon uair ar bhuail Tomás leis an *landlady* i rith na seachtaine ina dhiaidh sin chuimil sí í féin ina choinne! An Satharn ina dhiaidh sin léim Tomás isteach sa tobán agus thóg sé amach ceann de an paicéid *shampoo.* Céard a bhí ann ach ceann de na gléasanna frithghiniúna a bhí ar díol ar fud Shasana! 'Ní haon iontas ná gur tháinig tochas ar an *landlady* nuair a chonaic sí iad,' arsa Tomás. 'Nár dhóigh le haon bhean gur cuireadh faoin bplaincéad a bhí ann.' Ní fhéadfainn féin gan racht gáire a ligean asam nuair a chuala mé an scéal sin!

Dúirt Tomas liom nár inis sé an scéal sin do Mháire riamh agus nárbh aon mhaith a bheith ag tabhairt leithscéalta don *landlady.*

Thóg mé beart beag as mo mhála ansin agus thug mé léine do Thomás mar bhronntanas Nollag. Ansin leag mé píosa stéige ar an mbord freisin. Ar ndóigh, bhíodh an fheoil go hainnis i Sasana ag an am sin. Chuir Tomás an fheoil isteach sa *pan* agus chuir sé corcán prátaí ar an tine. Níorhb fhada go raibh boladh breá ar fud an tí. Ansin dúirt Tomás liom gur thug sé cuireadh don *landlady* teacht amach linn an oíche sin. Dúirt sé gur duine deas í agus nár mhaith leis í a bheith ina haonar oíche Nollag. Thosaigh mise ag spochadh as arís ansin!

Bhuail Máire isteach chugainn ar a ceathrú chun a sé agus bhí Tomás gléasta ar nós prionsa faoin am seo. An léine nua air, neart *Brylcreem* ina chuid gruaige agus *tie* dearg.

Rug mise ar an mbosca ceoil agus chuamar síos staighre. Ghlaomar ar an *landlady* ar an mbealach amach. Ansin a chonaic mé í – a guaille agus a muineál nocht, gan fiú an stropa chun an gúna a choimeád suas, an chuid is mó den bhrollach le feiceáil. Thug Máire cic san alt domsa agus ar sise liom: 'Cuir do dhá shúil ar ais i do cheann.' Ó, ba bhreá an feic í agus bhí boladh álainn cumhracháin uaithi. Chuir Tomás in aithne dom í. *'Hello ducky,'* ar sise liom!

Na Pearsana sa Chaibidil Thuas

- **a** Maidhc Dainín
- **b** Tomás Mac Cárthaigh
- **c** Máire
- **d** An *landlady*

Príomhphointí na Caibidle

- **a** Ag ullmhú don Nollaig
- **b** Dónal imithe abhaile
- **c** Uaigneas
- **d** Cuireadh ó Thomás Mac Cárthaigh

- **e** Smaointe ar an mbaile
- **f** Scéal Thomáis agus an *shampoo*
- **g** *Hello ducky*

Maidhc Dainín

- **a** Bhí uaigneas ar Mhaidhc Dainín toisc nach raibh sé in ann dul abhaile.
- **b** Bhí áthas air an cuireadh a fháil ó Thomás, ach léiríonn an eachtra chéanna dúinn nach raibh aon sprionlaitheacht ag baint le Maidhc Dainín. Dúirt sé nach rachadh sé go dtí an *flat* mura n-íocfadh sé a bhealach féin. Nuair a chuaigh sé go dtí an *flat* thug sé leis léine nua do Thomás, cás beorach agus mairteoil.
- **c** Duine muiníneach ba ea é. Gheall sé dá chara, Muiris, go dtabharfadh sé an t-airgead ar ais dó roimh an Nollaig. Rinne sé mar a gheall sé agus chuir sé bronntanas chuige freisin.
- **d** Ghlac sé go maith leis an gcaoi a raibh an saol ag oibriú amach dó, fiú nuair nach raibh sé in ann dul abhaile don Nollaig. Faoi mar a dúirt sagart leis uair amháin i mbosca na faoistine, níor cuireadh aon duine ar an saol seo chun a bheith sásta. Is léir ón gcaoi a ndúirt an t-údar é sin gur ghlac sé go hiomlán le tuairim an tsagairt sa chás sin.
- **e** Feicimid arís sa chaibidil seo gur thaitin scéalta greannmhara Thomáis go mór le Maidhc Dainín agus gur thaitin leis a bheith ag spochadh as Tomás freisin. Thaitin scéal an *landlady* agus an *shampoo* go mór leis.
- **f** Ní raibh sé in ann na súile a choimeád siar ón *landlady* nuair a chonaic sé í gléasta suas le dul amach.

Tomás Mac Cárthaigh

- **a** Mar a chonaiceamar cheana féin ba dhuine an-ghreannmhar ar fad é Tomás. Thuig sé go maith conas scéal maith a insint. Bhí sé in ann gáire faoi féin agus bhíodh sé i gcónaí gealgháireach.
- **b** Chaith Tomás go fial le Maidhc Dainín, go háirithe, nuair a thug sé cuireadh dó an Nollaig a chaitheamh leis féin agus le Máire.

An Greann sa Chaibidil

Cosúil le gach aon chaibidil a léamar go dtí seo tugtar cúis mhaith gáire dúinn arís sa chaibidil seo.

- **a** Cuireann Maidhc Dainín an léitheoir sna tríthí gáire le scéal Thomáis i dtaobh an *landlady* agus an *shampoo.*
- **b** Mar an gcéanna caithimid gáire a dhéanamh nuair a fheicimid Máire ag tabhairt cic do Mhaidhc Dainín agus ag rá leis a shúile a chur ar ais ina cheann agus é ag stánadh ar an *landlady.*

Stíl

- **a** Feicimid stíl shimplí nádúrtha an údair sa chaibidil seo arís.
- **b** Feicimid go bhfuil bua na scéalaíochta ag Maidhc Dainín anseo sa mhéid is go n-éiríonn leis scéal Thomáis a chur go soiléir os ár gcomhair faoi mar a bheadh sé féin i láthair nuair a tharla an eachtra.
- **c** Gaeilge shimplí so-léite atá againn arís anseo.

Ceist le Freagairt

- **a** 'Feicimid arís sa chaibidil seo gur thaitin scéalta greannmhara Thomáis go mór le Maidhc Dainín agus gur thaitin leis a bheith ag spochadh as Tomás freisin. Thaitin scéal an *landlady* agus an *shampoo* go mór leis.' Do thuairim uait faoi sin i bhfianaise a bhfuil le rá ag an údar sa chaibidil seo.
- **b** Tuairisc ghairid a scríobh ar ar tharla agus na cairde ar a mbealach amach as an árasán.

15

Ceol sna Cosa

Chuamar go dtí an Elephant and Castle an oíche sin. Bhínn ag seinm ann ó am go chéile in ionad ceoltóra a bhí imithe abhaile go hÉirinn ar a laethanta saoire. Chuamar go dtí teach tábhairne roimhe sin agus cheannaigh mé deoch do gach éinne. *Pernod and White* a d'ól an *landlady*. Bhí sí go maith chun óil! Bhí sí ag teannadh isteach liomsa de réir mar a bhí sí ag ól! Ba chuma liomsa, ach bhí sí críonna go leor le bheith ina máthair agam! Tar éis uair go leith dúirt Máire go rachaimis go dtí an rince. Ní raibh aon deifir ar Thomás, ach bhogamar linn. Fear darbh ainm Paddy Ó Cathasaigh ó Shnaidhm, Contae Chiarraí, a bhí ag rith an Elephant and Castle ag an am sin. Bhí cáil ar mhuintir Uí Chathasaigh sa bhaile mar gheall ar chomh maith is a bhí siad ag rásaíocht na mbád seoltóireachta. Fear mór láidir ab ea Paddy agsu bhíodh caint gharbh láidir aige. Bhíodh brístí caolchosacha *(drainpipes)* á gcaitheamh ag na *teddy boys* na laethanta sin. Ní bhíodh cead ag na *teddy boys* dul isteach san Elephant and Castle. Bhí beirt acu ann nuair a chuamar isteach an oíche sin. Rug Paddy ar chúl casóige ar dhuine acu. Chaith sé amach ar an tsráid é agus ar seisean: *'Go home and tell your mother to buy you a decent suit and I might let you in next week.'*

Bhí Bridie Gallagher ag canadh sa chlub an oíche sin. Bhí an t-amhrán, 'The Boys from the County Armagh', i mbéal gach duine ag an am sin. Iarradh ormsa dul suas ag seinm ag an sos. *'Don't be long, ducky,'* arsa an *landlady* liom! Bhí Tomás ag briseadh a chroí ag gáire fúm i ngan fhios di.

Nuair a tháinig mé anuas ón stáitse tháinig Tomás go dtí an bord agus tráidire lán de chupáin agus pota mór tae aige. Labhair sé liomsa i gcogar: 'Ná habair faic, a Mhaidhc, táim ag tabhairt fáinne geallta do Mháire níos déanaí. Tá cuireadh tugtha agam do bheagán daoine teacht go dtí an *flat* tar éis an rince.' Chuir mé ceist air cad a dhéanfainn leis an *landlady*. Thug sé sunc dom lena uillinn agus dúirt sé nach raibh an *landlady* ach ag magadh. Pé magadh a bhí ar siúl aici, áfach, bhí sí sáite isteach go maith ionam nuair a bhí mé ag rince *waltz* léi ina dhiaidh sin! Chuaigh mé ag rince le Máire ansin agus ar sise liom: 'Is dóigh leatsa go bhfuil tú in Éirinn fós. Scaoil leat féin agus bain súp as an oíche.'

Tháinig, ar a laghad, fiche duine go dtí an *flat* tar éis an rince. Bhí deochanna acu go léir – agus, ar ndóigh, bhí buidéal *Pernod* ag an *landlady*. Sheinn mé *waltz* ar an mbosca agus thosaigh gach duine ag rince. Thug Tomás agus Máire tráidire deochanna isteach ón gcistin. Bhí an *landlady* ina suí in aice liomsa agus an *Pernod* á ól aici. Rug mise ar ghloine fuiscí. Bhí sé chomh maith agam bheith chomh bogtha le gach éinne eile!

Nuair a bhí deoch ina láimh ag gach duine sheas Tomás i lár an urláir agus shleamhnaigh sé an fáinne ar mhéir Mháire. Thug siad póg mhór dá chéile agus thosaigh gach éinne ag liú. Leanamar ar aghaidh leis an gcraic – mise ag seinm, iadsan ag rince, gach éinne ag ól.

Tar éis tamaill sheas fear mór láidir suas – a léine oscailte síos go dtí a bholg aige agus na muinchillí fillte suas go dtína uillinn – agus chan sé 'The Hills of Glen Swilly'. Leag an *landlady* a lámh ar mo ghlúin agus ar sise: *'Cor blimey, what a build!'* Canadh a lán amhrán ina dhiaidh sin. Lean mise ar aghaidh ag seinm agus bhí ceol sna cosa ag gach éinne. Tar éis trí huaire an chloig bhí mé ag éirí tuirseach den cheol agus leag mé síos an bosca. Thug an *landlady* braon crua dom.

Thosaigh na daoine ag imeacht, diaidh ar ndiaidh, agus, tar éis tamaill, ní raibh fágtha sa seomra ach an ceathrar againn. Chonaic Máire an *landlady* ag cuimilt a láimhe dom agus d'iarr sí uirthi teacht isteach sa chistin le haghaidh cupán tae. 'A dhiabhail,' arsa Tomás liom, 'tá agat i gcomhair na hoíche.'

'An bhfuil an paicéad eile sin *shampoo* agat?' arsa mise.

'Ha...ha...ha agus dhéanfá, a bhastúin,' ar seisean.

Ba í Máire a ghlaoigh orm don aifreann ar maidin. Ní raibh a fhios agam cá raibh mé. Bhí sise tar éis bheith ar aifreann go luath, agus bhí an bheirt druncaeirí sa leaba fós! Bhí mé ag fáil bháis agus bhí boladh an róstaithe ag teacht ón gcistin. Bhain mé amach an leithreas ar deireadh thiar agus bhearr mé mé féin le rásúr Thomáis. Rinne mé iarracht luí ar an *sofa* arís, ach lig Máire béic aisti: 'Tá an bricfeasta réidh.' Ní raibh fonn orm rud ar bith a ithe, ach tháinig mo ghoile chugam tar éis tamaill.

Bualadh cnag ar an doras ansin agus tháinig an *landlady* isteach. D'fhéach sí orainn go léir agus phléasc sí amach ag gáire. Shíl mé go raibh a cuid gruaige cosúil le seanchlúmh ag titim d'asal sa bhaile agus dúirt mé an méid sin i gcogar le Tomás. Bhí buidéal bainne ag teastáil ón *landlady.* Thug Máire cuireadh di suí chun boird. D'imigh mé féin agus Tomás ar aifreann agus dúirt Máire linn a bheith ar ais le haghaidh an turcaí ag a haon.

Bhí an séipéal cosúil le gnáth-theach agus bhí an sagart ar an altóir cheana féin. Fear beag críonna ba ea é. Thug sé seanmóir i gcoinne an óil. 'Is measa é seo ná mo mháthair,' arsa Tomás liomsa.

Nuair an bhí an Chomaoineach ar siúl d'éirigh Tomás agus d'fhiafraigh mé de cá raibh sé ag dul. 'Táimid ag dul go Lourdes, *for the cure,*' ar seisean. Lean mé síos cúlsráid é agus bhuail sé cnag ar dhoras beag. Bhí aithne ag fear an tí ar Thomás agus ligeadh isteach sinn. Shiúlamar trí halla fada dorcha agus níorbh fhada go rabhamar i dteach tábhairne éigin, a bhí lán d'Éireannaigh nach raibh cuma róshláintiúil orthu ach an oiread linn féin. D'aithin mé a lán acu agus chuir fear amháin ceist orm: *'Where is the box?'*

Bhí roinnt de na leaideanna ag imirt gathanna agus thuig mé ó chaint na bhfear gurbh é seo an áit ar chóir dom teacht dá mbeinn ag lorg oibre ar na bildeálacha. D'iarr Tomás orm féachaint timpeall orm ar na fir agus d'inis sé dom nach mbeadh dinnéar ar bith acu. B'fhearr leo an lá a chaitheamh ag ól. 'Téanam ort, a dhuine,' arsa Tomás, 'nó beidh cos an turcaí dóite.' D'imíomar.

Nótaí

Na Pearsana sa Chaibidil Thuas

- **a** Maidhc Dainín
- **b** Tomás Mac Cárthaigh
- **c** Máire
- **d** An *landlady*
- **e** Paddy Ó Cathasaigh

Príomhphointí na Caibidle

- **a** Elephant and Castle
- **b** *Teddy boys*
- **c** Bridie Gallagher
- **d** Ag rince leis an *landlady*
- **e** Cóisir
- **f** *Cor blimey, what a build!*
- **g** An bhfuil an paicéad eile sin *shampoo* agat?
- **h** Aifreann
- **i** Táimid ag dul go Lourdes, *for the cure*

Maidhc Dainín

- **a** Is dócha gurb é an tréith is láidre de chuid Mhaidhc a sheasann amach sa chaibidil seo ná an chuideachtúlacht agus an cairdeas a bhaineann leis. Is breá leis a bheith i gcomhluadar daoine eile. Ní haon ionadh, mar sin, gur chaith sé an Nollaig le Tomás agus Máire agus gur ghlac sé le gach aon seans a tugadh dó an bosca ceoil a sheinm.
- **b** Feicimid féith láidir an ghrinn san údar anseo arís. Feiceann sé greann in iompar an *landlady*, fiú amháin sa *Pernod and White* a ólann sí. Feiceann sé greann, mar an gcéanna, sa chaoi a ndearna an *landlady* rince leis. Is greannmhar uaidh freisin an cur síos a thugann sé ar an *landlady* ag rá: *'Cor blimey, what a build!'* Tá an greann céanna le feiceáil nuair a deir sé le Tomás: 'An bhfuil an paicéad eile sin *shampoo* agat?'
- **c** B'fhéidir, cé nach n-admhaíonn sé anseo é, go mbeadh Maidhc Dainín sásta a bheith i bhfad níos cairdiúla leis an *landlady* ná mar a tharla ar an oíche! Nár admhaigh sé gur

rug sé ar ghloine fuiscí ionas go mbeadh sé chomh bogtha le gach éinne eile!

d Bheadh sé ceart a rá go raibh roinnt den bhuachaill báire ag baint le Maidhc Dainín. Déanann sé roinnt mhaith gáire i dtaobh an *landlady* sna leathanaigh seo. Rinne sé gáire mar gheall ar an gcaoi a raibh sí gléasta sa chaibidil roimhe seo. Ní fheiceann sé ach greann sa *Pernod and White* agus deir sé go raibh a cuid gruaige cosúil le seanchlúmh ag titim d'asal nuair a tháinig sí isteach san árasán ar maidin.

Tomás Mac Cárthaigh

Feicimid arís sa chaibidil seo gur duine flaithiúil cairdiúil é Tomás Mac Cárthaigh. Ba dheas uaidh cuireadh a thabhairt do Mhaidhc an Nollaig a chaitheamh in éineacht leis féin agus le Máire. Mar an gcéanna, chaith sé go deas fial leis an *landlady* nuair a thug sé cuireadh di bheith sa chomhluadar um Nollaig.

An Greann sa Chaibidil

Díreach mar a tharla sna caibidlí go léir a léamar go dtí seo tugtar cúis mhaith gáire dúinn arís anseo.

a Tá greann sna focail a dúirt Paddy Ó Cathasaigh leis an *teddy boy*: *'Go home and tell your mother to buy you a decent suit and I might let you in next week.'*

b Feicimid an greann arís nuair a théann Maidhc Dainín suas ag seinm ar an stáitse agus nuair a deir an *landlady*: *'Don't be long, ducky.'*

c Tugann an t-údar cur síos greannmhar ar an *waltz* a bhí aige leis an *landlady*. Dúirt sé go raibh sí sáite isteach go maith ann!

d Tá greann le feiceáil sna focail a dúirt an *landlady* nuair a bhí an fear ag canadh 'The Hills of Glen Swilly': *Cor blimey, what a build!'*

e Tá an greann céanna le feiceáil arís nuair a deir an t-údar: 'An bhfuil an paicéad eile sin *shampoo* agat?'

Eolas i dtaobh na nGael thar lear

Tugann an t-údar an t-eolas seo a leanas dúinn i dtaobh na nGael:

- go dtaitníodh leo a bheith ag dul chuig áiteanna a mbíodh rince agus ól ar siúl iontu;
- go raibh an t-amhránaí, Bridie Gallagher, go mór faoi mheas

ina measc agus gurbh é an t-amhrán 'The Boys from the County Armagh' an ceann ab fhearr leo;
- go mbíodh ceol, cuideachta agus craic ag na Gaeil aon uair a mbíodh siad le chéile;
- go dtéadh na Gaeil amach le chéile i ngrúpaí.

Stíl

a Feicimid stíl shimplí nádúrtha an údair sa chaibidil seo arís.
b Gaeilge shimplí so-léite atá againn arís anseo.

Ceist le Freagairt

a 'Tugann an t-údar, Maidhc Dainín Ó Sé, pictiúr breá soiléir dúinn sa chaibidil seo den chineál saoil a bhíodh ag na Gaeil nuair a bhíodh siad i gcuideachta a chéile i Londain'.
Do thuairim uait faoi sin i bhfianaise a bhfuil le rá ag an údar sa chaibidil seo.
b Tuairisc ghairid a scríobh ar an n**greann** sa chaibidil seo.

16

Tabhair leat do Shluasaid

D'oibrigh mé le United Aircoil go dtí deireadh mí an Mhárta. Bhíomar ag obair deich n-uaire an chloig in aghaidh an lae chomh maith leis an leathlá ar an Satharn. Mar a deir an dá sheanfhocal, áfach: 'Nuair a théann an gabhar go dtí an teampall, ní stadann sé go dtí go dtéann sé ar an altóir' agus 'Dá mhéad a bhíonn ag an ndaonnaí bíonn an féar glas níos milse ar an dtaobh eile den gclaí.' Chuala mé an-chuid cainte sna hallaí rince agus sna tithe tábhairne i mí an Mhárta i dtaobh na hoibre ar na bildeálacha. Sa Nag's Head a bhí mé nuair a fuair mé an *start*. Bhí mé ag caint le Pádraig Ó Máille nuair a tháinig fear meánaosta chugam. Bhí cuma an druncaera air agus ba léir nach raibh mórán measa ag Pádraig air.

'Liam Ó Cíobháin is ainm domsa,' ar seisean. 'Táim ag obair do

Murphy's. Tá foirgneamh mór á thógaint againn thíos i gCamden Town. Beidh obair bliana ann.' Chuir mé ceist air cén pá a gheobhainn. Nuair a d'inis sé dom go bhfaighinn tríocha punt in aghaidh na seachtaine mar sclábhaí sluaiste ghlac mé leis an obair láithreach, ach dúirt mé leis go gcaithfinn fógra seachtaine a thabhairt do United Aircoil. 'Is maith liom fear go bhfuil prionsabail aige,' ar seisean agus thug sé treoracha dom ar ghiota páipéir sular imigh sé uaim.

'A Mhic Uí Shé,' arsa Pádraig, 'beidh léan ort fós nuair a smaoineoir ar an lá a thógais post ón dtincéir sin.' Ba é an smaoineamh a bhí i m'aigne féin, áfach, ná go mbeadh costas Mheiriceá agam agus tuilleadh lena chois roimh dheireadh an tsamhraidh. An Aoine ina dhiaidh sin d'fhág mé United Aircoil agus cheannaigh mé péire bróg *steel-tipped* agus *overalls.* B'fhada ó bhí sluasaid i mo láimh agam agus bhí a fhios agam go mbeadh cloig orm an chéad seachtain.

Nuair a shroich mé an suíomh oibre maidin Dé Luain chuir mé ceist ar fhear cá raibh an oifig. Shín sé a mhéar i dtreo botháin: 'Ansin thall,' ar seisean 'agus seachain tú féin ar Sweeney. Tá ceann breá air tar éis an deireadh seachtaine.'

Chnag mé ar an doras. 'Tar isteach! An dóigh leat gur óstán é seo?' arsa an fear a bhí sa bhothán. Thaispeáin mé an cárta a fuair mé ó Liam Ó Cíobháin dó agus dúirt sé liom dul amach chuig Colmán Ó Neachtain a bhí ag obair ar cheann de na meascairí. Thug sé sluasaid dom agus dúirt sé liom gan í a chailleadh nó go mbeadh orm ceann nua a cheannach.

Amach liom agus chuir mé ceist ar fhear gorm cá bhfaighinn Ó Neachtain. Threoraigh sé mé go dtí áit ina raibh sé cinn déag de mheascairí ag obair. Dúirt sé go mbeadh Ó Neachtain ag obair ar cheann acu sin. Ar deireadh thiar bhuail mé le Ó Neachtain. Thug sé faoi deara go raibh mé ciotach agus dúirt sé gur mhaith an rud é sin mar go raibh sé féin ina dheasóg.

Dúirt sé liom ceithre shluasaid ghrin a mheascadh le gach sluasaid stroighne agus a bheith ag obair ar an luas céanna leis féin mar go raibh lá fada romhainn. Ó am go chéile thagadh fear le bara chugainn agus bhíodh orainn an bara a líonadh sula n-imeodh sé faoi dheifir suas an cosán adhmaid go dtí an dara leibhéal. Bhí obair an-chrua le déanamh ag fear an bhara.

Tar éis tamaill chonaic mé an fear ar bhuail mé leis sa Nag's Head. 'Féach mo dhuine,' arsa Colmán. 'Sin é an bastairt bligeaird is mó i bhfeighil oibrithe riamh.' Tháinig Ó Cíobháin anall chugainn ansin agus d'ordaigh sé do Cholmán bheith ag obair níos tapúla agus gan a bheith ag tabhairt drochshampla domsa. Ní dúirt mise faic ach mo cheann a choimeád fúm agus leanúint ar aghaidh leis an obair. Bhíomar ag obair linn agus Ó Cíobháin ag faire orainn ar feadh tamaill.

Bhí fear an bhara rómhall, dar le Ó Cíobháin agus lig sé béic as: *'Can you work any faster you lazy bastard? Your mother should have drowned you when you were a baby!'* Bhí áthas orm féin go raibh mé ag obair in éineacht le fear deas.

Bhí sos fiche nóiméad againn ar a leathuair tar éis a deich. Níomar na sluaistí. Chomhairligh Colmán dom mo shluasaid a thabhairt liom go dtí an ceaintín. 'Ghoidfí an tsúil as do cheann anseo,' ar seisean. Las Colmán fáinne gáis istigh sa cheaintín agus bhuail sé droim na sluasaide anuas air. Ansin scaip sé punt ispíní ar bharr na sluasaide! Thuig mé anois cén fáth ar nigh sé an tsluasaid! Dúirt sé liom leathdhosaen de na hispíní a ithe. 'Le Micheál anseo a dúrt é,' ar seisean – nuair a chonaic sé fear eile ag iarraidh breith ar na hispíní!

Thug Liam, an *straw boss*, go leor cuairteanna orainn i rith an lae agus níor chaith sé go deas le héinne. Is minic i rith an lae sin a smaoinigh mé ar chaint Phádraig Uí Mháille. Bhí gach cnámh i mo chorp tinn tar éis obair an lae agus bhí mo dhá láimh lán de chloig. Diaidh ar ndiaidh, áfach, chuaigh mé i dtaithí ar an obair. Tar éis coicíse fuair mé mo chéad phá. Ní raibh ach dhá phunt breise agam i gcomparáid le United Aircoil. Bhí sórt aiféala orm anois gur fhág mé an jab sin. Bhíodh stroighin greamaithe de mo chuid éadaigh agus de mo chraiceann ag deireadh an lae agus bhíodh orm léim isteach i dtobán uisce te sa tráthnóna. Chaith mé an samhradh ar fad ag obair le Colmán agus chonaic mé a lán fear ag teacht agus ag imeacht ón jab i rith an ama sin.

Bhí an aimsir an-te an bhliain sin agus bhí tuairim is fiche saor bríce ag obair ar an suíomh oibre i mí an Mheithimh. Ní raibh go leor sclábhaithe ann chun na brící a iompar. Tháinig an *straw boss* chugainn agus dúirt sé linn an meascaire a ghlanadh go maith mar nach mbeadh sé á úsáid ar feadh tamaill. Bheadh orainn brící a iompar go dtí an tríú hurlár! *'The height might pardon you two lazy bastards,'* ar seisean linn. Bhuailfeadh Colmán é ach gur rug mise greim láimhe air. 'Ó mhuise, sula mbeidh an jab seo críochnaithe táimse chun cúl a chinn siúd a bhriseadh i gcoinne falla éigin,' arsa Colmán.

Fuaireamar *hod* an duine ansin agus thug Colmán comhairle dom smut de bhlaincéad a thabhairt liom an lá dar gcionn ionas nach mbainfeadh an *hod* an craiceann de mo ghualainn. An lá ina dhiaidh sin chomhairligh sé go maith mé conas na brící a leagan ar an *hod* ionas nach dtitfeadh siad de ar mo bhealach suas. Thaispeáin sé dom freisin conas na brící a leagan síos ionas nach mbeadh na saoir bhrící ag gearán. Thuig mé anois don chéad uair céard ba obair chrua ann! Is ar éigean a bhí mé in ann siúl an tráthnóna sin. Bhí mo chosa agus dhá phluic mo thóna an-tinn ar fad. Tháinig Colmán i gcabhair orm arís. Dúirt sé liom an stuif sin a chuimleofá de d'aghaidh tar éis tú féin a bhearradh a chuimilt de mo thóin agus go mbeinn ceart go leor ar maidin.

An oíche sin chuaigh mé isteach sa leithreas chun an stuif a chur orm. Níor inis Colmán dom faoin bpian a thiocfadh orm! Lig mé béic asam agus thosaigh mé ag béicigh agus ag pocléimnigh timpeall an leithris. Chuala Dónall mé. 'An amhlaidh atá do scornach gearrtha agat leis an rásúr?' ar seisean! Tar éis tamaill tháinig fuascailt orm. Bhí an ceart ag Colmán. Nuair a bhí mo thóin i gceart fuair mé seansmut de bhlaincéad agus chaith mé an oíche á fhuáil agus rinne mé piliúr beag don *hod*.

Níorbh fhada go ndeachaigh mé i dtaithí ar an *hod*, ach bhí trua agam do Cholmán, mar ní raibh seisean óg ná aiclí agus bhí an obair seo an-dian air. Chun cúrsaí a dhéanamh níos measa lean an aimsir the go dtí deireadh Lúnasa agus bhí dath ruadhubh ar ár gcraiceann. Bhíodh an *straw boss* ag cur allais cé nach mbíodh aon obair á déanamh aige. 'Féach an t-asal,' a deireadh Colmán, 'sin beoir ag teacht amach tríd.'

Maidin Luain amháin labhair an *straw boss* le Colmán: 'Ó Neachtain,' ar seisean, 'mura bhfuil tú ábalta coimeád suas leis an gcuid eile acu faigh post éigin eile i dteannta scata ban.' Bhí boladh an óil ón *straw boss* an mhaidin chéanna. Ní dhearna Colmán ach glam a ligean as. Chaith sé an mhaidin ag caint leis féin agus bhí mise ag iarraidh é a chiúnú.

Díreach roimh am lóin chualamar béic. 'Seachain an bhríc,' arsa fear éigin. Ansin chualamar cnead. Glaodh ar dhochtúir agus ar otharcharr. An *straw boss* a bhí gortaithe. D'fhiafraigh mé de Cholmán an bhfaca sé an bhríc ag titim. Bhí a chaint tagtha ar ais chuige arís agus ar seisean: 'Cogar, tá cumhacht i láimh Dé fós.' D'ardaigh sé an *hod* ar a ghualainn agus d'imigh sé uaim ar nós garsúin óig!

Ní raibh trua ag éinne don *straw boss*. Mar a deir an seanfhocal: cruann croí an duine in aghaidh an tsaoil a chruann é. Tháinig biseach ar an *straw boss*, ach ní dhearna sé lá oibre ina dhiaidh sin.

Nótaí

Na Pearsana sa Chaibidil Thuas

- **a** Maidhc Dainín
- **b** Pádraig Ó Máille
- **c** Colmán Ó Neachtain
- **d** Dónall
- **e** An *straw boss*

Príomhphointí na Caibidle

- **a** An *start* faighte agam
- **b** Ag obair ar an meascaire le Colmán Ó Neachtain
- **c** An *straw boss*
- **d** Ispíní ar bharr na sluaiste
- **e** Ag obair leis an *hod*
- **f** Tinneas tóna
- **g** Masla ón *straw boss* do Cholmán
- **h** Timpiste ag an *straw boss*

Maidhc Dainín

- **a** Tréith amháin de chuid an údair a fheicimid sa chaibidil seo ná go raibh sé sásta obair dhian chrua a dhéanamh ionas go bhféadfadh sé costas Mheiriceá a chur le chéile go tapa. Insíonn sé dúinn faoin gcruatan a d'fhulaing sé i mbun na sluaiste agus i mbun an *hod*.
- **b** Feicimid arís gur duine muiníneach é Maidhc Dainín, mar ní imíonn sé ó United Aircoil gan fógra seachtaine a thabhairt.
- **c** Gach aon áit a dtéann Maidhc Dainín éiríonn leis cairdeas a dhéanamh le duine éigin. Sa chás seo is é Colmán Ó Neachtain atá i gceist.

Colmán Ó Neachtain

- **a** Chaith Maidhc Dainín a chuid ama ar fad ag obair in éineacht le Colmán agus cuireann sé in iúl go maith dúinn gur cara dílis a bhí ann.
- **b** Bhí eolas maith ag Colmán ar an obair agus bhí sé in ann comhairle mhaith a thabhairt do Mhaidhc Dainín. Chabhraigh sé leis an chéad lá ar bhuail sé leis ar an suíomh oibre. Thug sé ispíní dó agus mhínigh sé dó conas dul i mbun oibre leis an tsluasaid. Thaispeáin sé dó conas obair an *hod* a dhéanamh agus chomhairligh sé dó piliúr a dhéanamh don *hod*. Thaispeáin sé dó conas faoiseamh a thabhairt dá thóin freisin, ar ndóigh!
- **c** Ní fhéadfadh sé cur suas le drochiompar an *straw boss* agus ní haon ionadh go ndeireadh sé rudaí mar: 'Sin é an bastairt bligeaird is mó i bhfeighil oibrithe riamh' agus 'Ó mhuise, sula mbeidh an jab seo críochnaithe táimse chun cúl a chinn siúd a bhriseadh i gcoinne falla éigin.'

- **d** Ní raibh sé ró-óg agus ba dheacair dó an obair ar an *hod* a dhéanamh. Nuair a tharla an timpiste don *straw boss,* áfach, chuaigh sé i mbun oibre ar nós garsúin óig.

Liam Ó Cíobháin

- **a** Ba sa Nag's Head a bhuail Maidhc Dainín le Liam don chéad uair. Insíonn sé dúinn go raibh cuma an druncaera air agus go mbíodh boladh an óil uaidh ar an suíomh oibre.
- **b** Is léir nach raibh mórán measa ag daoine air. D'inis Pádraig Ó Máille do Mhaidhc Dainín cén sórt duine a bhí ann agus dúirt Colmán Ó Neachtain: 'Sin é an bastairt bligeaird is mó i bhfeighil oibrithe riamh.'
- **c** Ní raibh meas ar bith aige ar na hoibrithe agus ba mhinic caint mar seo
a leanas uaidh: *'Can you work any faster you lazy bastard? Your mother should have drowned you when you were a baby!'* agus *'The height might pardon you two lazy bastards'* agus 'mura bhfuil tú ábalta coimeád suas leis an gcuid eile acu faigh post éigin eile i dteannta scata ban.'

An Greann sa Chaibidil

Tá níos lú den ghreann sa chaibidil seo ná mar a bhí sna cinn roimhe seo. Ní haon ionadh é sin, ar ndóigh, mar is cur síos ar an obair atá i gceist ag Maidhc Dainín anseo.

- **a** Tá greann le feiceáil sa chomharile a thug an fear oibre do Mhaidhc nuair a shroich sé an suíomh oibre: 'Seachain tú féin ar Sweeney. Tá ceann breá air tar éis an deireadh seachtaine.'
- **b** Feicimid an greann arís nuair a chuireann Colmán na hispíní ar bharr na sluaiste agus nuair a dhéanann duine de na hoibrithe eile iarracht ispíní Mhaidhc a ghoid.
- **c** Níl aon dul as againn ach gáire a dhéanamh nuair a théann Maidhc Dainín isteach sa leithreas chun an 'stuif' a chur ar a thóin.

Eolas i dtaobh na hOibre

Tugann an t-údar an t-eolas seo a leanas dúinn i dtaobh na hoibre:

- go raibh an áit lán d'Éireannaigh;

- go raibh obair dhian le déanamh ar an meascaire, i mbun an bhara agus ar an *hod*;
- go mbíodh roinnt de na saoistí an-dian ar fad ar na hoibrithe;
- go mbíodh na saoir bhrící ag gearán nuair nach mbíodh an obair déanta i gceart ag na sclábhaithe bochta.

Stíl

a Mar a chonaiceamar go minic cheana is é an rud is taitneamhaí a bhaineann le scríbhneoireacht an údair seo ná **an tsimplíocht** a bhaineann leis an gcaoi ar féidir leis cur síos a thabhairt dúinn ar na heachtraí a tharla dó.

b Éiríonn le Maidhc **cuntas beo suimiúil** a thabhairt dúinn ar chúrsaí oibre agus ar na daoine ar bhuail sé leo nuair a chuaigh sé i mbun oibre.

c Tá trí sheanfhocal deasa aige:

(i) 'Nuair a théann an gabhar go dtí an teampall, ní stadann sé go dtí go dtéann sé ar an altóir' – i.e., ní bhíonn duine ar bith sásta go dtí go mbaineann sé/sí triail as gach rud.

(ii) 'Dá mhéad a bhíonn ag an ndaonnaí bíonn an féar glas níos milse ar an dtaobh eile den gclaí' – i.e., ní bhíonn duine ar bith sásta go dtí go mbaineann sé/sí triail as gach rud (mar atá thuas).

(iii) 'Cruann croí an duine in aghaidh an tsaoil a chruann é' – i.e., nuair a fhaighimid taithí ar chruatan éirímid féin crua agus éirímid amach i gcoinne an chruatain sin.

Ceisteanna le Freagairt

1 a 'Tugann an t-údar, Maidhc Dainín Ó Sé, pictiúr breá soiléir dúinn sa chaibidil seo den chineál saoil a bhí ag muintir na hÉireann agus iad i mbun oibre i Sasana agus den chruatan a d'fhulaing siad ar an suíomh oibre.'
Do thuairim uait faoi sin i bhfianaise a bhfuil le rá ag an údar sa chaibidil seo.

b Tuairisc ghairid a scríobh ar an gcineál duine ab ea Colmán Ó Neachtain.

2 a Scríobh tuairisc chruinn ar an eolas a thugann Maidhc

Dainín Ó Sé dúinn i dtaobh na hoibre a bhí ar siúl i gCamden Town.

b Tuairisc ghairid a scríobh ar an gcineál duine ab ea Liam Ó Cíobháin.

17

Táimid Curtha Amach

Duine neirbhíseach ab ea fear an tí. D'inis duine de na comharsana dom gur chaith sé tréimhse i gcampa géibhinn le linn an chogaidh. Bhí ceann de na seomraí sa teach lóistín folamh agus d'inis sé dúinn go raibh *'nice Irish boys'* ag teacht. Tháinig beirt bhligeard – duine acu as Contae an Chláir agus an duine eile as Contae Shligigh chun cónaithe sa teach. Bhí siad ag obair ar líne chábla áit éigin i dtuaisceart na cathrach agus ní raibh aon cheal airgid orthu. Bhíodh siad ar meisce gach tráthnóna agus bhíodh rud éigin á lorg acu uainne gach lá. Bhí siad an-drochbhéasach agus bhíodh fothram an t-am ar fad sa seomra acu. Bhí deireadh leis an suaimhneas sa teach, gan amhras.

Oíche amháin nuair a tháinig mé abhaile ó rince chuala mé gleo agus mé ag druidim leis an lóistín. Bhí doras an tseomra leathoscailte agus bhí bean sráide suite ar ghlúin gach duine acu. Bhí buidéal de shaghas éigin i lár an bhoird acu. Dúirt Dónall liom go gcaithfimis labhairt le fear an tí ar maidin. Shocraigh mé an t-aláram don hocht mar theastaigh uaim bearradh gruaige a fháil agus dul chuig an táilliúir a bhí ag déanamh culaith éadaigh dom. Bhí an torann chomh dona sin nach rabhamar in ann codladh. B'éigean dom éirí ar deireadh thiar agus an solas a lasadh. Thosaigh mé ag léamh an pháipéir. Bhí sé a cúig a chlog. Tar éis tamaill chuala mé coiscéimeanna. D'oscail mé an doras giota agus chonaic mé fear an tí ina léine oíche agus é imithe chun cainte leis na bligeaird. Bhí duine acu sin ag bagairt ar fhear an tí le smut de scian agus ag rá: *'F... off down where you belong, you effin Polack.'* Ansin rug siad air agus chaith siad síos an staighre é. 'Ó a Mhuire,' arsa mise agus dhún mé an doras go ciúin. Chuir Dónall ceist orm cad a bhí ar siúl. Mhínigh mé an scéal dó agus chuireamar an doras faoi ghlas.

Dhúisigh an clog mé ar a hocht a chlog ar maidin agus d'imigh mé amach le haghaidh bearradh gruaige tar éis mo bhricfeasta. Nuair a bhí mo chuid gruaige nite ag an mbearbóir thaispeáin sé buidéal dom a raibh stuif ann chun dreancaidí nó a leithéidí a mharú. Níl mé ag rá go raibh a leithéidí agam i mo cheann, ach d'úsáideadh daoine an stuif ag an am sin ar eagla na heagla. Fad is a bhí an bearbóir ag déanamh a chuid oibre thug mé faoi deara fear beag ag rith i dtreo siopa an bhearbóra. Thug mé ceithre scillinge don bhearbóir agus rinne mé ar an doras. Dónall a bhí ann agus saothar air!

D'inis Dónall dom gur ghabh na pílears an bheirt bhligeard. Dúirt duine de na pílears leis go raibh ordú aige ó fhear an tí go gcaithfeadh an bheirt againn a bheith imithe as an teach roimh an tráthnóna agus nach ligfí aon Éireannach isteach sa teach sin go deo arís. Bhí dhá uair an chloig againn le bheith imithe! Dúirt an pílear nár ghá dúinn imeacht go ceann seachtaine, ach go mbeadh sé chomh maith againn imeacht láithreach, bhí fear an tí chomh crosta sin.

Ní raibh fear an tí le feiceáil áit ar bith nuair a chuamar ar ais. Phacálamar ár mbalcaisí gan tuairim ar bith againn cá rachaimis. D'fhágamar an dá eochair ag bun an staighre. Ansin bhuail smaoineamh mé. Bhí sé de nós agamsa dul chuig an mbearbóir gach Satharn agus bhí seomra beag ar chúl an tsiopa ag an mbearbóir. D'fhágamar na málaí ansin agus bhíomar in ann dul ag cuardach seomra ansin. Mhol Dónall ansin go rachaimis ag ithe agus go bhféadfaimis dul tríd an bpáipéar ansin. Nuair a bhí an béile thart dúirt mé le Dónall gurbh eisean an scoláire agus thug mé an páipéar dó. Roghnaigh sé cúig sheoladh. Bhí an chéad cheann acu i Lordship Lane, Wood Green. Bhuaileamar bóthar.

Scrúdaíomar dosaen seomra an tráthnóna sin. Ní rabhamar sásta le seomra ar bith acu. Bhí sé leathuair tar éis a ceathair agus ní raibh aon áit againn go fóill. Labhair mé le Dónall: 'Féach an *pub* trasna na sráide, téimis isteach ann agus ólfam piúnt. Tá mo scornach tirim agus mo chosa trí thine.'

'Cathain a thosnaís-se ag ól, a dhiabhail?' arsa Dónall agus ionadh air! Nuair a bhíomar ag ól chuir mé ceist ar Dhónall an raibh airgead ar bith curtha ar leataobh aige. Dúirt sé gur cheist an-phearsanta é sin. D'inis mé dó nach raibh mé fiosrach, ach go raibh mé ag iarraidh a fháil amach an raibh costas Mheiriceá aige.

Bhí costas Mheiriceá agus beagán breise ag an mbeirt againn. Mhol mise ansin go bhfaighimis seomra a dhéanfadh an chúis ar feadh seachtaine, go gcuirfimis gach rud in ord agus in eagar i rith na seachtaine sin, agus go dtabharfaimis cuairt abhaile sula n-imeoimis go

Meiriceá! Ní rómhinic a réitíodh Dónall liomsa, ach dúirt sé go raibh an ceart agam an uair sin.

Bhailíomar an bagáiste ón mbearbóir agus fuaireamar leaba agus bricfeasta go ceann seachtaine in óstán beag i Wood Green. Scríobh Dónall abhaile an oíche sin, mar níor theastaigh uainn geit rómhór a bhaint as ár dtuismitheoirí. Chuaigh mé go dtí an Round Tower chun an bosca a sheinm agus chun slán a fhágáil ag mo chairde. Murach eachtra na hoíche roimhe sin b'fhéidir go bhfanfainn i Londain tamall maith eile. Mar a deir an seanfhocal: An rud is measa le duine ar domhan ní fheadair sé ná gurb é lár a leasa é.

Maidin Dé hAoine thugamar aghaidh ar ár mbaile dúchais.

Nótaí

Na Pearsana sa Chaibidil Thuas

a Maidhc Dainín
b Fear an Tí
c Dónall
d Beirt bhligeard

Príomhphointí na Caibidle

a *Nice Irish boys*
b Trioblóid sa lóistín
c Curtha amach
d Ag cuardach lóistín
e Ag dul abhaile

Maidhc Dainín

a Duine ciallmhar ab ea Maidhc Dainín, gan amhras. D'fhan sé amach ón mbeirt bhligeard a bhí sa seomra agus chuir sé an doras faoi ghlas nuair a chonaic sé go raibh baol ann go mbeadh trioblóid sa teach. Ba chiallmhar an rud roinnt airgid a bheith curtha i leataobh aige freisin.

b Caithfidh go raibh rúndacht éigin ag baint le Maidhc Dainín. Ní raibh a fhios ag a dheartháir féin go raibh sé ag ól!

Dónall

a Is léir go raibh Dónall chomh ciallmhar céanna lena

dheartháir. D'fhan sé amach ón trioblóid agus bhí cairnín airgid curtha i leataobh aige.

b Is ait an rud é nach raibh a fhios ag Dónall, tar éis bliana nó mar sin, go raibh a dheartháir ag ól. An raibh aithne aige ar a dheartháir in aon chor? Nó an raibh an bheirt acu an-neamhspleách ar a chéile?

c Níor thaitin le Dónall Maidhc a bheith ag cur ceisteanna air i dtaobh a chuid airgid. Duine rúnda ba ea é, gan amhras.

An Greann sa Chaibidil

Níl mórán den ghreann le feiceáil sa chaibidil seo.

a Déanann Maidhc Dainín tagairt don stuif a bhí sa bhuidéal ag an mbearbóir, ach déanann sé iarracht a chur ina luí ar an léitheoir nach raibh a leithéid de rud ag teastáil uaidh féin riamh!

b Feicimid an greann arís nuair a deir Dónall: 'Cathain a thosnaís-se ag ól, a dhiabhail?'

c Mar an gcéanna is greannmhar an rud é go raibh beirt deartháireacha ina gcónaí le chéile ar feadh bliana agus gan fhios ag ceachtar acu go raibh roinnt airgid curtha i leataobh ag an duine eile.

Stíl

a Feicimid simplíocht i stíl an údair arís anseo.

b Éiríonn le Maidhc **cuntas beo suimiúil** a thabhairt dúinn ar ar tharla sa teach lóistín nuair a tugadh bóthar dó féin agus dá dheartháir.

c Tá seanfhocal deas aige: 'An rud is measa le duine ar domhan ní fheadair sé ná gurb é lár a leasa é' – i.e., is minic nuair a cheapaimid go bhfuil an saol ag dul inár gcoinne a éiríonn cúrsaí níos fearr ná mar a bhí siad riamh.

Ceist le Freagairt

a 'Ba mhór an chúis náire do Mhaidhc Dainín bualadh le hÉireannaigh a tharraing droch-cháil ar a dtír féin.'
Do thuairim uait faoi sin i bhfianaise a bhfuil le rá ag an údar sa chaibidil seo.

b Tuairisc ghairid a scríobh ar an gcineál duine ab ea fear an tí.

18

I Mo Chathróir Meiriceánach

Tharraing an traein isteach go stáisiún Thrá Lí maidin Dé Sathairn agus fuaireamar bus an Daingin láithreach. Bhraith mé nach raibh i dTrá Lí ach sráidbhaile beag i gcomparáid le Londain. Bhain mé lán mo shúl as an radharcra go léir agus sinn ag taisteal linn — an seanbhóthar iarainn nach raibh á úsáid a thuilleadh, Droichead Uí Mhóráin, Cnoc Bhréanainn, droichead an Chama (Is cuimhin liom m'athair ag rá gur imigh traein den droichead seo, go raibh muca i gceann de na carráistí, agus go raibh neart cránacha agus banbh ag muintir na háite ina dhiaidh sin), Gleann na nGealt (an ghleann talún is deise in Éirinn, áit a bhfuil Tobar na nGealt a mbíodh na seandaoine ag caint mar gheall air), Luachair agus an Sliabh Mór (áit a mbíodh móin le fáil ag gach éinne). Isteach go hAbha na Scáil a chuamar ansin (Is mó breac a tharraing daoine isteach ar bhruach na habhann a rith faoin droichead ann). Ar aghaidh linn ansin amach an chuid is deise ar fad den bhóthar. Chonaiceamar capaill le crúite beaga agus capaill le crúite móra, agus na cairteacha lán de thornapaí, na feirmeoirí ag ardú a lámh agus ag beannú do gach éinne. Idir sin agus an Daingean chonaiceamar Túr Bhaile an Ghóilín agus an Choill Mhór faoina bhun, áit ina bhfuil an teach a raibh Lord Ventry ina chónaí ann. Tá Coláiste Íde sa teach sin inniu. Thug Dónall faoi deara go raibh mé ag féachaint amach an fhuinneog an t-am ar fad agus thosaigh sé ag spochadh asam. 'Ach, a dhuine,' arsa mise, 'is é seo an chéad uair riamh a thána isteach an bóthar seo agus mo dhá shúil oscailte.' Stad an bus taobh amuigh de shiopa Atkins sa Daingean.

Bhí mo mháthair ag fanacht ag doras an bhus. Lig mé do Dhónall dul amach romham. D'fháisc sí a dhá láimh timpeall air agus na deora ag titim léi. D'fhéach sí ormsa agus ar sise: 'Ó mhuise, a dhiabhail, ba cheart dom an dá chluais a scriosadh anuas duitse. Cad ina thaobh ná dúrais linn go rabhais ag dul sall go Sasana tar éis an chluiche?' Dúirt mé léi go mbeinn sa bhaile fós agus mo mhéar i mo bhéal agam dá ndéanfainn é sin!

Dúirt Dónall go bhfaighimis *hackney*, ach bhí ceann curtha in áirithe ag mo mháthair cheana féin. Dúirt mise le Dónall: 'Fág gach rud fúithi mar ní bheadh aon suaimhneas agat.' Shiúlamar ansin go siopa búistéara Jack Dillon, áit ar cheannaíomar feoil úr, bagún agus ispíní.

Nuair a shroicheamar an teach sháigh mé mo cheann isteach an doras agus bhí deatach an phíopa ag éirí ón gcúinne. 'Maróidh an tobac sin thú,' arsa mise agus shiúil mé isteach i lár na cistine. Bhain m'athair an píopa as a bhéal agus labhair sé leis an mbeirt againn: 'Citeal na stoirme ag teacht chun fothana. Ar m'anam agus go bhfuil gléas ionaibh ag an bhfeoil chapaill. Dúrt i gcónaí gurbh fholláine í ná an mhairteoil.' Thóg mé píopa nua as mo chás agus thug mé dó é. Níorbh fhada go raibh béile breá de bhagún agus ispíní curtha os ár gcomhair ag mo mháthair. Thosaigh Tomás, mo dheartháir óg, ag fiafraí dínn an raibh aon rud sna málaí againn dósan. Dúirt Dónall leis fanacht go dtí go mbeadh an bord glanta ag Mam.

Las m'athair tine mhóna ansin agus ghlan Mam an bord. Bhí Tomás ag éirí mífhoighneach. 'An osclód do chás anois?' ar seisean liom i gcogar. Thóg mé bosca a raibh bróga caide ann amach as mo chás agus thug mé dó é. Bhí áthas an domhain air nuair a d'oscail sé an bosca. '*Up Cuas!* Bróga caide, ambaist,' ar seisean. Thug Dónall caid dó ansin!

Chaitheamar an oíche cois tine ag caint faoi na heachtraí a tharla dúinn i Londain. Bhí píosaí beaga eolais nár thugamar dóibh, ar ndóigh! Ansin labhair m'athair: 'Thugas-sa leathbhliain de mo shaol i Sasana mé féin, agus tuigeadh dom ná raibh creideamh ná coinsias ag leath na ndaoine ann. Fiú amháin na hÉireannaigh bhí a lán acu nár chuaigh i ngiorracht an tséipéil ó cheann ceann na bliana.'

Chuir mo mháthair ceist orainn an raibh sé sin fíor. D'fhreagair Dónall: 'Bhuel is faoin nduine féin atá sin. Tá séipéal ar gach cúinne agus faoistine gach oíche.'

'Tá,' arsa m'athair, 'agus an t-áirseoir sa chúinne eile ad mhealladh isteach chomh maith.'

Bhí ionadh ar mo thuismitheoirí nuair a d'inis mé dóibh go raibh costas Mheiriceá curtha i leataobh agam. Thosaíomar ag caint ansin i dtaobh pas taistil a fháil, ach dúirt mo mháthair go bhféadfainn pas m'athar a úsáid mar go raibh mé faoi bhun a hocht déag. Cathróir Meiriceánach ab ea m'athair, mar chaith sé deich mbliana thall. 'Is fearr a bheidh sibh i Meiriceá,' arsa m'athair, 'mar beidh sibh ar fad in éineacht le chéile. Níor ghrás riamh Sasana agus ní mholfainn d'aon leaid óg seal a chaitheamh ann.' Leanamar ag caint le chéile go dtí lár na hoíche.

Chaith mé an tseachtain ina dhiaidh sin ag máinneáil timpeall na háite. Bhí mé ag feitheamh le fear an phoist gach lá, ag feitheamh le glaoch go Corcaigh. Tháinig sé ar deireadh thiar. Bhí ar m'athair teacht liom, mar ba ar a phas-san a bhí mé ag taisteal. Ní raibh ach moill leathuair an chloig orainn san oifig toisc go raibh m'athair ina chathróir Meiriceánach. Ní raibh le déanamh agam ach an pas a shíniú agus bhí mé féin i mo chathróir Meiriceánach cé nach raibh mé sa tír sin riamh! Bhí ar Dhónall bocht dul go Baile Átha Cliath chun a chuid páipéarachais a chur i gceart! Chuamar ansin go dtí oifig Timmy Galvin sa Daingean agus fuaireamar ticéid d'eitilt *Pan Am* a bheadh ag imeacht ó aerfort na Sionainne ar 20ú Deireadh Fómhair 1959.

Bhí a fhios agam anois nach dtabharfadh pá seachtaine abhaile mé. Chonaic mé an t-uaigneas in aghaidh mo mháthar agus sinn ag ullmhú chun bóthair. Bhí sé i gceist agam deich mbliana ar a mhéad a chaitheamh i Meiriceá. Smaoinigh mé ar mo dhearthair, Seán, a bhí i Meiriceá ó 1947 agus gan aon turas tugtha abhaile fós aige. Ní raibh mé cinnte an raibh an rud ceart á dhéanamh agam. Bhí Pádraig agus Máirín i Meiriceá romham freisin. Ar a laghad, bheimis le chéile. Go Chicago a bhíomar ag dul.

Tafann madra na gcomharsan a dhúisigh an mhaidin fómhair sin mé. Thosaigh mé ag smaoineamh ar mo mhuintir a bhí imithe go Meiriceá romham. Is ar éigean ba chuimhin liom an lá a d'imigh Seán — agus triúr de na comharsana in éineacht leis. Bhí mé i mo leanbh ag an am sin. D'imigh Dave Russell, comharsa béal dorais linn, an bhliain chéanna. Sé nó seacht gcinn de bhlianta ina dhiaidh sin d'imigh mo dhearthair, Páid, agus d'imigh Máire an bhliain ina dhiaidh sin. Nach mór an trua go n-imíonn daoine amach doras an tí go tír iasachta éigin tar éis dá dtuismitheoirí a ndícheall a dhéanamh dóibh. Níl ciall ar bith leis.

Chuir mo mháthair putóga dubha agus bagún os ár gcomhair an mhaidin sin, ach níor ith mise ná Dónall mórán. Shuigh mé chun boird agus d'fhéach mé amach an fhuinneog. Chonaic mé Cnoc na Cathrach agus smaoinigh mé ar na Domhnaí a chaith mé ag fiach ar an gcnoc sin. Shiúil mé go dtí an doras ansin bhain mé lán mo shúl as Cnoc Bhréanainn agus as Cuas an Bhodaigh. Deirtear gur sheol Naomh Breandán amach ó Chuas an Bhodaigh fadó. D'fhéach mé ansin ar Thúr Bhaile Dháith a bhí ag briseadh gach stoirme agus ag tabhairt fothana don pharóiste.

Ghlaoigh mo mháthair isteach chun boird orm, ach ní mórán a d'ith mé. Tháinig na comharsana isteach, nós a bhí acu nuair a bhíodh duine ag dul ar imirce. Chualamar fothram gluaisteán Jack Moran amuigh. Rug m'athair greim láimhe orm ag an doras. 'Bhuel,' ar seisean, 'ní raibh aon uaigneas orainn an uair dheireanach a d'fhágais, mar ná raibh a fhios againn go rabhais ag fágaint. An bhfeadrais, b'fhearr liom ar shlí go ndéanfadh sibh an rud céanna inniu.'

Bhí tocht orainn agus sinn ag imeacht agus bhí a fhios againn go raibh an tseanlánúin croíbhriste inár ndiaidh.

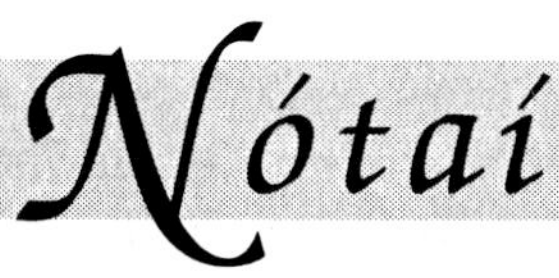

Nótaí

Na Pearsana sa Chaibidil Thuas

- **a** Maidhc Dainín
- **b** Athair Mhaidhc
- **c** Máthair Mhaidhc
- **d** Dónall

Príomhphointí na Caibidle

- **a** Turas abhaile
- **b** Radharcra álainn
- **c** Mo mháthair sa Daingean
- **d** M'athair sa chúinne
- **e** Oíche chuideachta
- **f** Ag ullmhú do Mheiriceá
- **g** Scaradh brónach

Maidhc Dainín

- **a** Feicimid don chéad uair, sa chaibidil seo, an grá mór atá ag Maidhc Dainín dá thír dhúchais agus dá thimpeallacht i gContae Chiarraí. Admhaíonn sé gurbh é seo an chéad uair a bhain sé lán a shúl as radharcra na háite. Déanann sé cur síos air anois faoi mar nach bhfaca sé riamh roimhe sin é.
- **b** Mar an gcéanna, feicimid níos soiléire sa chaibidil seo an grá mór a bhí ag Maidhc dá thuismitheoirí. Feicimid tocht an údair nuair a bhuaileann sé lena mháthair sa Daingean, nuair a bhuaileann sé isteach go dtína athair sa chistin, agus nuair a fhágann sé slán ag an tseanlánúin agus é ag imeacht go Meiriceá.
- **c** Is léir gur thuig Maidhc níos fearr ná mar a thuig Dónall conas dallamullóg a chur ar a mháthair! Nuair a mhol Dónall dóibh *hackney* a fháil dúirt Maidhc i gcogar leis: 'Fág gach rud fúithi mar ní bheadh aon suaimhneas agat.' Ar ndóigh, feiceann Maidhc Dainín an taobh greannmhar den scéal i gcónaí.
- **d** Is duine fial é Maidhc. Ní dhearna sé dearmad bronntanais a thabhairt abhaile leis ó Londain.
- **e** Feicimid, ar bhealach, go raibh Maidhc Dainín bródúil as a

bheith in ann a rá go raibh a athair ina chathróir Meiriceánach – agus é féin chomh maith.

f Feicimid uaigneas agus brón i gcroí an údair ag é ag dul ar imirce go Meiriceá.

Athair Mhaidhc

Feicimid i bhfad níos mó d'athair Mhaidhc anseo ná mar a chonaiceamar in aon chaibidil eile go dtí seo (lasmuigh de chaibidil 8, b'fhéidir)

a Duine ba ea é a bhíodh i gcónaí ar a shuaimhneas. Ní éiríodh sé corraithe rómhinic, agus feicimid an méid sin sa chaoi ar fháiltigh sé roimh a bheirt mhac. D'fhan sé sa chathaoir agus scamall deataigh os a chionn, agus ar seisean: 'Citeal na stoirme ag teacht chun fothana. Ar m'anam agus go bhfuil gléas ionaibh ag an bhfeoil chapaill. Dúrt i gcónaí gurbh fholláine í ná an mhairteoil.'

b Is léir ón méid a bhí le rá aige i dtaobh Shasana nach raibh mórán measa aige ar an tír sin: 'Thugas-sa leathbhliain de mo shaol i Sasana mé féin, agus tuigeadh dom ná raibh creideamh ná coinsias ag leath na ndaoine ann. Fiú amháin na hÉireannaigh bhí a lán acu nár chuaigh i ngiorracht an tséipéil ó cheann ceann na bliana.'

c A mhalairt de scéal ar fad a bhí fíor i gcás Mheiriceá. B'aoibhinn leis an tír sin: 'Is fearr a bheidh sibh i Meiriceá,' arsa m'athair, 'mar beidh sibh ar fad in éineacht le chéile. Níor ghrás riamh Sasana agus ní mholfainn d'aon leaid óg seal a chaitheamh ann.'

Máthair Mhaidhc

Ar chúis éigin ní thugann Maidhc mórán eolais dúinn i dtaobh a mháthar sa leabhar seo. Tá an méid seo a leanas soiléir ón gcaibidil seo, áfach:

a Gach aon uair a leagaimid súil ar an máthair sa teach tá sí ag obair. Ullmhaíonn sí na béilí go léir agus tá sí an t-am ar fad ag féachaint i i ndiaidh leas na bhfear atá, dar léi, faoina cúram.

b Sileann sí deora nuair a bhuaileann sí lena beirt mac sa Daingean agus tá a fhios againn nuair a labhraíonn sí go crosta le Maidhc Dainín nach bhfuil sí ródháiríre.

An Greann sa Chaibidil

Níl mórán den ghreann le feiceáil sa chaibidil seo. Ag an am céanna, áfach, tá a fhios againn nach bhféadfadh Maidhc Dainín caibidil ar bith a scríobh gan, ar a laghad, eachtra ghreannmhar amháin a bheith inti.

- **a** Feicimid greann sa mhéid a bhí le rá ag Maidhc i dtaobh a mháthar sa Daingean nuair a dúirt sé le Dónall: 'Fág gach rud fúithi mar ní bheadh aon suaimhneas agat.'
- **b** Nuair a bhuaileann Dónall agus Maidhc isteach sa chistin tar éis dóibh filleadh ó Londain feiceann siad an t-athair ina shuí ansin agus scamall deataigh timpeall air. Tá greann le feiceáil freisin ina bhfuil le rá aige agus é ag fáiltiú roimh a bheirt mhac: 'Citeal na stoirme ag teacht chun fothana. Ar m'anam agus go bhfuil gléas ionaibh ag an bhfeoil chapaill. Dúrt i gcónaí gurbh fholláine í ná an mhairteoil.'

Stíl

- **a** Feicimid simplíocht i stíl an údair arís anseo.
- **b** Éiríonn le Maidhc **cuntas beo suimiúil** a thabhairt dúinn ar a thuras ar ais go hÉirinn agus ar an tréimhse ghairid a chaith sé sa bhaile.
- **c** Ceann de na buanna a bhaineann le stíl an údair sa chaibidil seo ná go n-éiríonn leis réimse leathan mothúchán a chur in iúl in insint a scéil. Feicimid a ghrá dá cheantar dúchais agus don radharcra a bhaineann leis an gceantar sin, feicimid an bród atá air as a mhuintir agus as a cheantar, feicimid an t-uaigneas agus an imní atá air agus é ag imeacht go Meiriceá.
- **d** Cé go bhfuil simplíocht le sonrú in insint an chuid seo de scéal an údair, éiríonn leis, in ainneoin na simplíochta sin, pictiúr soiléir a thabhairt dúinn dá cheantar dúchais agus de smaointe an imircigh.
- **e** Tugann Maidhc Dainín blas álainn na Gaeltachta dúinn sa chaint seo a leanas óna athair: 'Citeal na stoirme ag teacht chun fothana. Ar m'anam agus go bhfuil gléas ionaibh ag an bhfeoil chapaill. Dúrt i gcónaí gurbh fholláine í ná an mhairteoil.'

Ceisteanna le Freagairt

1 **a** 'Cé go bhfuil simplíocht le sonrú in insint an chuid seo de sceál an údair, éiríonn leis, in ainneoin na simplíochta sin, pictiúr soiléir a thabhairt dúinn dá cheantar dúchais agus de smaointe an imircigh.' Do thuairim uait faoi sin i bhfianaise a bhfuil le rá ag an údar sa chaibidil seo.

b Tuairisc ghairid a scríobh ar an gcineál duine ba ea athair an údair.

2 a 'Ceann de na buanna a bhaineann le stíl an údair sa chaibidil seo ná go n-éiríonn leis réimse leathan mothúchán a chur in iúl in insint a scéil. Feicimid a ghrá dá cheantar dúchais agus don radharcra a bhaineann leis an gceantar sin, feicimid an bród atá air as a mhuintir agus as a cheantar, feicimid an t-uaigneas agus an imní atá air agus é ag imeacht go Meiriceá.' Do thuairim uait faoi sin.

b Tuairisc ghairid a scríobh ar an gcineál duine ab ea máthair an údair.

19

Ag Cuardach an Óir

Chuamar go Meiriceá in eitleán ceithre hinnill de chuid *Pan Am*. Dhá uair déag an chloig a thóg an t-aistear, ach idir an bia agus an *cinema* níor mhothaíomar an t-am ag sleamhnú thart. Bhíomar os cionn na sciathán agus bhíomar neirbhíseach. Thángamar ar phaiste *turbulence* cúpla uair agus thóg Dónall a phaidrín amach! Chaith mé cuid den am ag machnamh ar na daoine a chuaigh go Meiriceá romham ag cuardach an óir. Tar éis tamaill thugamar faoi deara go raibh talamh fúinn agus thug sé sin faoiseamh do Dhónall. 'Ní fheadar,' arsa mise, 'má tá an t-eitleán chun titim b'fhearr liomsa titim sa bhfarraige ná mo cheann a bheith sáite troigh sa talamh istigh i lár Ohio.'

'Ar chualais,' arsa Dónall, 'gur minic a tháinig an magadh go leaba an dáiríre?'

Ar a deich chun a haon d'inis an píolóta dúinn go rabhamar deich nóiméad ó aerfort Midway. D'fhéach mé síos fúm agus chonaic mé sráideanna fada caola na cathrach. Ar an taobh thoir den chathair chonaic mé loch mór, Lake Michigan.

Níorbh fhada ansin go rabhamar imithe trí na custaim. Chomh luath is a chuamar amach tríd an doras bhí mé féin, Dónall, Máirín agus Pádraig ag cur ár lámh timpeall a chéile go gealgháireach. Tháinig deora áthais isteach i mo shúile leis an bhfáilte a cuireadh romhainn. Amach linn, agus bhí ionadh an domhain ar Dhónall nuair a chonaic sé an gluaisteán breá mór a bhí ag Pádraig. *Chevvy* a bhí aige agus d'inis sé dúinn go raibh sé an-trom ar pheitreal. Bhí Páidí agus Máire Ní Ghráda, a bhean chéile (ó Chontae Mhaigh Eo), ina gcónaí ar chúinne Washington Boulevard agus Cicero Avenue. Rinne mé comhghairdeas leo mar bhí cloiste agam go raibh iníon óg saolaithe dóibh. An mhaidin sin a baisteadh an leanbh! Chuir Páidí toitín ina bhéal agus bhí ionadh an domhain orm a fhaid a bhí an toitín!

Faoi dheireadh bhaineamar amach ceann scríbe. Bhí siad ina gcónaí ar an dara leibhéal. Chuala mé ceol ag teacht ón áit. Ceirnín a bhí á sheinm agus bhí roinnt cairde ann don dinnéar. D'inis Páidí dom gur nós é sin a bhí san áit – teacht le chéile chun an baisteadh a cheiliúradh. Bhí árasán breá acu – trí sheomra codlata, seomra suí agus cistin mhór, agus cairpéad ó fhalla go falla. Bhí neart buidéal ar an mbord freisin. Cuireadh ceist orainn ar mhaith linn *shot* agus tugadh gloine bheag uisce beatha agus buidéal beorach an duine dúinn. Bhí roinnt de na fir agus na mná meidhreach cheana féin agus d'imigh na mná isteach chun na cistine. Tar éis tamaill glaodh isteach chun an dinnéir orainn agus bhí turcaí mór rósta i lár an bhoird. Chomh maith leis sin bhí glasraí de gach sórt againn agus 'paindí' (prátaí bruite agus im orthu). 'Ní haon iontas,' arsa Dónall liom, ná go mbeadh plaosc mór feola ar fhormhór na *Yanks*.' D'itheamar an bia agus d'ólamar neart fíona agus bhí milseog agus caife againn ina dhiaidh sin. Bhí fonn ormsa dul a luí ansin, ach ní bhfuair mé an seans! Isteach sa seomra suí linn arís agus tugadh bosca ceoil dom! D'iarr Páidí orm seinm. Rinne mé rud air.

Shuíomar síos ag caint le chéile ansin. Dúirt Dónall gur thaitin an caife go mór leis! Chuir mise ceist ar Mháirín cá raibh an 'fear dearg' (Seán). Tiománaí leoraí ab ea Seán agus dúradh liom go raibh sé imithe go California le haghaidh ualach oráistí. 'Ní bheidh aon easpa oráistí timpeall Tinley Park an tseachtain seo chugainn,' arsa Seán. 'Conas sin?' arsa Dónall chomh saonta le leanbh. Míníodh dó ansin go dtiteadh roinnt de na boscaí den leoraí ó am go chéile. 'Sea,' arsa mise, 'tuigeann fear léinn leathfhocal.'

Cuireadh ceist orainn ar mhaith linn dul chuig rince. Léim mé den chathaoir agus dúirt mé gur bhreá liom é sin. 'Táim chomh friseáilte le breac,' arsa mise. Dúirt Dónall go raibh seisean róthuirseach. Dúirt mise leis nach mbeadh sé mar sin dá n-ólfadh sé cúpla joram fuiscí ar an eitleán agus an paidrín a chur uaidh. Mhol bean Pháidí dúinn folcadh a ghlacadh agus go mbeimis ceart go leor ansin. Rinneamar é sin agus bhíomar breá friseáilte agus sinn ag dul amach ar a naoi a chlog.

Go teach tábhairne Tommy Naughton i Pulaski Road a chuamar, mar theastaigh ó Pháidí go gcloisfinn ceoltóir darbh ainm Paddy Doran. Bhí Paddy féin ag obair taobh thiar den bheár. Chuir sé fáilte mhór roimh Pháidí agus ba léir go mbíodh Páidí ag ól san áit sin go han-mhinic. 'B'fhéidir go mbím anseo rómhinic uaireanta,' ar seisean. Thug fear an tí deoch saor in aisce do gach duine againn. Tar éis tamaill d'iarr Páidí ar Phaddy cúpla port a sheimn don dá *greenhorn* (i.e. – mé féin agus Dónall). B'as Contae Liatroma, Paddy, áit ina raibh scoth na bhfliúiteadóirí riamh. Sárcheoltóir ba ea é agus, nuair a dúradh leis gur cheoltóir mé féin, thug sé cuireadh dom an bosca a thabhairt isteach i rith na seachtaine.

Ar aghaidh linn ansin go dtí an Keyman's Club. Cé go raibh an Round Tower an-mhór ní raibh ann ach bothán i gcomparáid leis an áit seo. Déarfainn go raibh míle duine ann. Bhí cailíní breátha ann agus iad chomh daite le péint agus púdar go mbeadh sluasaid uait chun a fháil amach an raibh siad dathúil! Bhí cailíní gan phéint ann chomh maith. Shuíomar ag bord folamh. 'Ó, a Mháirín,' arsa mise, 'nach breá an radharc é?' Chuir sí ceist orm cén radharc a bhí i gceist agam. 'Mná, mná, mná,' arsa mise. Phléasc sí amach ag gáire.

D'ordaigh Páidí deoch do gach éinne agus chuaigh mise amach ag rince le Máirín. Fad is a bhí mé ag rince bhí mé ag baint lán mo shúl as na mná breátha. Bhí an banna ceoil ar fheabhas – Band Johnny O'Connor. Bhuaileamar lena lán daoine an oíche sin as gach contae in Éirinn, ach go háirithe as Maighe Eo, Ciarraí agus Gaillimh. Dúradh liom go raibh cúig halla rince den chineál seo i Chicago. Dá leanfadh an imirce cúpla bliain eile, dar liom, ní bheadh fágtha in Éirinn ach seandaoine. Bhí rince agam le spéirbhean ó Chontae na Gaillimhe agus dúirt mé léi go mbuailfinn léi ag an rince an Aoine ina dhiaidh sin (Bhí mé róthuirseach le dul ceangailte rómhór in aon chailín!). Ansin bhuail mé le ceoltóir darbh ainm Jimmy Clifford, a bhí ag caint le Páidí ag an mbeár. Tar éis tamaill chuaigh Jimmy suas ar an ardán lena bhosca ceoil. Sheinn sé sleamhnán nár chuala mé riamh roimh an oíche sin. Ba ó Oileán Chiarraí é agus bhí stíl iontach aige.

Bhí *jet lag* orm nuair a dhúisigh mé i lár an lae ina dhiaidh sin. Tar éis dom bricfeasta maith a ithe d'imigh mé amach chun an chathair a fheiceáil. Thug mé faoi deara go raibh i bhfad níos lú deataigh ann ná mar a bhí i Londain. Tugadh foláireamh dom gan a bheith ag siúl in áiteanna ina raibh cónaí ar na daoine gorma. Bhí sráideanna breátha leathana (i gcomparáid le Londain) i Chicago. Chuaigh mé ar bord bus agus, nuair a thug an tiománaí faoi deara nach raibh mé i bhfad sa chathair, thug sé léarscáil bus dom. Fear cairdiúil ba ea é agus d'inis sé dom go raibh roinnt oibre le fáil sna monarchana i Montgomery Ward nó Sears Roebuck. Dúirt sé freisin go bhfaighinn jab gan stró dá bhféadfainn bus nó leoraí a thiomáint. Go dtí sin, ar ndóigh, ní raibh mise in ann ach an rothar a thiomáint! Chaith mé an lá ar fad ag taisteal na cathrach – tamall ag siúl agus tamall ar bhus. Bhí na tithe agus na gluaisteáin i bhfad níos mó ná na cinn i Londain. Nuair a d'fhill mé ar an teach dúirt mé go rachainn ag lorg jab an lá ina dhiaidh sin. Chomhairligh Páidí dom é a thógáil go bog mar go mbeinn ag obair an chuid eile de mo shaol.

Bhí cúpla seoladh i mo phóca agam nuair a chuaigh mé amach an mhaidin ina dhiaidh sin.Thriail mé monarcha an-mhór darbh ainm Western Electric ar dtús. Bhí orm foirmeacha a líonadh isteach, agallamh a dhéanamh agus dul faoi scrúdú dochtúra! Ansin dúirt siad liom go nglaofadh siad orm nuair a bheinn ag teastáil – am éigin roimh an Nollaig!

Chuaigh mé go monarcha Sears Roebuck, a bhí suite i gceantar daoine gorma, ansin. Bhí an mhonarcha lán de dhaoine dubha. Tar éis dom dul faoi agallamh agus foirmeacha a líonadh tugadh clúdach donn dom agus dúradh liom dul chuig dochtúir ar an naoú hurlár leis an gclúdach sin. Dúradh liom go mbeadh post agam an mhaidin ina dhiaidh sin dá mbeadh an dochtúir sásta liom. Dhá dhollar agus seachtó cúig cent san uair a gheobhainn agus ragobair chomh maith. Dúradh liom dul i dteagmháil le Mike McRory nuair a thiocfainn isteach ar maidin.

Bhí ionadh an domhain ar Dhónall nuair a d'inis mé dó go raibh post agam. Bhí glaoch gutháin tagtha ó Sheán agus bhí sé le bheith san árasán ar a seacht a chlog. Ní fhaca mé mo dheartháir, Seán, ó bhí mé cúig bliana d'aois. Chuireamar fáilte mhór roimhe nuair a tháinig sé. Bhí oíche bhréa chuideachta agus scéalaíochta againn le chéile agus níor labhraíomar focal Béarla. Bhí teach nua ceannaithe ag Seán agus a bhean chéile coicís roimhe sin agus thug sé cuireadh dúinn an deireadh seachtaine a chaitheamh ann. Bhí sé tar éis a haon a chlog nuair a d'fhágamar slán ag a chéile.

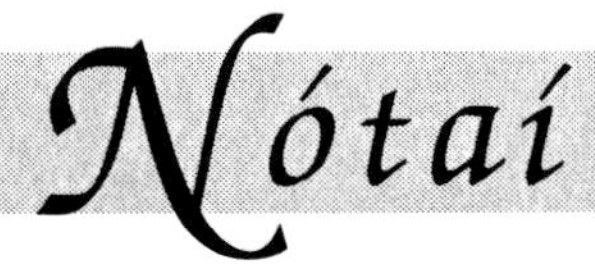

Nótaí

Na Pearsana sa Chaibidil Thuas

- **a** Maidhc Dainín
- **b** Dónall

c Páidí agus a bhean
d Máirín
e Seán
f An tiománaí bus
g Tommy Naughton
h Paddy Doran
i Jimmy Clifford

Príomhphointí na Caibidle

a Aistear eitleáin
b Muintir Uí Shé ag bualadh le chéile
c Cóisir
d Ag spochadh as Seán
e Teach tábhairne Tommy Naughton
f Paddy Doran ag seinm
g An Keyman's Club
h Spéirbhean ó Ghaillimh
i Jimmy Clifford ag seinm
j Turas ar fud na cathrach
k Ar thóir oibre
l Post faighte agam
m Seán

Maidhc Dainín

a Tréith nua de chuid an údair a fheicimid sa chaibidil seo ná go dtaitníonn go mór leis a bheith ag spochadh as a dheartháir, Dónall. An bhféadfaimis a rá, ar bhealach, go dtéann sé thar fóir? Seo roinnt samplaí:
- Déanann sé gáire faoi Dhónall agus an paidrín ina láimh aige ar an eitleán.
- Nuair nár thuig Dónall céard a bhí i gceist ag Páidí agus é ag tagairt do na horáistí thosaigh sé ag spochadh as arís. 'Tuigeann fear léinn leathfhocal,' ar seisean leis.
- Bhain sé an-taitneamh as a bheith in ann a rá le Dónall go raibh an jab faighte aige.

b Feicimid go ndéanadh Maidhc Dainín iontas de rudaí simplí, go háirithe rudaí nach bhfaca sé riamh cheana:
- Rinne sé iontas den *Pan Am*, den *cinema* agus den *turbulence.* Taitníonn leis, ar bhealach, a bheith in ann na focail sin a

úsáid sa chaoi go bhfuil sé in ann a chur in iúl don saol mór go bhfuil taithí aige ar na rudaí sin. Is féidir linn an rud céanna a rá i dtaobh an *Chevvy*.

- Léiríonn nathanna cainte mar *'we hit an air pocket'* agus *jet lag* dúinn gur maith le Maidhc Dainín a bheith in ann a thaispeáint dúinn go bhfuil an domhan mór feicthe agus siúlta aige.

c Tá bród ar Mhaidhc Dainín as a bheith in ann a rá linn gur i nGaeilge a labhair sé féin agus a mhuintir le chéile.

d Tá ceann amháin de thréithe a athar le sonrú go láidir i Maidhc Dainín – i.e., an chaoi a mbíonn sé i gcónaí ag déanamh comparáide idir Londain agus Meiriceá. Tá sé ar aon intinn lena athair maidir leis an gcomparáid chéanna, ar ndóigh. Deir sé go bhfuil i bhfad níos lú deataigh i Chicago ná mar atá i Londain, go bhfuil tithe níos airde i Chicago ná mar atá i Londain, agus go bhfuil an Keyman's Club i bhfad níos fairsinge ná an Round Tower.

e Gach aon deis a bhíonn aige seinneann Maidhc Maidhc Dainín ar an mbosca agus is breá leis a bheith in ann é sin a chur in iúl don léitheoir. Sheinn sé ag an gcóisir an chéad lá a bhí sé i Chicago. Is maith leis a bheith ábalta a chur in iúl don léitheoir go dtugann daoine cuireadh dó seinm ar an mbosca.

f Feicimid áthas an-mhór ar fad ar Mhaidhc Dainín nuair a bhuaileann sé le Páidí agus Máirín – agus arís nuair a bhuaileann sé le Seán.

g Duine díograiseach is ea Maidhc Dainín agus baineann sé úsáid as gach aon seans a fhaigheann sé dul chun cinn a dhéanamh sa saol. Feicimid an méid seo sa chaoi ar bhain sé amach an jab dó féin.

h Duine neamhspleách is ea Maidhc Dainín. Ní raibh eagla air aithne a chur ar an gcathair ina aonar agus dul amach ar thóir oibre gan chabhair óna mhuintir.

i Tá seobhaineachas le feiceáil sa dearcadh atá ag Maidhc Dainín i leith na mban. Feicimid an méid sin sa chur síos a thugann sé ar na mná a fheiceann sé sa Keyman's Club.

An Greann sa Chaibidil

Níl mórán den ghreann le feiceáil sa chaibidil seo. Tá cúpla sampla ann mar sin féin:

a Feicimid greann i gcaint Mhaidhc ar an eitleán: 'Ní fheadar,' arsa Maidhc, 'má tá an t-eitleán chun titim b'fhearr liomsa titim sa bhfarraige ná mo cheann a bheith sáite troigh sa talamh istigh i lár Ohio.'

b Feicimid an greann arís nuair a deir Maidhc le Dónall nach mbeadh sé ag brath chomh tuirseach sin dá gcuirfeadh sé uaidh an paidrín agus cúpla joram fuiscí a chaitheamh siar nuair a bhí siad ar bord an eitleáin.

Stíl

a Feicimid simplíocht i stíl an údair arís anseo.

b Éiríonn le Maidhc **cuntas beo suimiúil** a thabhairt dúinn ar a thuras go Meiriceá agus ar ar tharla nuair a shroich siad Chicago.

c Tá seanfhocal deas amháin sa chaibidil: 'Tuigeann fear léinn leathfhocal' – i.e. ní gá ach an nod don duine a bhfuil ciall nó tuiscint éigin aige.

Ceist le Freagairt

a 'Duine neamhspleách is ea Maidhc Dainín. Níl eagla air aithne a chur ar áiteanna ná ar strainséirí, agus ní haon ionadh post a bheith faighte go luath aige.' Do thuairim uait faoi sin.

b Tuairisc ghairid a scríobh ar an gcineál duine ab ea Páidí.

20

I Sears Roebuck

Duine lách ó Dhún na nGall ab ea Mike McRory. *'How are all in the cabbage patch?'* ar seisean nuair a bhuail mé leis ar maidin. Chuir sé ceist orm céard a cheap mé faoi bheith ag obair le daoine gorma. Dúirt mé leis gur chuma liom cé a bheadh ag obair liom. Glaodh ar fhear gorm darbh ainm George Smith ansin agus dúirt Mike leis go mbeinnse ag obair leis. Labhair George le Mike: *'Now Mr.*

McRory, some white folk don't like to work with their coloured brethren. You know what happened the last time, man.' Dúirt Mike leis nach mbeadh aon deacracht aige liomsa. Chuir George ceist ormsa ansin: *'Do you mind the colour of my skin?'* Dúirt mise gur chuma liom agus chonaic mé gáire magúil ar aghaidh McRory. Bhí sé deacair caint George a thuiscint agus d'iarr mé air labhairt go mall. Bhíomar ag obair ar na dugaí agus bhí orainn earraí de gach sórt a thógáil de na leoraithe agus cuntas a choimeád orthu. Bhí trucailí beaga ceathair-rothacha againn chun na hearraí a iompar. Bhí an obair furasta go leor, cé go raibh roinnt de na boscaí trom. Ghlaoigh George isteach le haghaidh tae mé ag an sos. Thug sé leath dá cheapaire féin dom agus shín mise toitín chuige. Dúirt sé liom i gcogar go raibh daoine ag faire orainn.

Nuair a bhi an sos thart ghlaoigh fear ar leataobh orm agus ar seisean: *'If I were you I wouldn't be hanging around with that nigger.'* Tháinig codladh grífín ar mo chorp ar fad. Bhí strainséir ag iarraidh a mheon féin a bhrú orm. Dúirt mé leis go neamheaglach aire a thabhairt dá ghnó féin. D'imigh mé uaidh gan aon rud eile a rá agus ní dúirt George aon rud.

Nuair a chuir mé aithne cheart ar George bhí a fhios agam gur duine bocht le Dia ba ea é. Thaitin *gin*, ceol agus mná leis. Mar a deireadh sé féin: *'When black man don't look at ladies and drink gin it is time to call in the undertaker.'* Bhí sé pósta agus scartha dhá uair agus bhí sé *'between marriages and breaking in a young filly'*. D'fhéadfá ceist ar bith a chur air. Uair amháin d'fhiafraigh mé de cé mhéad uair sa tseachtain a thagadh fonn air dul go dtí Flori, a bhean. Trí huaire a dúirt sé liom. Chuir mé ceist air conas a bhí sé in ann é a dhéanamh agus é chomh sean. Dúirt sé go raibh *nature pills* á dtógáil aige. Ní bhfuair mé amach riamh céard iad féin. Chuir mé ceist air ansin conas a bhí sé in ann é a dhéanamh in aimsir the an tsamhraidh. Bhí a dhá shúil ag rince le rógaireacht nuair a d'fhreagair sé mé: *'I wake her up at four in the morning when it is nice and cool. "Flori," I says, "it is exercise time".'*

Ag am lóin Dé hAoine a thugtaí an seic dúinn. Ceann de na tráthnónta sin d'inis George scéal dom faoi féin agus Flori, a chailín. Bhí siad tamall ag dul amach le chéile nuair a thug George cuireadh di dul go dtí an *gin mill*. Bhí faisean nua ag roinnt de na mná ag an am gúnaí an-leathana a chaitheamh. Bhí ceann de na gúnaí seo ag Flori nuair a tháinig sí isteach sa *gin mill*. D'fhéach George uirthi agus ar seisean: *'Flori, is you in style, or is I in trouble?'*

Agus sinn ag druidim leis an Nollaig bhíomar an-ghnóthach ar an suíomh oibre. Uaireanta bhímis ag folmhú leoraithe go meán oíche. Bhíodh orm dul abhaile ar an mbus agus mo chroí i mo bhéal agam, mar théadh an bus díreach trí cheantar na ndaoine gorma. Is minic a chonaic mé iad ag stánadh go mailíseach orm. Nuair a bhínn ag siúl istoíche bhíodh mo dhá dhorn dúnta agam ar eagla na heagla. Bhí dífhostaíocht, ólachán agus drugaí go forleathan sa cheantar sin. Nuair a d'inis mé do George faoin eagla a bhíodh orm phléasc sé amach ag gáire. Dúirt sé liom go raibh daoine gorma ag éirí mífhoighneach toisc an drochíde a fuair siad ón gcine geal. Bhí oideachas á fháil acu anois agus thuig siad cúrsaí níos fearr. Bhí deireadh curtha acu leis an sclábhaíocht agus bhí poist agus cearta sibhialta á lorg acu anois. 'Mura dtiocfaidh athrú aigne ar na polaiteoirí agus ar na tionsclóirí,' arsa George 'doirtfear fuil fós.'

Bhí orm aontú leis. Ní raibh ach triúr den chine gorm ag obair sa chúinne ina rabhamar, beirt acu ag scuabadh an urláir. Bhí níos mó ná seasca duine bán ann agus ba cheantar daoine gorma é sin! Chuala mé gur mar sin a bhí an scéal ag na comhlachtaí go léir. Is minic a thug George cur síos dom ar cheol agus ar nósanna na ndaoine gorma agus bhaininn an-sásamh as sin. Chuireadh sé seo go léir i gcuimhne dom an drochíde a fuair na Gaeil. Bhí roinnt mhaith ciníocha ag obair i Sear – Polainnigh, Iodálaigh agus Giúdaigh ina measc. Bhí *hillbillies* ann chomh maith – daoine gan mórán oideachais orthu ó áiteanna mar Tennessee agus Alabama. Caithfidh mé a rá gur réitíomar go léir go maith le chéile.

Tamall roimh an Nollaig ghlaoigh Mike McRory orm agus d'inis sé dom go raibh an comhlacht an-sásta liom agus go mbeadh post buan agam tar éis na Nollag. Ba le horduithe tríd an bpost a bhíomar ag deighleáil sa chúinne sin, ach bheinn ag aistriú go dtí roinn éigin eile. Bhí seacht gcéad siopa ag Sears Roebuck timpeall Mheiriceá agus nuair a deirim siopa ní hé siopa Chéití Sarah sa Daingean atá i gceist agam! Díreach roimh an Nollaig bhí maolú ag teacht ar na horduithe agus bhí oibrithe á ligean chun siúil. Bhí an t-ádh liomsa gan amhras.

Trí lá roimh an Nollaig labhair Mac Rory liom san oifig: 'Dúrt cheana leat go mb'fhéidir go bhfaighfí áit éigin eile sa chomhlacht. Ní toisc gur Éireannach tú ach toisc an meon oscailte atá agat.' Dúradh liom dul chun cainte le fear gorm darbh ainm Mr. Wall agus go socródh seisean gach rud dom. Ní chosnaíonn sé faic a bheith sibhialta le daoine.

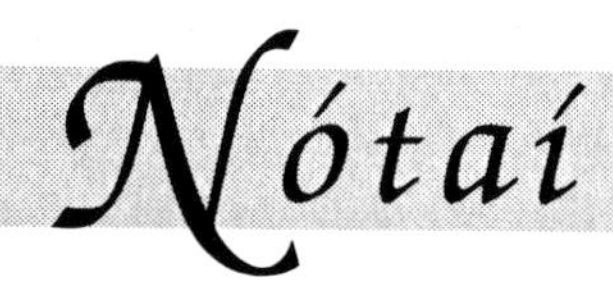

Nótaí

Na Pearsana sa Chaibidil Thuas

- **a** Maidhc Dainín
- **b** Mike Mc Rory
- **c** George Smith

d Flori
e Mr. Wall

Príomhphointí na Caibidle

a Mike McRory agus *'How are they all in the cabbage patch?'*
b George Smith agus *'Do you mind the colour of my skin?'*
c Ag folmhú leoraithe
d *'If I were you I wouldn't be hanging around with that nigger.'*
e George Smith *'between marriages and breaking in a young filly'*
f *'Flori, it is exercise time.'*
g Flori agus an gúna leathan
h Ciníochas
i Ciníocha éagsúla ag obair le chéile
j Post buan agam

Maidhc Dainín

a Tuigimid i gceart anois tar éis dúinn an chaibidil seo a léamh go bhfuil cúis mhaith ann le go bhfuil ag éirí chomh maith sin sa saol le Maidhc Dainín. Is féidir leis a bheith cairdiúil le gach éinne agus is í an fhealsúnacht atá aige ná: 'Ní chosnaíonn sé faic a bheith sibhialta le daoine.'

b Bhí dearcadh maith ag Maidhc Dainín ar an saol, dar le Mike McRory: Dúrt cheana leat go mb'fhéidir go bhfaighfí áit éigin eile sa chomhlacht. Ní toisc gur Éireannach tú ach toisc an meon oscailte atá agat.' Caithfimid a rá freisin, ar ndóigh, go bhfuil roinnt den mhaíomh agus den fhéinmholadh ar siúl ag Maidhc Dainín!

c Bhí oibrithe á scaoileadh chun siúil ag an gcomhlacht, ach tugadh post buan do Mhaidhc Dainín. Caithfidh go raibh sé ina oibrí maith, mar sin.

d Tá sé an-soiléir gur thuig Maidhc Dainín go maith na fadhbanna a bhí ag an gcine gorm agus ní dhearna sé dearmad ach oiread, mar a dúirt sé féin, ar an drochíde a tugadh do na Gaeil.

e Tá sé an-soiléir nach raibh rian ar bith den chiníochas i gcarachtar Mhaidhc, cé go mbíodh eagla air agus é ag taisteal trí cheantar na ndaoine gorma.

f Thaitin scéalta greannmhara George Smith go mór le Maidhc Dainín. Cruthaíonn sé seo arís go raibh féith an ghrinn go láidir i gcarachtar an údair.

- **g** Duine neamhspleách neamheaglach is ea Maidhc Dainín. Níor ghéill sé don fholáireamh a thug an fear dó maidir lena bheith cairdiúil le daoine gorma.
- **h** Tá seobhaineachas le feiceáil arís sa dearcadh atá ag Maidhc Dainín i leith na mban. Taitníonn caint George Smith i dtaobh na mban go mór leis.
- **i** Aisteach go leor, ní dhéanann Maidhc Dainín tagairt ar bith dá mhuintir féin sa chaibidil seo.

George Smith

- **a** Ba é George Smith an chéad chomrádaí a bhí ag Maidhc Dainín ar an suíomh oibre i Chicago.
- **b** Bhí féith an ghrinn go láidir i George, mar a fheicimid sna scéalta a d'inis sé do Mhaidhc Dainín agus i gcaint mar: *'between marriages and breaking in a young filly'* agus *'Flori, it is exercise time'* agus *'Flori, is you in style, or is I in trouble?'*
- **c** Ghoill an ciníochas go mór air agus feicimid é sin sa chaint seo uaidh: *'Now Mr. McRory, some white folk don't like to work with their coloured brethren. You know what happened the last time, man.'* agus *'Do you mind the colour of my skin?'* agus *'Mura dtiocfaidh athrú aigne ar na polaiteoirí agus ar na tionsclóirí doirtfear fuil fós.'*
- **d** Duine fial ba ea é. Bhí sé sásta a cheapaire a roinnt idir é féin agus an údar.
- **e** Maidir le dearcadh George i leith na mban, bhí seobhaineachas ag baint leis – mar is léir ó na scéalta a d'inis sé do Mhaidhc Dainín.

An Greann sa Chaibidil

Tá cúpla sampla maith den ghreann le feiceáil sa chaibidil seo:

- **a** Feicimid greann i gcaint George Smith nuair a dúirt sé: *'When black man don't look at ladies and drink gin it is time to call in the undertaker.'*
- **b** Feicimid an greann arís nuair a deir George go bhfuil sé: *'between marriages and breaking in a young filly'* agus nuair a deir sé: *'I wake her up at four in the morning when it is nice and cool. "Flori," I says, "it is exercise time".'*
- **c** Tá greann le feiceáil sa scéal a d'inis George i dtaobh an ghúna.

Stíl

- **a** Feicimid simplíocht i stíl an údair arís anseo.
- **b** Éiríonn le Maidhc **cuntas beo suimiúil** a thabhairt dúinn ar an suíomh oibre agus ar an gcomrádaí lena raibh sé ag obair.
- **c** Éiríonn go han-mhaith le Maidhc Dainín pictiúr soiléir a thabhairt dúinn d'fhadhb an chiníochais i Sears Roebuck.

Ceisteanna le Freagairt

1 **a** 'Tuigimid i gceart anois tar éis dúinn an chaibidil seo a léamh go bhfuil cúis mhaith ann le go bhfuil ag éirí chomh maith sin sa saol le Maidhc Dainín. Is féidir leis a bheith cairdiúil le gach éinne agus is í an fhealsúnacht atá aige ná: 'Ní chosnaíonn sé faic a bheith sibhialta le daoine."
Do thuairim uait faoi sin.

b Tuairisc ghairid a scríobh ar an gcineál duine ab ea George Smith.

2 **a** 'Thaitin scéalta greannmhara George Smith go mór le Maidhc Dainín. Cruthaíonn sé seo arís go raibh féith an ghrinn go láidir i gcarachtar an údair.' Do thuairim uait faoi sin.

b Tuairisc ghairid a scríobh ar an gcineál duine ab ea Mike McRory.

21

Scoth na gCeoltóirí

Bhíodh ceol Éireannach le cloisteáil ar an raidió gach maidin Shathairn agus thugtaí eolas ar an gclár cá mbíodh na seisiúin ar siúl sa chathair. Bhí neart áiteanna le dul. Théinn gach Domhnach, le mo dheartháir Seán, go dtí an teach tábhairne Gaelach ba mhó i Chicago, 'Hanley's House of Happiness'. Bhí Seán ina chónaí taobh amuigh den chathair ag an am seo. Bhí an cuntar, ar a laghad, caoga slat ar slat ar fhad agus bhíodh deichniúr fear ag freastal ann. Bhí trí chéad duine ann agus bhí urlár rince díreach os comhair an chuntair agus stáitse thuas i mbarr an tí. Bheannaigh beirt fhear i nGaeilge do Sheán an chéad oíche a bhí mé ann – Tomás agus Aindí Mac Gearailt ón mBaile Uachtarach. Bhí Tomás ag éirí mífhoighneach toisc nach raibh an ceol tosaithe, ach níorbh fhada go bhfacamar seisear ceoltóirí suite chun boird agus a gcuid uirlisí á dtiúnáil acu. D'inis Seán dom gur tháinig beirt de na ceoltóirí sin – Joe agus Séamas Cooley – go Meiriceá leis an Tulla Céilí Band sé nó seacht mbliana roimhe sin agus gur fhan siad ann.

Chomh luath is a thosaigh an ceol stop an chaint. Bhí na ceoltóirí seo i bhfad níb fhearr ná mar ar chuala mé i Londain riamh. Bhí toitín ina bhéal ag Joe Cooney, a cheann ligthe siar aige, a chroí agus a aigne báite sa cheol agus a mhéara ag sníomh trí gach port. Bhí fear meánaosta sa bhanna darbh ainm Mike Neary agus bhí stíl mhilis éadrom aige ar an veidhlín. Bhí a dheirfiúr Eleanor ag seinm ar an bpianó agus Billy Soden ar na drumaí. Bhí fear darbh ainm Kevin Keegan ann freisin. Bhíodh seisean roimhe sin ag seinm leis na Aughrim Slopes. Bhí Bertie agus Tomás Mac Mathúna ó Chontae na Gaillimhe ann chomh maith – bainseo agus veidhlín acu. Bhí, ar a laghad, fiche is a cúig cheoltóir i láthair an tráthnóna sin. Is san áit sin agus ní in Éirinn a bhí na ceoltóirí Gaelacha ab fhearr an uair sin. Bhí i bhfad níos mó measa ag na himircigh seo ar cheol agus ar chultúr na hÉireann ná mar a bhí ag na daoine sa bhaile. Bhí airgead maith le fáil ag ceoltóirí i Chicago. Ní bhfaighfeá mar phá in Éirinn ach: 'go bhfága Dia do shláinte agat'.

Chuala mé ríleanna agus jigeanna an tráthnóna sin nár chuala mé riamh roimhe sin. Sheinneadh ceathrar nó cúigear port ar phort ar feadh leathuair an chloig. Sula mbíodh siadsan críochnaithe bhíodh seisear nó seachtar eile tosaithe – ionas nach raibh stop ar bith leis an gceol. B'as Éirinn cuid acu agus rugadh cuid eile acu i Meiriceá, ach bhí siad ábalta seinm le chéile gan stró. Nuair a bhíodh duine ar bith acu ag seinm ina aonar d'aithneofá stíl a chontae féin air. Dúirt Joe Cooley liom go ngéilleadh siad beagán do stíl an duine eile nuair a bhíodh siad ag seinm le chéile. *Neutral ground* a thugadh sé air sin. D'iarr Seán ormsa dul amach agus mo bhosca féin a fháil. Dúirt mé gurbh fhearr liom éisteacht agus rud éigin a fhoghlaim. Chuaigh Seán chun cainte le Cooley ansin agus shín seisean a bhosca féin chugam! Sheinn mé dhá 'slide' a d'fhoghlaim mé ó fhear i Londain. '*Up Cuas!*' arsa Tomás Mac Gearailt agus é ag pramsáil timpeall an urláir. Sheinn mé cúpla jig ina dhiaidh sin. Nuair a leag mé an bosca uaim labhair Joe Cooley: 'Beidh clár raidió á dhéanamh láithreach. B'fhéidir go seinnfeá dhá slide, mar níl aon teora le ceoltóir nua.'

Chuir Cooley ceist orm cén t-ainm a bhí ar an bport deireanach a sheinn mé. Bean éigin a bhí tar éis an cheist sin a chur air féin. D'inis mé dó nach raibh ainm agam ar aon phort. Chonaic mé an rógaireacht in aghaidh Cooley nuair a thug sé freagra dá chuid féin ar cheist na mná: '*Mary hold the candle till I shave the gander's leg!*' ar seisean. Ansin rug sé ar an mbosca agus bhí aghaidh chomh saonta le leanbh air agus é ag seinm.

D'éirigh mé an-chairdiuil leis na deartháireacha Cooley ina dhiaidh sin. D'fhoghlaim mé a lán port uathu agus d'inis Joe a lán scéalta grinn dom. Deireadh sé go leanadh mí-ádh éigin an ceol i gcónaí. Deireadh sé: 'Leanann an t-ól an ceol agus má thógann tú mo chomhairle fan ón bhfuiscí mar cuirfidh sé creathán i do láimh agus scaipfidh sé do mheabhair.'

Bhíodh sé de nós i dteach tábhairne Hanley deochanna a thabhairt do na ceoltóirí – gloine fuiscí agus buidéal beorach le chéile. Ní bheadh sé deacair é a ól, ach bheadh aiféala ort ar maidin! Bhí an t-ádh liomsa ar bhealach, mar ní théinn go deisceart na cathrach ach uair sa tseachtain. Bhíodh formhór na nÉireannach sa cheantar sin ag triall ar Hanley's tar éis a gcuid oibre gach lá agus, mar is eol do chách, is olc an suipéar é an deoch. Aon chóisir nó a leithéid nach mbíodh na Cooleys in ann a dhéanamh chuireadh siad an gnó sin i mo threo-sa. Tar éis tamaill bhí mé gnóthach go leor ar an mbosca.

Tráthnóna amháin agus mé sa tobán d'inis mo dheirfiúr dom go raibh glaoch teileafóin ann dom. Fear darbh ainm Liam Ó Súilleabháin a bhí ann agus bhí ceoltóir á lorg aige dá theach tábhairne i Chicago Avenue. Bheinn ag seinm óna deich a chlog istoíche go dtí a trí ar maidin, bheadh micreafón agam agus gheobhainn seasca dollar in aghaidh na hoíche. Bhí mé an-neirbhíseach nuair a chuaigh mé ann an chéad oíche. Fear ard dathúil ab ea Liam agus d'aithneofá láithreach nuair a d'osclódh sé a bhéal gurbh as Carn Tuathail é. D'fháiltigh sé romham agus chuir sé deoch os mo chomhair. Dúirt sé liom go seolfadh sé cúpla amhránaí suas chugam i rith na hoíche chun sos a thabhairt dom. Ba ón gClár, ón nGaillimh agus ó Chiarraí formhór na gcustaiméirí. Thosaigh mé ag seinm agus faoi uair an mheán oíche bhí slua maith i láthair. Tar éis tamaill tháinig seanduine aníos chugam agus dúirt sé gur iarr fear an tí air amhrán a chanadh. Is minic a chuala mé amránaithe a bhí níos fearr ná é agus amránaithe a bhí níos measa ná é. Déarfainn go raibh daichead véarsa san amhrán a chan sé! Thug sé sin seans maith dom deoch a cheannach!

Tamall ina dhiaidh sin d'iarr Mike Scollard, duine de mo lucht aitheantais féin, orm seit a sheinm. Fad is a bhí an seit ar siúl agus an t-ochtar ag rince, d'fhéach mé suas i dtreo an bheáir agus chonaic mé go raibh cuma bhreá shásta ar fhear an tí.

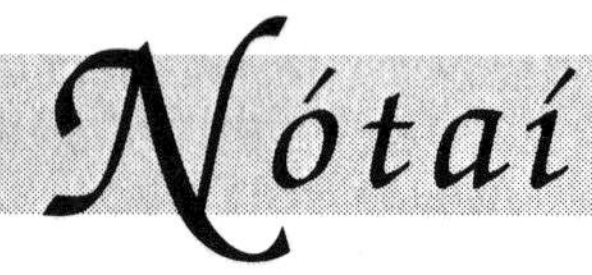

Nótaí

Na Pearsana sa Chaibidil Thuas

- **a** Maidhc Dainín
- **b** Seán
- **c** Tomás agus Aindí Mac Gearailt
- **d** Joe agus Séamas Cooley
- **e** Mike agus Eleanor Neary
- **f** Billy Soden
- **g** Kevin Keegan
- **h** Bertie agus Tomás Mac Mathúna
- **i** Liam Ó Súilleabháin
- **j** Mike Scollard

Príomhphointí na Caibidle

- **a** *Hanley's House of Happiness*
- **b** Banna an-mhaith
- **c** *Neutral Ground*
- **d** *Mary hold the candle till I shave the gander's leg!*
- **e** Ag seinm i dteach tábhairne Liam Uí Shúilleabháin

Maidhc Dainín

- **a** Feicimid an grá mór atá ag Maidhc Dainín don cheol sa chur síos a thugann sé ar na ceoltóirí i dteach tábhairne Hanley agus sa chaoi ar ghlac sé féin leis an deis 'gig' seachtainiúil a bheith aige. Tá grá an údair don cheol le feiceáil go soiléir sa chur síos a thugann sé ar Joe Cooney ag déanamh ceoil: 'Bhí Joe Cooley ansiúd agus toitín idir a dhá liopa aige, a mhéireanta ag sníomh trís gach port. Bhí a cheann uaidh siar aige agus a chroí agus a aigne báite sa cheol.'
- **b** Taispeántar dúinn arís anseo an grá mór atá ag Maidhc Dainín don chuideachta agus don ghreann. Ní rófhada a thóg sé air aithne mhaith a chur ar na ceoltóirí

agus cairdeas a dhéanamh le fear an ghrinn, Joe Cooley.

c Filleann an t-údar arís anseo ar an drochnós atá aige comparáid a dhéanamh le Londain. Deir sé go raibh an Round Tower i Londain cosúil le bothán i gcomparáid le *Hanley's House of Happiness.*

d Locht eile ar an údar anseo ná go bhfágann sé drochbhlas i mbéal an léitheora, uaireanta, sa chaoi a mbíonn sé ag caitheamh anuas ar Éirinn. Mar shampla, dúirt sé nach bhfaigheadh ceoltóirí in Éirinn mar luach saothair ar a gcuid ceoil ach: 'go bhfága Dia do shláinte agat'. B'fhéidir gur fíor a bhfuil á rá aige, ach tá seirbhe éigin ag baint leis. Is fíor, ar ndóigh, go mbíonn níos mó grá ag imircigh do cheol agus do chultúr na hÉireann ná mar a bhíonn acu siúd atá sa bhaile. Ní bheadh sé fíor a rá, mar sin, go bhfuil seirbhe ag baint leis na rudaí a deir Maidhc Dainín i dtaobh an cheoil agus an chultúir níos faide anonn sa chaibidil.

Joe Cooley

a Tá sé an-soiléir ón méid a deir Maidhc Dainín ina thaobh sa chaibidil seo go raibh Joe Cooley ina shárcheoltóir. Seo an cur síos a thugann Maidhc Dainín ar Joe agus é ag déanamh ceoil: 'Bhí Joe Cooley ansiúd agus toitín idir a dhá liopa aige, a mhéireanta ag sníomh trís gach port. Bhí a cheann uaidh siar aige agus a chroí agus a aigne báite sa cheol.'

b Bhíodh sé ag seinm leis an Tulla Céilí Band sular imigh sé go Meiriceá.

c Deir Maidhc Dainín go raibh Joe ina fhear grinn. Tá a chruthú sin le feiceáil sa fhreagra a thug sé ar cheist na mná: *'Mary hold the candle till I shave the gander's leg!'*

An Greann sa Chaibidil

Níl ach sampla amháin den ghreann ar fiú tagairt dó sa chaibidil seo agus is é sin an freagra (thuas) a thug Joe Cooley ar cheist na mná: *'Mary hold the candle till I shave the gander's leg!'*

Stíl

a Feicimid simplíocht i stíl an údair arís anseo.

b Éiríonn le Maidhc Dainín **cuntas beo suimiúil** a thabhairt dúinn ar na ceoltóirí ar bhuail sé leo i Chicago agus ar an

bpáirt a bhain sé féin sa cheol sin.
- **c** Cé nach bhfuil seanfhocal ar bith aige sa chaibidil seo is oiriúnach uaidh na focail: 'Leanann an t-ól an ceol'.

Ceist le Freagairt

- **a** 'Éiríonn le Maidhc Dainín **cuntas beo suimiúil** a thabhairt dúinn ar na ceoltóirí ar bhuail sé leo i Chicago agus ar an bpáirt a bhain sé féin sa cheol sin.'
  Do thuairim uait faoi sin.
- **b** Tuairisc ghairid a scríobh ar an gcineál duine ab ea Joe Cooley.

22

Ná bíodh Deabhadh Ortsa

Bhíodh patrún rialta agam ag an deireadh seachtaine. Théinn go dtí an Keyman's Club oíche Dé hAoine. Oíche Dé Sathairn bhínn ag tuilleamh airgid ag seinm. Tráthnóna Domhnaigh théinn go deisceart na cathrach agus bhínn ag brath ar chara éigin chun síob abhaile a thabhairt dom. Chuir mé aithne mhaith ar Mhike Scollard, ó Oileán Chiarraí. Duine lán de rógaireacht gan díobháil ab ea Mike agus bhí bua na cainte go maith aige. Bhí post an-mhaith aige in aerfort Midway le United Airlines agus é ag fáil trí chéad dollar in aghaidh na seachtaine. Bhí gluaisteán aige agus d'insíodh sé domsa cá mbíodh sé ag dul ag an deireadh seachtaine. Bhí croí mór aige agus nuair a bhíodh braon faoin bhfiacail aige bhíodh na seanbhailéidí Béarla go flúirseach binn aige. Bhuail Mike le cailín i Chicago a raibh sé an-mhór léi sa bhaile in Éirinn sular tháinig sé go Chicago. Níorbh fhada go raibh sí ag siúl amach le *hillbilly* éigin, áfach, agus pósadh iad. Nuair a tharla sé sin bhí croí Mhike briste agus luigh sé isteach ar an ól. Níor éist sé le comhairle a chairde agus thosaigh sé ag caitheamh a chuid ama ag an mbeár nuair a bhíodh daoine eile ag rince.

Chomhairligh mé féin dó nárbh fhiú dó a bheith ag smaoineamh ar an gcailín agus dúirt mé leis a bheith ag féachaint timpeall ar mhná eile. 'Tá siad os comhair do shúl,' arsa mise, 'cailíní breátha dathúla agus iad ag baint na sál dá chéile ag iarraidh dáta a bheith acu leat.'

Minic go leor thagadh sé chun cainte liom i m'árasán agus ní bhíodh fonn air dul go dtí an Keyman's Club ar eagla go mbuailfeadh sé lena mhuintir féin ón mbaile. Aoine amháin chuir sé glaoch gutháin orm agus d'iarr sé orm teacht leis go dtí Carpenter's Hall. Bhí a fhios agam gur theastaigh cuideachta uaidh ag dul isteach san áit. Bhí a fhios agam ón gcaoi a raibh sé gléasta glanta bearrtha go raibh biseach ag teacht air.

Bhí slua maith sa halla an oíche sin. Chuamar go dtí an beár le haghaidh buidéil an duine agus chaitheamar súil timpeall orainn. Dúirt Mike liom dá mbuailfinn le cailín deas agus dá mbeadh fonn orm í a thabhairt abhaile go mbeadh an gluaisteán ann chun mé a thabhairt áit ar bith sa chathair. Tar éis tamaill d'imigh sé uaim ag rince. Fad is a bhí Mike ag rince cé leis a mbuailfinn ach le Jim Choráilí Ó Beaglaoich ó Bhaile na nGall, seanchara liom ó laethanta na ceardscoile! Bheannaíomar dá chéile agus thosaíomar ag caint i dtaobh na seanlaethanta.

Tháinig Mike ar ais tar éis tamaill ach bhí fadhb aige. Bhí sé tar éis bualadh le cailín deas, ach ní raibh sí ina haonar! Ambaiste, má bhí cabhair uaidh gheobhadh sé í! Thosaigh *foxtrot* agus chuamar ag rince leis an mbeirt chailín. De mhuintir Choistealbha ba ea an cailín a raibh mise ag rince léi agus ba ó Chorcaigh a sin-seanathair. Jeannie ab ainm di. Chomhairligh m'athair dom fadó cloí le mo chine féin agus gan bean a rugadh i Meiriceá a phósadh. Deireadh sé go mbeadh an bhean Mheiriceánach ag cur aprúin ar an bhfear a phósfadh í agus go mbeadh ar an bhfear bocht éirí i lár na hoíche dá mbeadh na leanaí ag gol! Ní róshláintiúil na súile a bhí sí ag cur tríom!

Nuair a chuaigh mé ar ais go dtí an beár bhí Mike ann romham agus cailín ar adhastar aige. D'ól na mná *highball* an duine agus labhair Mike liom i gcogar: 'Tá muintir Jeannie lán d'airgead,' ar seisean. Bhí a fhios agam nach ormsa a bhí Mike ag smaoineamh in aon chor! Bhí orm a rá le Jeannie nach raibh aon charr agam ach go bhfaighimis síob le Mike. Thugamar aghaidh ó thuaidh tar éis an rince – Mike ag tiomáint agus é ceangailte de Theresa. Bhí mé féin sa suíochán cúil, ach ní déarfaidh mé a thuilleadh faoi sin! Thug Jeannie cuireadh dúinn teacht isteach le haghaidh cupán tae.

'Tae!' arsa Mike, 'tabhair isteach Micheál Ó Sé, agus dein tae dó. Déanfaidh Theresa tae domsa.' D'imigh sé féin agus Theresa isteach i dteach eile agus d'fhág Mike doras an ghluaisteáin ar oscailt dom ar eagla go mbeadh sé féin déanach.

Thug Jeannie buidéal beorach dom nuair a chuamar isteach agus thosaigh sí féin ag cleatráil le citil agus sáspain. Déarfainn gur d'aon ghnó a rinne sí é, mar níorbh fhada gur chuala mé guth! *'Is that you, Jeannie baby?'* D'fhreagair sise: *'Yes, Daddy dear, come in and meet my boyfriend.'*

Boyfriend, ambaiste! Smaoinigh mé ansin ar chomhairle m'athar. Shuigh an seanduine síos os mo chomhair agus thosaigh sé ag cur ceisteanna i dtaobh mo mhuintire agus rudaí mar sin. Ní mórán den fhírinne a chuala sé uaim, ar ndóigh. Ó, dá bhféadfainn greim a fháil ar Mike Scollard! Chuir Jeannie tae agus bia agus císte milis os mo chomhair. D'imigh uair an chloig agus ní raibh aon chosúlacht go n-imeodh an seanduine. Ó Mhuire, dá mbeinn pósta leis an gcailín sin bheadh orm cur suas leis an seanduine chomh maith – agus é ina shuí os mo chomhair ansin lena *phyjamas* agus a shlipéirí oíche! 'Ó my, féach an t-am,' arsa mise.

Labhair Jeannie: 'Dhera tóg bog é. Dad, téir a chodladh anois.'

'An mbeidh tú *allright* Jeannie, a linbh?' arsa an seanduine. Cheapfá gur mé Jack the Ripper. Rinne mé ar an doras, ach d'impigh Jeannie orm fanacht, go mbeadh an seanduine imithe a luí gan mhoill. Thosaigh mé ag cumadh leithscéalta. Thug sise a huimhir theileafóin dom agus d'iarr sí orm glaoch uirthi i rith na seachtaine.

Rinne mé comhartha na croise nuair a shroich mé an gluaisteán ar deireadh thiar! Níorbh fhada gur fhill Casanova óna phluais. Bhí an chosúlacht ar a chuid gruaige go raibh gaoth láidir ann! Shín mé cíor chuige agus arsa mise: 'Dá bhfeicfeadh do mháthair anois tú! Ní foláir nó gur rug callshaoth an diabhail ort!' D'inis sé dom go mbeadh sé ag bualadh le Theresa arís i lár na seachtaine agus chuir sé ceist orm conas a d'éirigh liom féin. D'inis mé mo scéal dó agus arsa mise: 'A Mhike Scollard, ní rabhas riamh i mo shaol i gcúinne chomh holc leis.'

'All part of your education, my son,' ar seisean.

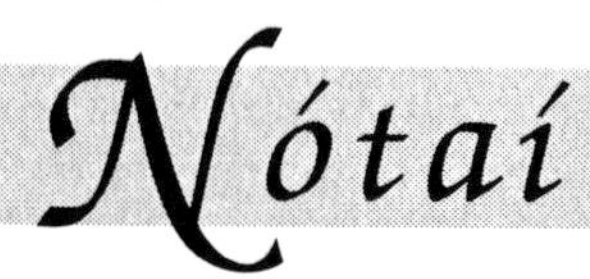

Na Pearsana sa Chaibidil Thuas

- **a** Maidhc Dainín
- **b** Mike Scollard
- **c** Jim Choráilí Ó Beaglaoich
- **d** Jeannie
- **e** Theresa
- **f** An seanduine

Príomhphointí na Caibidle

- **a** Cara maith, Mike Scollard

b Mike tréigthe ag a chailín
c Mé féin agus Mike i gCarpenter's Hall
d Ag bualadh le Jim Choráilí Ó Beaglaoich
e *Foxtrot*
f *Highballs* le Jeannie agus Theresa
g Mé féin agus Theresa i gcúl an ghluaisteáin
h *'Is that you, Jeannie baby?'... 'Yes, Daddy dear, come in and meet my boyfriend.'*
i *'All part of your education, my son.'*

Maidhc Dainín

a Ón bpictiúr a thugann Maidhc Dainín de féin sa chaibidil seo, tuigimid go maith gur cara dílis atá ann, mar d'fhan sé dílis do Mhike Scollard nuair a bhí an saol ag dul ina choinne. Bhí sé sásta dul go Carpenter's Hall in éineacht le Mike nuair a theastaigh uaidh dul amach i measc daoine arís. Is fíor, ar ndóigh, gurbh áisiúil an rud é do Mhaidhc Dainín cara le gluaisteán a bheith aige!

b Feicimid an seobhaineachas go láidir i ndearcadh Mhaidhc Dainín arís sa chaibidil seo. D'aontaigh sé go hiomlán le dearcadh a athar i leith na mban Meiriceánach – i.e., go mbeadh sé chomh maith aige fanacht amach uathu ar eagla go mbeadh air obair chistine a dhéanamh nó aire a thabhairt do leanaí dá mbeadh siad ag caoineadh i rith na hoíche.

c Agus an méid thuas ráite againn caithfimid a admháil go léiríonn an t-údar go bhfuil meas aige ar na mná freisin, go háirithe nuair a dhéanann sé iarracht Mike a chomhairliú: 'Tá siad os comhair do shúl, cailíní breátha dathúla agus iad ag baint na sál dá chéile ag iarraidh dáta a bheith acu leat.'

d Feicimid an greann a bhaineann le carachtar an údair arís nuair a deir sé: 'Sa tsuíochán thiar a bhíos féin. Ní déarfaidh mé a thuilleadh faoi sin.'

Mike Scollard

a Bhí Mike ina chara dílis ag an údar. Bhuaileamar leis cheana féin sa chaibidil roimhe seo. Théadh an bheirt acu ag ól agus ag rince le chéile.

b Bhí Mike thart ar an aois chéanna le Maidhc agus tháinig siad beirt go Meiriceá an bhliain chéanna.
c Ó Ghleanntán in aice le hOileán Chiarraí ba ea é.
d Bhí Mike go mór i ngrá le cailín Éireannach, ach thréig sise é agus gortaíodh go mór é. Bhí sé thíos leis ar feadh i bhfad ina dhiaidh sin, ach tháinig sé chuige féin ar deireadh thiar.
e Duine fial flaithiúil ab ea Mike. Bhíodh sé sásta dul áit ar bith sa charr chun cabhrú le Maidhc.
f Duine greannmhar ba ea é. Mar a dúirt Maidhc Dainín: 'Ana-charachtar ab ea Mike, lán de chlis agus rógaireacht gan díobháil.'
g Bhí bua na cainte go láidir aige.
h Thit sé ar a chosa i gceart. Bhí post aige le United Airlines a 'dtabharfadh aon Éireannach a láimh dheis air'.

An Greann sa Chaibidil

a Tá greann sa chur síos a thugann an t-údar ar an gcaoi ar bhuail sé féin agus Mike leis an mbeirt chailíní.
b Feicimid an greann céanna sa chur síos a thugann an t-údar ar an gcomhrá idir Threasa agus a hathair. Caithfimid a rá go bhfuil easpa charthanachta sa chur síos seo freisin.
c Tá greann i gcaint an údair nuair a deir sé: 'Sa tsuíochán thiar a bhíos féin. Ní déarfaidh mé a thuilleadh faoi sin.'
d Mar an gcéanna feicimid greann i gcaint Mhike Scollard: *'All part of your education, my son.'*

Ceist le Freagairt

a 'Léiríonn Maidhc Dainín Ó Sé dúinn sa chaibidil seo nach raibh mórán measa aige ar na mná nuair a bhí sé ina fhear óg.' Do thuairim uait faoi sin.
b Tuairisc ghairid a scríobh ar an gcineál duine ab ea Mike Scollard.

23

Na Mílte ó Chicago

Oíche amháin bhí mé ag caint le cara liom darbh ainm Frank O'Donnell i dteach tábhairne Val Connolly. Is é an t-ábhar comhrá a bhí againn ná an tionchar a bhíonn ag an ragobair ar chorp an duine. Dar le Frank b'amaideach an rud é ragobair a dhéanamh mar bhí an iomarca den aigead breise ag dul chun cáin a íoc le h*Uncle Sam*. Dar leis, b'fhearr do dhuine a bheith ag seinm oíche anseo agus oíche ansiúd ar an mbosca i rith na seachtaine. D'inis mé dó go raibh coicís laethanta saoire ag teacht chugam agus go raibh sé i gceist agam dul áit éigin ar feadh seachtaine. Tar éis dúinn an cheist a phlé bheartaíomar imeacht amach ó dheas na mílte ón gcathair i ngluaisteán Frank. D'imeoimis seachtain ón Luan ina dhiaidh sin dá mbeinnse ábalta socrú a dhéanamh leis an gcomhlacht.

Isteach liom go dtí an oifig maidin Dé Luain agus ní raibh aon deacracht agam cead a fháil. Bhí sé de mhí-ádh orm an lá sin gur thosaigh mé ag ceistiú oibrí darbh ainm Jim Crafton i dtaobh an aistir. Dúirt sé liom go mbeinn ag dul trína cheantar dúchais agus d'iarr sé orm bualadh isteach chun a mhuintire agus galún *hooch* a fháil dó. Dar leis féin, ní raibh aon deoch cheart aige ó d'fhág sé a bhaile dúchais ceithre bliana roimhe sin. 'Abair leo go ndúirt "Little Jim" leat dul á bhfiafraí," ar seisean. 'Ó sea,' ar seisean, 'agus ná dein dearmad póg a thabhairt do mo dheirfiúr óg ar mo shon.' B'in rud amháin a dhéanfainn ceart go leor!

Dhúisigh an clog aláraim ar leathuair tar éis a sé mé maidin Dé Luain. 'Cas amach an diabhal *alarm* sin,' arsa Dónall – mar ní éiríodh seisean go dtí a haon déag. Bhí Dónall ag obair i siopa na mbróg sa chomhlacht céanna ina raibh mé féin. Chuir mé an citeal ag beiriú agus chuir mé ubh isteach ann mar a dhéanainn go minic ar maidin. Bhuail mé féin agus Frank bóthar ar leathuair tar éis a seacht. Ní rabhamar rófhada ag fágáil na cathrach taobh thiar dinn agus bhí an spiorad go hard ionainn beirt.

D'fhéachamar ar an mapa tar éis do Frank dhá véarsa de 'Cliffs of Dooneen' a chanadh. Dúramar go rachaimis go St. Louis, Missouri. Bhí an bóthar chomh díreach le riail agus bhí páirceanna móra cruithneachta agus arbhair ar gach taobh. Bhí an talamh go léir chomh leibhéalta sin go gceapfá gur meaisín a rinne an jab air. Tar éis dúinn bheith dhá uair an chloig ar an mbóthar dúirt Frank: 'B'fhearr liom bheith ag féachaint ar aillteacha Mhóthair.' Ní raibh sceach ná tor le feiceáil áit ar bith agus, anseo is ansiúd, bathlaigh mhóra de thithe gan aon deatach ag teacht as aon simléar. Stopamar ar feadh tamaill ag bialann ar thaobh an bhóthair agus thug mé faoi deara difríocht mhór i gcanúint na ndaoine. De réir mar a bhíomar ag druidim ó dheas bhí an talamh ag dul in olcas agus bhí an chosúlacht ar na feirmeacha go raibh cuid acu tréigthe. Níorbh fhada gur thugamar faoi deara ó na comharthaí bóthair go rabhamar níos lú ná céad míle ó St. Louis. Bheimis ann roimh a trí.

An lá dar gcionn chuamar isteach i gceantar na *hillbillies*. Bhí a lán de na tithe tréigthe agus chonaiceamar seanduine ar thaobh an bhóthair agus a dhá ghlúin ag teacht amach trína bhríste. 'Cé dúirt go raibh Éire bocht?' arsa Frank.

Fuaireamar lóistín giota taobh amuigh de bhaile Memphis, Tennessee, agus tugadh suipéar an-mhaith dúinn. Bhí néal codlata againn tar éis an bhéile sula ndeachamar ag ól sa teach tábhairne a bhí sa lóistín. Bhí an áit deas glan, urlár adhmaid agus cuma *pub* tuaithe air. Labhraíomar le roinnt de na daoine a bhí ann agus bhí siad breá lách, ach thug mé faoi deara gur ghráin leo an cine gorm, agus níor thaitin sé sin liom. Chuir mé ceist orthu an raibh cothrom na Féinne á fháil ag na daoine gorma. D'fhreagair fear amháin, agus gáire magúil ar a aghaidh, 'Nuair a thaistealaíonn siad ar an mbus cuirimid na hainmhithe sin ar fad siar go dtí deireadh.' Chuir mé ceist orthu cárbh as ar shíolraigh siad féin agus fuair mé amach go raibh roinnt mhaith Éireannach ina measc, daoine a bhíodh ag obair ar na bóithre iarainn fadó agus a chuir fúthu san áit. Bhí slua maith san áit roimh dheireadh na hoíche agus canúint láidir na *hillbillies* le cloisteáil go soiléir. Bhí focail acu freisin nár scríobhadh riamh in aon fhoclóir Béarla.

Shuigh fear mór láidir síos in ár n-aice, hata mór air agus réiltín airgid ar a léine. An *Sheriff* a bhí ann. Chuir fear an tí gloine os a chomhair agus líon sé suas í d'fhuiscí. D'ól sé a raibh sa ghloine in aon tarraingt amháin agus níor íoc sé as deoch ar bith an oíche sin! Shílfeá go raibh scaireanna san áit aige! Bhí sé ag éirí cainteach de réir mar a bhí sé ag ól agus thugamar faoi deara óna raibh le rá aige go raibh trioblóid éigin sa cheantar idir ógánaigh gheala agus ógánaigh ghorma. De réir dealraimh maraíodh duine bocht gorm ocht mbliana déag d'aois tamall roimhe sin. Ba léir nach raibh mórán measa ag an sirriam ar na daoine gorma mar níor thug sé orthu ach *niggers*. Bhí sé ag rá gur ar an rialtas a bhí an locht go raibh an trioblóid ar siúl, mar go raibh an iomarca rudaí á dtabhairt saor in aisce acu dóibh.

An lá roime sin, dar leis an sirriam, tháinig glaoch air san oifig. D'imigh sé féin agus an *deputy* amach sa *squad.* Tháinig siad ar chorp ógánaigh ghoirm, béal faoi, i lár na sráide. 'Bhuaileas mo bhróig faoina bholg,' arsa an sirriam, 'agus d'iompaíos droim ar ais é. Bhí deich n-urchar ina chorp.' Chuir duine de na fir ceist ar an sirriam an ndearnadh scrúdú iarbháis ar an gcorp agus d'fhreagair sé: 'Dúrt leis an *deputy* a bhí i m'fhochair a leabhar nótaí a thógaint amach. D'fhéachas síos ar an gcorp. Is é seo toradh an scrúdaithe. "An cás féinmharaithe is measa a chonac i mo chúig bliana fichead sa bhfórsa dom."' Ní dhearna na fir ach gáire.

'Nach ar an nduine gorm a chuir Dia an chros le hiompar,' arsa Frank agus chuamar a luí.

Na Pearsana sa Chaibidil Thuas

- **a** Maidhc Dainín
- **b** Frank O'Donnell
- **c** Seanfhear ar thaobh an bhóthair
- **d** An Sirriam

Príomhphointí na Caibidle

- **a** Turas á phleanáil agam féin agus ag Frank
- **b** Galún *hooch* ag teastáil ó *Little Jim*
- **c** Bóthar díreach, páirceanna cruithneachta agus arbhair
- **d** Ceantar na *hillbillies*
- **e** Comhrá déistineach i dtaobh an chine ghoirm
- **f** An *Sheriff*

Maidhc Dainín

- **a** Níor thaitin an ciníochas le Maidhc Dainín in aon chor. Bhí déistin air nuair a thug sé faoi deara go raibh muintir na háite go láidir i gcoinne an chine ghoirm. Níor thaitin caint an tsirriam leis in aon chor.
- **b** Feicimid rian den seobhaineachas arís i ndearcadh Mhaidhc Dainín sa chaibidil seo. Nuair a d'iarr Little Jim air póg a thabhairt dá dheirfiúr dúirt sé linn: 'B'in rud amháin a dhéanfainn, dá mbeinn sa bhád sin.'
- **c** Feicimid féith an ghrinn arís i gcarachtar an údair nuair a

deir sé (i dtaobh an tsirriam): 'Ba dhóigh leat go raibh scaireanna aige sa tig tábhairne mar nár dhein sé aon iarracht íoc as aon deoch a bhí sé ag ól.'

d Taitníonn go mór le Maidhc Dainín a bheith in ann a thaispeáint don léitheoir go bfuil focail Mheiriceánacha ar bharr a theanga aige – focail mar: *hillbillies, sheriff, deputy* agus *squad.*

Frank O'Donnell

a Is léir go raibh Frank ina chara dílis ag an údar agus gur chaith sé go fial leis.

b D'aontaigh sé go hiomlán leis an údar maidir leis an drochíde a bhí á fáil ag an gcine gorm. 'Nach ar an nduine gorm a chuir Dia an chros le hiompar,' arsa Frank.

An Greann sa Chaibidil

Taobh amuigh den scéal a bhaineann leis an sirriam níl mórán grinn le feiceáil sa chaibidil seo.

Stíl

Tá simplíocht ag baint le stíl an údair anseo, díreach mar a bhí i ngach aon leathanach den leabhar go dtí seo. Lasmuigh de sin níl aon mhórphointe stíle ar fiú tagairt dó. Is fíor, ar ndóigh, go n-éiríonn leis cur síos maith a thabhairt dúinn ar na radhairc a chonaic sé ar an aistear, ar na daoine ar bhuail sé leo agus ar an gciníochas a bhí, de réir dealraimh, go láidir sa cheantar áirithe sin.

Ceist le Freagairt

a 'Níor thaitin an ciníochas le Maidhc Dainín in aon chor. Bhí déistin air nuair a thug sé faoi deara go raibh muintir na háite go láidir i gcoinne an chine ghoirm.' Do thuairim uait faoi sin.

b Tuairisc ghairid a scríobh ar an gcineál duine ab ea Frank O'Donnell.

24

Hillbillies agus River Rats

Thugamar faoi deara go raibh cuma bhocht ar an gceantar idir Memphis agus Birmingham, Alabama. Bhí daoine sa cheantar sin nach bhfaca teilifís ná raidió riamh, a dúirt mise le Frank. 'Agus daoine san áit seo ná feaca mias uisce riamh,' ar seisean. Bhí an ceart aige, mar bhí an chuma ar roinnt acu nár nigh siad iad féin ón lá a rugadh iad. Bhí seanghluaisteáin ag roinnt acu agus d'fhéachadh siad go hamhrasach ar strainséirí. Dúirt Frank go mbeadh eagla air stopadh san áit seo, ach d'inis mé dó go raibh seoladh James Crofton agam – an *hillbilly*, a bhí ag obair liom. Bhí ochtó míle romhainn agus bhí an bóthar níos measa ná aon bhóthar in Éirinn. Ní raibh comharthaí bóthair ann agus shíleamar cúpla uair go rabhamar imithe ar strae. Bhí sé deacair freagra ceart a fháil ón bhfo-dhuine ar chuireamar ceist orthu. D'fhéachadh siad go hamhrasach orainn agus thosaíodh siad féin ag cur ceisteanna orainne.

Ar deireadh thiar thángamar ar shráidbhaile beag a raibh teach tábhairne ann. Chuamar isteach agus ní raibh ann ach fear an tí. Bhí an bheoir chomh bog leis an aimsir amuigh. D'insíomar ár scéal d'fhear an tí agus, ó tharla aithne a bheith aige ar mhuintir Crofton, thug sé treoracha dúinn. Níorbh fhada gur shroicheamar an teach. Bhí sé ina sheasamh ina aonar, é déanta as adhmad agus *jeep* os a chomhair amach. Chnag Frank ar an doras, ach ní bhfuair sé aon fhreagra. Chnag sé arís – níos láidre an uair seo. Osclaíodh an doras beagán agus cuireadh bairille gunna suas le srón Frank. 'Ó a Mhuire, maith dom mo pheacaí,' ar seisean. Bhí dath an bháis air. Tháinig seanduine amach agus gunna ina láimh aige. '*Are you revenuers?*' ar seisean. Nuair a d'inis mé dó gur 'Little Jim' a sheol chuige sinn chuir sé uaidh an gunna. Mhínigh sé dúinn go mbíodh lucht an dlí ina dhiaidh i gcónaí toisc go mbíodh *hooch* á dhéanamh aige.

Nuair a chuamar isteach bhí bean an tí ag cócaireacht ar thine oscailte agus cailín óg dathúil, ag cabhrú léi. Cuireadh inár suí ag an mbord sinn agus thóg fear an tí próca cré anuas ón gcupard. Chuir sé muga an duine den *hooch* os ár gcomhair. 'Is é seo an braon is deise a deintear sa cheantar seo,' ar seisean. Dúirt mise leis go raibh galún den stuif ag teastáil ó 'Little Jim'. Chomh luath is a bhlais mé den *hooch* b'éigean dom é a chaitheamh as mo bhéal arís leis an loscadh a fuair mé uaidh. Ach d'imigh braon beag síos mo scornach agus chuaigh sé le m'anáil. Rith sé ar fud mo choirp go barr lúidíní mo chos. Tharla an rud céanna do Frank. 'Is é an chéad slog is measa,' arsa Joshua – an seanduine.

Tháinig strapaire ard lom isteach ansin. Ralph ab ainm dó. 'Níl aon *revenue* i Stát Alabama ná rithfeadh uaidh,' arsa Joshua. 'Bhainfeadh sé an tsúil as préachán trí chéad slat ó bhaile agus an préachán sin ag eitilt tríd an aer.' Bheannaigh Ralph go tur dúinn.

Lena ab ainm don iníon agus bhí sí fíorálainn. Ní rabhamar ábalta na súile a choimeád di – agus bhí sise ag baint lán na súl asainne chomh maith. Cé nach raibh cuma an tsaibhris ar an teach, bhí sé deas glan. Thug Joshua cuireadh dúinn fanacht go maidin; agus, cé go ndúirt mise gurbh fhearr liom a bheith ag bualadh chun bóthair, líon sé amach deoch eile dúinne agus dó féin agus dá mhac chomh maith.

'Dhera, cá bhfuil ár ndeabhadh ó thuaidh,' arsa Frank ag caitheamh súil ar Lena.

'Cuir do dhá shúil ar ais i do cheann, a bhuachaill mhaith,' arsa mise i gcogar, 'nó an bhfuil dearmad déanta agat ar an ngunna a bhí faoi do shrón deich nóimintí ó shin?'

Thosaigh na mná ag ullmhú béile. Duine an-chiúin ab ea bean an tí agus an chuma uirthi gur fhulaing sí cuid mhaith cruatain. Bhí an braon ag dul síos níos fearr anois, agus mhothaigh mé breá súgach nuair a bhí an dara ceann ólta agam. Cuireadh corcán i lár an bhoird agus meascán éigin bia istigh ann. Thug fear an tí spúnóg dúinn agus dúirt sé linn ár bplátaí a líonadh. Bhí císte mór i lár an bhoird agus bhain Joshua canta mór de lena dhá láimh. Níor bhac Ralph le haon spúnóg, ach d'iompaigh sé an corcán ar a thaobh agus lig sé a chuid bia amach ar a phláta. D'itheamar an t-iomlán! Bhíomar an-sásta leis an mbia agus ghabamar ár mbuíochas leis na mná. Bhí Frank ag baint lán na súl as Lena an t-am ar fad.

Líonadh suas na mugaí do na fir arís. Níor eitíomar é an uair seo. Bhí dúil ag teacht againn ann! Tar éis tamaill thug Joshua cuireadh dúinn teacht go dtí an teach tábhairne. 'Tá bairille *white mule* á tabhairt agam ann,' ar seisean. Mhol Frank dom an bosca ceoil a thabhairt liom. Cuireadh mé féin agus Frank inár suí i dtosach na seanathrucaile agus shuigh Joshua agus Lena laistiar dínn, agus an bairille *hooche* eatarthu i mbosca mór adhmaid. Cé go raibh an bóthar go dona ní raibh Ralph rófhada ag tiomáint go dtí an teach tábhairne – más féidir 'tiomáint' a thabhairt a raibh á dhéanamh aige.

Bhí an teach tábhairne cosúil leis na cinn a d'fheicfeá sna seanscannáin. Bhí cúigear nó seisear seandaoine suite in aice an chuntair, cuid acu ag cogaint tobac agus an súlach ag imeacht síos taobh a mbéil. Bhí an t-urlár salach agus bhí boladh stálach beorach san áit. Thairg Frank an chéad deoch a cheannach agus leag sé nóta fiche dollar ar an gcuntar. Dá bhfeicfeá an t-ionadh a bhí ar na seandaoine nuair a chonaic siad an nóta! Chuir mé cogar i gcluais Frank agus dúirt leis deoch a cheannach do na seandaoine chomh maith. Níor ghá dom é a rá leis an dara huair. D'ólamar go léir le chéile go dtí go raibh sé déanach go leor san oíche.

Tharraing seanfhear a raibh hata pollta air veidhlín chuige agus bhain sé ceol *Blue Grass* an-deas as. Thosaigh fear an bheáir ag seinm in éineacht leis ar an trumpa béil. Bhí súile dearga ag Frank faoin am seo agus é ina shuí ina aice le Lena. Tamall ina dhiaidh sin thóg seanduine *jug* ina láimh agus thosaigh sé ag séideadh isteach sa pholl a bhí ann agus bhain sé glór éigin ceoil as. Thug mé faoi deara gur chuir Frank lámh suas chuig a shúil agus gur thosaigh sé á piocadh. Chuir mé ceist air céard a bhí cearr leis. Bhí píosa tobac tar éis teacht amach as béal an tseanduine agus dul isteach i súil Frank!

Thug mé faoi deara go raibh roinnt daoine ag teacht isteach nár tháinig inár gcomhluadar in aon chor. Chuir mé ceist ar Ralph cérbh iad. D'inis sé dom gur *hillbillies* iad féin agus gur *river rats* an dream eile – dream a tháinig ó bhruach abhainn an Mississippi nuair a bhí an cogadh cathartha ar siúl. Chabhraigh siad leis an arm thuaidh agus sceith siad ar arm Lee. Tar éis do Ralph an méid sin a insint dom chaith sé seile as a bhéal a chrochfadh páipéar ar fhalla duit. Bhí mearbhall orm faoin am seo agus d'fhiafraigh mé díobh cá raibh teach an asail. Bhí na cosa ag lúbarnaigh fúm! Is éard a bhí mar leithreas acu ná falla fada bán taobh thiar den teach agus é tarrálta ina bhun. Ba dheacair dom mo chnaipí a oscailt, ach ar deireadh thiar d'éirigh liom an gnó a dhéanamh agus tháinig sruthán breá sláintiúil agus d'imigh leis le fána! Á, an faoiseamh! Déarfainn go raibh mé ann ar feadh fiche nóiméad, agus cheap mé nach stopfainn go deo. Bhí an sruthán ag éirí an t-am ar fad! 'A Mhuire,' arsa mise liom féin, 'ní fheadar arb é an diabhal *hooch* sin a dhóigh *washer* éigin istigh ionam agus ná fuil ar mo chumas stad.' Tháinig Frank amach ansin. 'Tá poll dóite díreach síos tríom ag an ndiabhal stuif a bhíomair ag ól,' arsa mise leis.

'Léan ort, a stail amadáin!' ar seisean. 'Cas amach an tap uisce atá ag sileadh laistigh duit,' arsa Frank agus é sna tríthí!

Ní cuimhin liom mórán eile den oíche. An mhaidin ina dhiaidh sin bhí pian uafásach i mo cheann agam agus sinn ar ár mbealach ar ais go Chicago.

Nótaí

Na Pearsana sa Chaibidil Thuas

a Maidhc Dainín
b Frank O'Donnell
c Joshua
d Bean an tí
e Lena
f Ralph

Príomhphointí na Caibidle

a *Hillbillies*
b Fáilte Uí Cheallaigh
c *Hooch*
d Ralph
e Lena
f Béile breá
g *Hooch* arís
h Ralph ag tiomáint
i An teach tábhairne
j Ceol *Blue Grass*
k Súlach tobac i súil Frank
l *River rats*
m Teach an asail
n Ar ais go Chicago

Maidhc Dainín

a Taitníonn an comhluadar, an taisteal agus an chraic go mór le Maidhc Dainín agus tá an méid sin le feiceáil go soiléir i ngach aon chuid den chaibidil seo. Thaitin comhluadar Frank leis. Thaitin comhluadar na *hillbillies* leis. Thaitin muintir Crofton leis.

b Aon seans a bhíonn ag Maidhc Dainín tugtann sé éisteacht mhaith don cheoltóir. Nuair a bhí an *Blue Grass* á sheinm ag na *hillbillies* bhain sé an-sult as sin.

c Tá cuimhne an-mhaith ar fad ag Maidhc Dainín. Tugann sé cur síos iomlán dúinn ar an gcineál daoine ab ea na *hillbillies*, ar na radhairc a chonaic sé ar an aistear, ar an teach tábhairne agus ar na himeachtaí go léir trínar ghabh sé agus é ar a chuairt ó dheas.

d Feicimid an greann a bhaineann le carachtar an údair arís nuair a thugann sé cur síos dúinn ar na heachtraí a bhain dó agus é ar a chuairt ó dheas (c.f. **An Greann sa Chaibidil** thíos).

e Is léir gur chuir Maidhc Dainín aithne mhaith ar mhuintir Mheiriceá, mar déanann sé tagairt do cúpla eachtra staire sa chaibidil seo.

Frank O'Donnell

a Bhí Frank ina chara dílis ag an údar. Bhuaileamar leis cheana féin sa chaibidil roimhe seo.

b Is dócha, ar bhealach, go raibh sé ina rógaire. Ní raibh sé in ann a shúile a choimeád de Lena ar feadh oiread is nóiméad.

c Bhí féith an grinn go láidir ann. Rinne sé gáire croíúil faoi Mhaidhc Dainín taobh thiar den teach tábhairne.

d Duine fial flaithiúil ab ea Frank. Bhí sé sásta a charr a chur ar fáil don aistear. Cheannaigh sé deochanna do na *hillbillies.* Mar a dúirt Maidhc Dainín: 'Níor ghá dhom é a rá an dara huair leis.'

An Greann sa Chaibidil

Feicimid greann sna cásanna seo a leanas:

- Maidhc agus Frank ag ól *hooch*;
- an gunna ag an doras;
- Maidhc ag rá le Frank: 'Cuir do dhá shúil ar ais i do cheann, a bhuachaill mhaith nó an bhfuil dearmad déanta agat ar an ngunna a bhí faoi do shrón deich nóimintí ó shin?'
- an píosa tobac i súil Frank;
- an eachtra i dteach an asail (i.e., taobh thiar den teach tábhairne).

Ceisteanna le Freagairt

1 a 'Tá cuimhne an-mhaith ar fad ag Maidhc Dainín. Tugann sé cur síos iomlán dúinn ar an gcineál daoine ab ea na *hillbillies*, ar na radhairc a chonaic sé ar an aistear, ar an teach tábhairne agus ar na himeachtaí go léir trínar ghabh sé agus é ar a chuairt ó dheas.' Do thuairim uait faoi sin.

b Tuairisc ghairid a scríobh ar an gcineál duine ab ea Frank O'Donnell.

2 a 'Feicimid an greann a bhaineann le carachtar an údair arís nuair a thugann sé cur síos dúinn ar na heachtraí a bhain dó agus é ar a chuairt ó dheas.' Do thuairim uait faoi sin.

b Tuairisc ghairid a scríobh ar an gcineál duine ab ea Joshua.

3 a 'Taitníonn an comhluadar, an taisteal agus an chraic go mór le Maidhc Dainín agus tá an méid sin le feiceáil go soiléir i ngach aon chuid den chaibidil seo. Thaitin comhluadar Frank leis. Thaitin comhluadar na *hillbillies* leis. Thaitin muintir Crofton leis.' Do thuairim uait faoi sin.

b Tuairsc ghairid a scríobh ar an seisiún ceoil.

25

Galar an Ghrá

Oíche amháin nuair a tháinig mé amach as an Holiday Ballroom bhí na cosa ag lúbarnaigh fúm agus mé ólta go maith. Bhí déistin orm liom féin, mar bhí an halla lán de mhná deasa agus chaith mise an oíche ar fad ag an gcuntar. Smaoinigh mé ar m'athair a thóg an *pledge* agus é in aois a leathchéad bliain. Amach liom ar an tsráid agus bhuail mé mo lámh ar phola na soilse tráchta chun prapa a thabhairt dom féin. D'athraigh an solas agus thosaigh mé ag trasnú na sráide. Rinne mé iarracht siúl go díreach ar an líne bhán. 'Hé a Mhichíl!' a chuala mé ó charr a bhí stoptha ag na soilse. Fear ó Chiarraí Thuaidh a bhí ann. 'Léim isteach a, Mhaidhc,' ar seisean. *'I think you're a bit on the Kildare side.'* Shuigh mé isteach i gcúl an chairr agus bheannaigh mé do mo chara, Pádraig Ó Conchúir.

Chuala mé bean ag gáire ó thosach an ghluaisteáin. D'aithin mé láithreach í. Jeannie Costello a bhí ag gáire – an cailín a thug mé abhaile an oíche a raibh orm teitheadh uaithi nuair a tháinig a hathair isteach!

Bhí cailín eile ina suí taobh liom. 'Is cé tú féin nuair a bhíonn tú aige baile?' arsa mise agus mé ag iarraidh mo lámha a chur timpeall uirthi.

'Coinnigh do dhá láimh chugat féin,' ar sí, 'mar tá an oíche tugtha ag ól agat.'

Caitlín Nic Gearailt ab ainm di – ó Oileán Chiarraí – cailín ar bhuail mé léi go minic sa Keyman's Club. D'fhan sí i gcúinne an tsuíocháin agus troigh go leith slí eadrainn. D'inis Jeannie dom gurbh é an lá sin breithlá Chaitlín agus go raibh siad ag dul chuig teach Chaitlín le haghaidh braon tae agus píosa den chíste.

Chas Pat an carr ar clé isteach chuig Sráid Grace agus pháirceáil sé lasmuigh de bhungaló a raibh brící buí ar an bhfalla tosaigh air. Léim Caitlín amach agus lean an bheirt eile í. Cheap mé gurbh fhearr domsa fanacht mar a raibh mé. Nuair a bhí siad ag doras an tí chas Caitlín le hiontas agus ar sise: 'Cá bhfuil Micheál Ó Sé?' Rith sí chuig doras an ghluaisteáin agus d'oscail é. 'Era, téanam isteach chun braon tae, a Mhaidhc. Tair isteach agus ná faigh *pneumonia*.'

Shuíomar triúr chun boird – Pat agus Jeannie ag sciotraíl an t-am ar fad. Tamall ina dhiaidh sin tháinig cailín rua isteach agus mo sheanchara Mike Scollard in éineacht léi. Chuir Caitlín an cailín rua in aithne dúinn. Ba í a deirfiúr Peig a bhí inti.

'Cad é an saghas cruinniú atá anseo,' arsa Mike. 'An cruinniú de bhaitsiléirí Chiarraí atá ann?' Ansin lig sé liú as: *'Up Kerry.'*

Ní dúirt mise mórán mar ní raibh mé ag brath go rómhaith. Thóg Caitlín císte mór amach as an reoiteoir agus cuireadh ocht gcoinnle déag ann. Nuair a bhí na coinnle ar lasadh, chuir Mike ceist uirthi cén rún a ghuidh sí, ach níor inis sí é sin d'éinne.

A fhad is a bhí Caitlín ag gearradh an chíste thosaigh Mike ag scéalaíocht. Seo an scéal a d'inis sé:

> Seachtain sula ndearna Mike a chéad Chomaoineach tháinig an sagart chun na scoile chun na scoláirí a cheistiú. An mhaidin chéanna fuair seanduine, a raibh cónaí air ag an gcrosbhóthar, bás. Labhair an sagart le Mike: *'Scollard, who died on the Cross?'* D'fhreagair Mike gan smaoineamh: *'The Kaiser'* ar seisean. B'in é an t-ainm a bhí ar an bhfear a fuair bás!

Leis an ngáire a rinne Pat O'Connor phléasc a raibh ina bhéal aige den chíste ar fud an bhoird!

Mar a deir an seanfhocal, tarraingíonn scéal scéal eile, agus mar sin a bhí againne an oíche sin. Bhí Caitlín ina suí in aice liomsa agus bhí sé a cúig a chlog sula raibh a fhios againn – agus lán mo dhá shúl bainte agam as Caitlín. Cén mí-ádh a bhí orm gur ól mé an méid sin an oíche sin? Tar éis gach beart a thuigtear, ar ndóigh. Nuair a bhíomar ag imeacht bhraith mé Caitlín ag teacht i mo dhiaidh. I ngan fhios do gach éinne eile chuir sí blúire páipéir isteach i mo phóca. Nuair a bhí mé i mo shuí sa ghluaisteán d'oscail mé an fhuinneog agus dúirt mé léi go gcuirfinn glaoch teileafóin uirthi i rith na seachtaine.

Ní raibh mo chloigeann ar fónamh nuair a bhí mé ag Aifreann a dó dhéag an mhaidin ina dhiaidh sin. I rith an Aifrinn ar fad agus mé ag iarraidh paidir a rá, thagadh Caitlín Nic Gearailt agus a gúna deas gorm os comhair mo shúl. Rinne mé mo dhícheall í a chur as m'aigne. Rinne mé iarracht fhánach paidir a rá. Ansin smaoinigh mé ar an mblúire páipéir. Chuir mé mo lámh i bpóca clé mo chasóige. Ní raibh an blúire páipéir ann. Ní raibh sé sa phóca deas ach oiread. Shíl mé ansin nach raibh in imeachtaí na hoíche roimhe sin ach brionglóid. 'Ó go maithe Dia dhom mo pheacaí,' arsa mise liom féin, 'agus nach orm atá an cúram i lár an Aifrinn bheannaithe.'

Bhí an dinnéar ullamh ag Máirín nuair a shroich mé an t-árasán. Chuir Máirín ceist orm cén t-am ar tháinig mé abhaile an oíche roimhe sin. D'inis mé di go raibh an lá ag gealadh nuair a tháinig mé isteach agus chuir mé ceist uirthi an bhfuair sí mo bhlúire páipéir. Ní raibh sí sásta le m'iompar agus ar sise: 'An í siúd a choimeád amuigh thú go maidin?'

D'fhreagair mé go ciotrúnta í. 'Cogar anois, tá mo mháthair in Éirinn.' Rinne sí gáire agus d'inis sí dom go raibh an píosa páipéir i muga thuas ar an gcupard. Rinne mé iarracht breathnú ar an teilifís tar éis an dinnéir, ach ní raibh suim agam i gclár ar bith. Ag smaoineamh ar an spéirbhean a bhí mé an t-am ar fad. Ar deireadh thiar bhris ar m'fhoighne agam agus chuir mé glaoch gutháin uirthi. Thug mé cuireadh di teacht chuig an rince liom an oíche sin. Ghlac sí go fonnmhar leis an gcuireadh.

Bhí banna ceoil Johnny O'Connor ag seinm sa Keyman's an oíche sin. Chomh luath is a bhíomar san áit rug Caitlín ar láimh orm agus ba é sin an chéad rince againn le chéile. Bhí sí chomh héadrom le héan ar a cosa. Chuir mé ceist uirthi cár fhoghlaim sí a cuid rince. 'I halla beag i Scairteach an Ghleanna cheithre mhíle ó Oileán Chiarraí,' ar sise. Níor chaith mé mo chuid ama ag an gcuntar an oíche sin! Agus deirimse leat nár mhothaíomar an oíche sin ag imeacht.

Nuair a bhí an rince deireanach ar siúl bhuaileamar le Jeannie Costello agus Pat O'Connor a bhí ag rince le chéile. Dúirt Jeannie rud éigin i gcogar le Caitlín agus thosaigh siad ag rince arís. Tar éis tamaill chuir mé ceist ar Chaitlín cén rún a d'inis Jeannie di. Bhí leisce uirthi mé a fhreagairt, ach, ar deireadh thiar dúirt sí: 'Bhí Jeannie ag rá liom gur *one-night stand* thú!'

Ansin dúirt Caitlín rud a fhanfaidh i mo cheann go deo. 'Tuig rud amháin,' a dúirt sí, 'nílim ad chur isteach i gcúinne in aon chor, más maith leat is féidir leat deireadh a chur leis. Ach mura dteastaíonn sin uait is ormsa a bheidh an t-áthas.' Sea, ambaist, bhí cion ag an ainnir orm. 'Déarfainn go bhfuil formad ar Jeannie liom,' arsa Caitlín.

'Anois, a Chaitlín,' arsa mise, 'abair le Jeannie i gcogar eile go bhfuil coinne againn Dé hAoine seo chugainn.' Bhí áthas an domhain uirthi é sin a chloisteáil. Dúirt mé léi go dtógfaimis oíche sa turas é as sin amach. D'fháisc sí chugam ansin agus chuaigh mothú éigin leictreach trí mo chorp. Bhí cineál tuairime agam go raibh mé buailte ag galar an ghrá.

Ní bhíodh lá sa tseachtain nach mbímis le chéile ina dhaidh sin. Chuir mé in iúl di nár mhaith liom fanacht i Meiriceá go deo. Dúirt sise go mbeadh sí sásta filleadh ar Éirinn liom. Nuair a bheadh deich mbliana curtha isteach i Meiriceá againn bheadh go leor airgid againn chun go mbeimis ábalta imeacht.

Pósadh sinn ar an ochtú lá fichead d'Aibreán 1962. Toisc aithne mhaith a bheith ag daoine orm (i ngeall ar an gceol) bhí orainn pósadh mór a bheith againn. Ba iad Joe Cooley, Séamas Cooley agus Mike Keane an triúr ceoltóirí a hireáladh, ach bhí a lán ceoltóirí eile i láthair freisin, cuid mhaith acu ó Oileán Chiarraí agus ó Chorca Dhuibhne. Bhí neart seiteanna againn agus bhailigh na ceoltóirí go léir le chéile in aon chúinne amháin ag deireadh na hoíche. Bhí leisce orm imeacht ón gceol breá sin ar deireadh thiar.

Chuireamar fúinn in árasán Chaitlín. Lean sise ag obair in áit ina bpacáladh siad tae agus d'fhan mise ag obair i Sears Roebuck agus ag seinm trí oíche sa tseachtain.

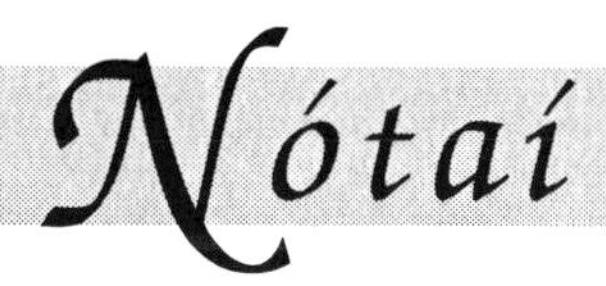

Nótaí

Na Pearsana sa Chaibidil Thuas

- **a** Maidhc Dainín
- **b** Caitlín Nic Gearailt
- **c** Pádraig Ó Conchúir
- **d** Jeannie Costello
- **e** Peig
- **f** Mike Scollard
- **g** Máirín
- **h** Johnny O'Connor
- **i** Joe Cooley
- **j** Séamas Cooley
- **k** Mike Keane

Príomhphointí na Caibidle

- **a** Maidhc Dainín ar meisce
- **b** Sa ghluaisteán le Pat, Jeannie agus Caitlín
- **c** Breithlá Chaitlín
- **d** Mike Scollard agus *The Kaiser*
- **e** Blúire páipéir agam i mo phóca
- **f** Aifreann gan phaidir
- **g** Sa Keyman's le Caitlín
- **h** *One-night stand?*
- **i** Pósta

Maidhc Dainín

- **a** Feicimid, mar a chonaiceamar go minic cheana féin, gurb é an tréith is láidre a bhaineann le Maidhc Dainín ná gur féidir leis gáire a dhéanamh faoi féin. Tugann sé cur síos greannmhar dúinn ar an gcaoi a raibh sé ólta agus ar an gcaoi a raibh air é féin a phrapáil i gcoinne cuaille na soilse tráchta.
- **b** Feicimid go minic sa leabhar seo go mbíonn dánacht ag baint le Maidhc Dainín nuair a thagann mná i gceist. Ní haon ionadh go ndúirt Caitlín: 'Coinnigh do dhá láimh chugat féin.'
- **c** Baintear geit asainn sa chaibidil seo nuair a fheicimid gur duine rómánsach é Maidhc Dainín. Mar a dúirt sé féin sa leabhar: 'Is dócha go dtagann galar an ghrá aniar aduaidh ar gach éinne.'
- **d** Cé nach mbeadh sé i gceist ag an léitheoir a rá gur duine diaganta ná cráifeach é Maidhc Dainín, is léir ón tagairt a dhéanann sé don Aifreann nár chaill sé a chreideamh riamh.
- **e** Tá grá mór ag Maidhc Dainín dá bhean chéile, Caitlín, agus is léir an méid sin sa chur síos a thugann sé uirthi sa chaibidil seo.
- **f** Tá neart fianaise againn sa chaibidil seo go bhfuil grá mór ag Maidhc Dainín don cheol. Ba iad Joe Cooley, Séamas Cooley agus Mike Keane an triúr ceoltóirí a hireáladh lá na bainise, ach bhí a lán ceoltóirí eile i láthair freisin. Bhí neart seiteanna acu agus bhailigh na ceoltóirí go léir le chéile in aon chúinne amháin ag deireadh na hoíche. Bhí leisce ar Mhaidhc Dainín imeacht ón gceol breá sin ag deireadh na hoíche.

Caitlín Nic Gearailt

a Ba mhinic roimhe sin a bhuail Maidhc Dainín le Caitlín sa Keyman's Club, ach níor thug sé mórán aird uirthi, de réir dealraimh, go dtí an oíche áirithe sin a raibh sé ar meisce.

b Nuair a bhuail sí le Maidhc Dainín an oíche sin bhí seisean ólta. Ní dócha go dtitfeadh sí i ngrá le meisceoir. Is léir, mar sin, go bhfaca sí Maidhc Dainín go minic roimhe sin agus go raibh áthas uirthi bualadh leis – bíodh sé ólta nó ná bíodh.

c Tá sí in ann í féin a chosaint go maith: 'Coinnigh do dhá láimh chugat féin,' ar sí, 'mar tá an oíche tugtha ag ól agat.'

d Tá neart fianaise againn gur thit sí go domhain i ngrá le Maidhc:

- Nuair a cheap sí nach raibh seisean ag teacht isteach sa teach an oíche sin chas sí le hiontas agus ar sise: 'Cá bhfuil Micheál Ó Sé?' Rith sí chuig doras an ghluaisteáin agus d'oscail é. 'Era, téanam isteach chun braon tae, a Mhaidhc. Tair isteach agus ná faigh *pneumonia*.'
- Sháigh sí blúire pápéir isteach ina phóca ionas go ndéanfadh sé teagmháil léi.
- Bhí áthas an domhain uirthi nuair a chuir sé an glaoch gutháin uirthi.

e Bean mhacánta réadúil is ea í. Tá an méid sin soiléir ó na focail seo a leanas uaithi: 'Tuig rud amháin,' a dúirt sí, 'nílim ad chur isteach i gcúinne in aon chor, más maith leat is féidir leat deireadh a chur leis. Ach mura dteastaíonn sin uait is ormsa a bheidh an t-áthas.'

f Deir Maidhc linn gur bean álainn atá inti: 'Fámaire breá dathúil de chailín ab ea í, ar m'anam.' Bhí gúna gorm uirthi an oíche sin agus bhí sí 'chomh héadrom le héan ar a cosa'.

An Greann sa Chaibidil

Tá neart samplaí den ghreann sa chaibidil seo:

- Maidhc Dainín ar meisce.
- An cheist a chuir Maidhc Dainín ar Chaitlín: 'Is cé tú féin nuair a bhíonn tú aige baile?'
- Focail Chaitlín le Maidhc Dainín: 'Coinnigh do dhá láimh chugat féin,' ar sí, 'mar tá an oíche tugtha ag ól agat.'
- An scéal a bhí ag Mike Scollard – *The Kaiser.*
- An argóint idir Mhaidhc Dainín agus a dheirfiúr, Máirín.

Stíl

- **a** Is é an rud is taitneamhaí a bhaineann le scríbhneoireacht an údair seo ná **an tsimplíocht** a bhaineann leis an gcaoi ar féidir leis cur síos a thabhairt dúinn ar eachtraí a tharla dó. Is minic a dúramar é sin i dtaobh na gcaibidlí roimhe seo. Tá an rud céanna fíor anseo.
- **b** Éiríonn le Maidhc **cuntas beo suimiúil** a thabhairt dúinn ar an gcaoi ar bhuail sé le Caitlín, ar an gcaoi ar fhás an grá eatarthu, agus ar an gcineál duine ab ea Caitlín.
- **c** Tá cúpla seanfhocal deasa aige:
  - 'Tarraingíonn scéal scéal eile' – i.e., Tagann fonn ar dhaoine scéalta a insint nuair a bhíonn an chéad scéal cloiste acu.
  - 'Tar éis gach beart a tuigtear' – i.e., Is minic nach dtuigimid cúrsaí i gceart go dtí go mbíonn an dochar déanta againn.

Ceisteanna le Freagairt

1 **a** 'Baintear geit asainn sa chaibidil seo nuair a fheicimid gur duine rómánsach é Maidhc Dainín. Mar a dúirt sé féin: "Is dócha go dtagann galar an ghrá aniar aduaidh ar gach éinne".' Cuntas gairid uait ar rómánsachas Mhaidhc Dainín.

b Tuairisc ghairid a scríobh ar an bpáirt a bhí ag Mike Scollard sa chaibidil seo.

2 **a** 'Tá grá mór ag Maidhc Dainín dá bhean chéile, Caitlín, agus is léir an méid sin sa chur síos a thugann sé uirthi sa chaibidil seo.' Do thuairim uait faoi sin.

b Tuairisc ghairid a scríobh ar an oíche a raibh an t-údar ar meisce.

3 **a** Cuntas cruinn uait ar a bhfuil le rá ag Maidhc Dainín i dtaobh Chaitlín sa chaibidil seo.

b Tuairisc ghairid a scríobh ar an ngreann sa chaibidil seo.

26

I Mo Cheann Roinne

Sa bhliain 1962 thairg an bainisteoir post dom mar Cheann Roinne. Dar liomsa ní raibh go leor oideachais orm chun an jab sin a dhéanamh, ach dúirt seisean go raibh gach jab i mo thimpeall ar eolas go maith agam. Gheobhainn pá maith agus bónas ag deireadh na bliana leis. Ghlac mé leis an ardú céime go fonnmhar.

An bhliain ina dhiaidh sin bhí neart oibre le fáil i Chicago agus bhí daoine gorma ag teacht chun cinn freisin. Bhí clú ar leithéidí Martin Luther King agus Jesse Jackson. Bhí na Democrats i gceannas sa Teach Bán agus bhí John Fitzgerald Kennedy ag déanamh a dhíchill na cearta sibhialta a thug Lincoln do na daoine gorma a chur i bhfeidhm.

Ar 22ú Samhain 1963 bhí mé i seomra lóin Sears Roebuck ag imirt *draughts* le Bob Rolver. Bhí ceol ar siúl ar an raidió. Go tobann stop an ceol agus chualamar an drochscéala: 'Scaoileadh urchar le hUachtarán Mheiriceá agus é ag taisteal i *motorcade* i nDallas Texas leathuair an chloig ó shin...'

Thit ciúnas agus iontas ar an seomra. Deich nóiméad ina dhiaidh sin tháinig scéala go bhfuair an tUachtarán bás ar a bhealach go dtí an t-ospidéal. Ar ais linn chuig an suíomh oibre, áit a mbíodh daoine ag rith soir siar de ghnáth. Bhí gach éinne beagnach ina lánstad leis an ngeit a baineadh astu. 'Cad a dhéanfaimid anois?' – an cheist a bhí mbéal gach duine. Bhí mé féin chomh mór sin trí chéile agus dá mba é mo dheartháir féin a bhí curtha chun báis. Bhí sé de phribhléid agam lámh a chroitheadh leis cúpla bliain roimhe sin nuair a bhí sé ag canbhasáil i Chicago. Agus mé ag siúl timpeall ar na hoibrithe thug mé faoi deara go raibh roinnt de na cailíní gorma ag caoineadh. 'Ó tá ár nAbe Lincoln marbh,' arsa duine acu liom.

Ghoill bás an Chinnéidigh go mór ar an gcine gorm agus ar na hÉireannaigh. Bhí a lán oibre déanta aige ar son na ndaoine gorma. Níorbh aon ionadh gur ghoil Martin Luther King ar a thuama lá na sochraide. Cé go raibh a lán déanta ag an Uachtarán ar a son bhí na daoine gorma mífhoighneach fós chun poist a fháil nach raibh cáilíochtaí acu dóibh. Bhí raic ar siúl idir an cine geal agus na daoine gorma sna stáit ó dheas. Bhí gobharnóir i stát Alabama darbh ainm George Wallace a bheadh sásta an íde chéanna a thug Hitler do na

Giúdaigh a thabhairt do na daoine gorma. Bhí Martin Luther King ag troid chun cead a fháil do na daoine gorma clárú sna hollscoileanna i stát Alabama. Sheas Wallace agus garda armtha ag doras ollscoile amháin agus dúirt sé go scaoilfí na gunnaí le haon scoláire gorm a thiocfadh thar an tairseach.

Nuair a thosaigh na daoine gorma ag máirseáil ar dtús níor tharla aon trioblóid, ach ní raibh aon toradh ag teacht ar a gcuid oibre agus d'éirigh siad mífhoighneach. Ba mhinic a leanadh trioblóid an mháirseáil ansin. Tháinig eagla ar an gcine geal ansin go ndéanfadh na daoine gorma ionsaí ar na ceantair ina raibh siadsan ina gcónaí.

Ba i 1966 a thosaigh an chíréib ar fad i Chicago. Bhí Sears Roebuck suite i gceantar ina raibh daoine gorma ina gcónaí. Thosaigh an comhlacht ag tabhairt post dóibh agus níorbh fhad go raibh níos mó den chine gorm ná den chine geal san áit. Bhí samhradh an-te againn an bhliain sin. Ní raibh mórán áiseanna do dhaoine óga i Chicago agus bhí arásáin os cionn a chéile gan halla ná ionad spóirt i ngiorracht cúpla míle dóibh. Daoine gorma ab ea formhór na ndaoine a chónaigh sna hárasáin. Taobh istigh de cúig nó sé cinn de bhlianta bhí an áit ina *ghetto* ó Pulaski Road go dtí *Skid Row*, áit a mbíodh na *winos* – agus uaidh sin suas go Loch Michigan. Bhíodh ormsa tiomáint tríd an gceantar sin gach lá. Ní raibh fiú linn snámha sa cheantar. Nuair a bhíodh an aimsir an-te bhaineadh na hógánaigh na clúdaigh de na hiodraint uisce agus thagadh an t-uisce amach mar a bheadh tobar ola. Bhíodh na hógánaigh in ann iad féin a fhuarú sa chaoi sin, agus cé a chuirfeadh an milleán orthu?

I mí Iúil 1966 bhí máirseálacha, círéibeacha agus murdar i gcathracha mar Chicago, Brooklyn, Omaha, Baltimore, San Francisco agus Jacksonville. Toisc mé a bheith ag obair i lár an *ghetto* bhí eagla orm. Lá amháin bhí mé ag tiomáint mo Volkswagen ó thuaidh ar Homan Avenue agus bhí gach hiodrant ar gach taobh ag séideadh uisce ar fud na háite. Pé dream a bhí i bhfeighil an uisce sa chathair chas siad amach é. Thosaigh daoine ag cruinniú ag na cúinní. Bhris siad fuinneoga agus d'ardaigh siad earraí leo as na siopaí. Níorbh fhada go raibh na siopaí curtha trí thine acu. Tháinig na póilíní ó gach taobh den chathair. 'Is fearr rith maith ná drochsheasamh,' arsa mise liom féin agus d'imigh mé ó thuaidh go tapa. Bhí áthas an domhain orm nuair a bhain mé mo theach féin amach.

Fuair mé amach ar nuacht na teilifíse gur maraíodh óganach gorm agus gur gortaíodh seisear póilíní. Gabhadh os cionn trí chéad caoga duine agus cuireadh tithe trí thine i gceantair na ndaoine geala. Bhí eagla orm nuair a smaoinigh mé ar an aistear chun na hoibre a bhí romham an lá ina dhiaidh sin. Phléigh mé féin agus Caitlín cúrsaí an oíche sin agus bhí a fhios againn go raibh athrú mór tagtha ar Chicago.

Bhí sé in am againn a bheith ag smaoineamh ar bhogadh linn as an áit.

Ag taisteal dom tríd an gceantar an mhaidin ina dhiaidh sin chonaic mé leoraí airm agus fiche saighdiúir le gunnaí ina seasamh in aice leis. Buíochas le Dia, bhí Mayor Daley tar éis an Garda Náisiúnta a chur ar diúité. Chonaic mé saighdiúirí eile agus gunnaí ar tinneall acu ar dhá thaobh na sráide idir Madison agus Arlington. Ní raibh gnáthdhaoine le feiceáil ar na sráideanna. Is dócha go raibh eagla orthu. Mar réiteach ar an bhfadhb cuireadh caipíní speisialta ar na hiodraint ionas go dtiocfadh roinnt uisce astu, gan an stóras a chur i mbaol agus chuirfí linnte snámha plaisteacha anseo is ansiúd go dtí go mbeadh seans ag na húdaráis cinn seasmhacha a chur ina n-áit.

Nótaí

Na Pearsana sa Chaibidil Thuas

- **a** Maidhc Dainín
- **b** Caitlín
- **c** Martin Luther King
- **d** Jesse Jackson
- **e** John Fitzgerald Kennedy
- **f** Bob Rolver
- **g** Abe Lincoln
- **h** George Wallace
- **i** Mayor Daley

Príomhphointí na Caibidle

- **a** Ardú céime
- **b** Neart jabanna
- **c** King, Jackson agus Kennedy
- **d** Cearta sibhialta á lorg
- **e** Marú an Uachtaráin
- **f** Ciúineas sa suíomh oibre
- **g** Díomá ar Éireannaigh agus ar an gcine gorm
- **h** Mífhoighne ar dhaoine gorma
- **i** George Wallace dian ar an gcine gorm
- **j** Máirseálanna agus círéibeacha
- **k** Círéib agus murdar i Chicago
- **l** *Ghetto*

m An t-údar agus a Volkswagen i mbaol
n Círéib, tinte agus murdar i Chicago
o Eagla agus imní ar Mhaidhc agus ar Chaitlín
p An Garda Náisiúnta
q Cabhair ó Mayor Daley

Maidhc Dainín

a Is dócha go gcaithimid a rá gur oibrí maith é Maidhc Dainín. Murach sin ní bhfaigheadh sé ardú céime!
b Feicimid sa chaibidil seo go gcreideann Maidhc Dainín Ó Sé i gcothrom na Féinne do gach éinne – gorm agus geal. Sin an fáth ar thug sé caibidil iomlán dá leabhar don ábhar seo.
c Bhí meas mór ag Maidhc ar John F. Kennedy. Bhí díomá an-mhór air nuair a dúnmharaíodh an tUachtarán.
d Mar an gcéanna bhí meas ag Maidhc Dainín ar na ceannairí gorma – Martin Luther King agus Jesse Jackson – agus, ar ndóigh, ar Mayor Daley.

Eolas ar Chúrsaí Chiníochais

Tugtar roint mhaith eolais dúinn sa chaibidil seo ar ar tharla i ngeall ar an drochíde a tugadh do na daoine gorma:

- Martin Luther King agus Jesse Jackson ag déanamh dul chun cinn
- Na Democrats agus John F. Kennedy ag cabhrú
- Dúnmarú an Uachtaráin
- Martin Luther King ag caoineadh ar thuama Uí Chinnéide
- Daoine gorma ag éirí mífhoighneach
- George Wallace ag cur i gcoinne na ndaoine gorma
- Máirseálanna agus círéibeacha
- An *ghetto*
- Círéib mhór i Chicago
- Mayor Daley agus an Garda Náisiúnta

Stíl

a Is é an rud is taitneamhaí a bhaineann le scríbhneoireacht an údair seo ná **an tsimplíocht** a bhaineann leis an gcaoi ar féidir leis cur síos a thabhairt dúinn ar eachtraí a tharla dó. Is minic a dúramar é sin i dtaobh na gcaibidlí roimhe seo. Tá an rud céanna fíor anseo.

b Tugann Maidhc **cuntas beo suimiúil** dúinn ar fhadhb an chiníochais sna Stáit Aontaithe agus ar an trioblóid a tharla dá bharr.

c Tá seanfhocal deas aige:

- 'Is fearr rith maith ná drochsheasamh' – i.e., Is maith an rud é teitheadh nuair atá a fhios againn nach bhfuil seans againn má sheasaimid an fód.

Ceist le Freagairt

1 a 'Tugann Maidhc cuntas beo suimiúil dúinn ar fhadhb an chiníochais sna Stáit Aontaithe agus ar ar tharla dá bharr.' Do thuairim uait faoi sin.

b Tuairisc ghairid a scríobh ar a bhfuil le rá ag Maidhc Dainín i dtaobh John F. Kennedy.

27

Ag Tabhairt faoi Abhaile

Rugadh ár mac, Caoimhín, sa bhliain 1966, agus rugadh ár n-iníon, Deirdre, sa bhliain 1968. Bhíomar bródúil as na hainmneacha breátha Gaelacha a thugamar dóibh. Maidir le mo phost oibre, bhí daoine gorma ag rá go raibh mé fabhrach leis na hoibrithe geala, agus bhí daoine geala ag rá gur *nigger lover* mé. Tráthnóna amháin taobh amuigh de dhoras Sears Roebuck labhair beirt fhear ghorma liom agus dúirt duine acu: 'Tá cailín amháin ag obair duit agus b'fhearr duit féin gan a bheith róchruaidh uirthi.'

Níor thaitin an chaint sin liom. Phléigh mé an cheist le Caitlín an oíche sin. Rinneamar suas ár n-aigne láithreach go rachaimis abhaile go hÉirinn. B'fhearr liomsa a bheith i mo bhochtán ná bheith ag luí síos faoi aon duine agus, dar liom féin, tá an saol seo róghairid chun maireachtáil faoi bhrú den chineál sin.

Labhair mé le mo dheartháir Seán an oíche sin agus d'inis mé mo scéala dó. Chuir sé ceist orm conas a gheobhainn post sa Charrachán. Dúirt mé leis go raibh scannán mór á dhéanamh thiar ansin.

Is éard a dúirt sé ná: 'Tá taithí agatsa ar a bheith ag déanamh airgead mór anois, tá taithí agat ar ghluaisteán, ar theilifís agus gach áis eile. Deinim amach go bhfuil tú glan scuabtha as do mheabhair. Cad mar gheall ar an dtaisreacht atá sna tithe thiar ansin agus gan aon teas iontu?'

'An cuimhin leat cad deireadh ár n-athair?' arsa mise. '"Téigh do thóin le móin an Ghurráin, ní fhéadfá í a théamh le móin níos fearr." Sin teas nádúrtha, a bhuachaill, agus ní hé an *steam heat* atá anseo acu.'

Laistigh de mhí bhíomar ullamh. Sheolamar fiche éigin beartán abhaile romhainn sa phost. Chuamar ar bord eitleáin in aerfort O'Hara ar 19ú Márta 1969. Bhí mé féin, Caitlín, Caoimhín agus Deirdre ar ár mbealach go hÉirinn.

Nótaí

Na Pearsana sa Chaibidil Thuas

- **a** Maidhc Dainín
- **b** Caitlín
- **c** Caoimhín
- **d** Deirdre
- **e** Beirt fhear ghorma
- **f** Seán

Príomhphointí na Caibidle

- **a** Breith na bpáistí
- **b** Fadhbanna le gorm agus geal
- **c** Rabhadh
- **d** Ag dul abhaile

Maidhc Dainín

- **a** Is léir go ndearna Maidhc Dainín a dhícheall cothrom na Féinne a thabhairt do na hoibrithe. Bhí an dá thaobh – gorm agus geal – ag gearán.
- **b** Duine ciallmhar ba ea é. Thuig sé nárbh aon mhaith seasamh i gcoinne na trioblóide.

Ceisteanna Ginearálta

1. Cén t-eolas a fhaighimid sa leabhar seo faoi shaol an duine óig i Londain le linn don údar a bheith ann?

2. Tabhair cuntas ar a bhfuil le rá ag Maidhc Dainín faoi bheirt acu seo a leanas: *An Máistir Scoile; Caitlín Nic Gearailt; Joe Cooley.*

3. 'Duine misniúil maith is ea Maidhc Dainín, ach tá iarracht den rógaire ann chomh maith.' É sin a phlé.

4. Tabhair cuntas ar a bhfuil le rá ag Maidhc Dainín faoi bheirt acu seo a leanas: *Frank O'Donnell; Liam Ó Cíobháin; Dónall, deartháir an údair.*

5. Déan cur síos ar a bhfuil le rá ag Maidhc Dainín i dtaobh cúrsaí oibre i Londain le linn dó a bheith ann.

6. Tabhair cuntas ar a bhfuil le rá ag Maidhc Dainín faoi bheirt acu seo a leanas: *George Smith; Tomás Mac Cárthaigh; Colmán Ó Neachtain.*

7. 'Bhí neart cairde dílse ag Maidhc Dainín.'
Do thuairim uait faoi sin i gcás beirt de na cairde sin.

8. Tabhair cuntas ar a bhfuil le rá ag Maidhc Dainín faoi bheirt acu seo a leanas: *Maidhc an Adhmaid, Seán Mór Ó Domhnaill; Eibhlín Ní Shúilleabháin.*

9. Déan cur síos ar a bhfuil le rá ag Maidhc Dainín faoi chúrsaí bunscoile.

10. Déan cur síos ar a bhfuil le rá ag Maidhc Dainín faoin gceardscoil sa Daingean.

11. Déan cur síos ar a bhfuil le rá ag Maidhc Dainín faoina thuismitheoirí.

12. Déan cur síos ar a bhfuil le rá ag Maidhc Dainín i dtaobh cúrsaí ceoil i Londain.

13. Déan cur síos ar a bhfuil le rá ag Maidhc Dainín i dtaobh cúrsaí ceoil i Chicago.

14 Cén t-eolas a thugann Maidhc Dainín dúinn i dtaobh na *hillbillies*? Bíodh tagairt agat do bheirt charachtar, ar a laghad, i do fhreagra.

15 Tabhair cuntas ar a bhfuil le fáil sa leabhar faoin gcaoi ar chaith Maidhc Dainín leis na mná.

16 Tabhair cuntas ar a bhfuil le rá ag Maidhc Dainín faoi bheirt acu seo a leanas: *Dainín; Mike Scollard; an Cigire Scoile, An Mháistreás Scoile.*

17 'Ar bhealach is béaloideas gaisce cuid mhaith dá bhfuil ar siúl ag an údar, cur síos ar a óige i nGaeltacht Chiarraí sna daichidí agus sna caogaidí, agus ar a shaol oibre agus caithimh aimsire ó shin, sa bhaile agus i gcéin,' a deir Gréagóir Ó Dúill. Do thuairim uait faoi sin.

18 Déan cur síos ar a bhfuil le rá ag Maidhc Dainín maidir le cúrsaí ciníochais sna Stáit Aontaithe.

19 Tabhair cuntas ar an gcineál saoil a bhí ag an údar nuair a bhí sé i Londain agus ar an gcineál oibre a bhí á dhéanamh aige.

20 Tabhair cuntas ar an gcineál saoil a bhí ag an údar nuair a bhí sé i Meiriceá agus ar an gcineál oibre a bhí á dhéanamh aige.

21 'Cuireann scéal Mhaidhc go mór lenár dtuiscint ar shaol na n-imirceach Éireannach.' É sin a phlé.

Foclóir

Is í uimhir an leathanaigh atá san imeall.

5 **gallúnach chomónta** *ordinary soap*
céir *wax*
téanam ort *come on*
mór a dhóthain *big enough*
i mo theannta *with me*
go scáfar *fearfully*
go truamhéileach *piteously*
formhór *majority*
leasainm *nickname*
bruíon *argument/fight*
laistiar de *behind*
íde béil *verbal abuse*
mallaithe *cross/damned*
a dhá ghéag *his two arms*
leata amach *wide open*
dorn, doirne *fist,fists*
iata *closed*
pus *face*
á shá *being shoved*

6 **díog** *drain*
binn *gable*
a chúlú *to move backwards*
falla stroighne *cement wall*
fogha fíochmhar *fierce rush*
goile *belly*
ar fhleasc mo dhroma *on the broad of my back*
stiall *lash*
fuinseog *ash*
ag imirt caide *playing football*
báidí *goal posts*
lánchúlaí *full back*
lántosaí *full forward*
ach oiread *either*

7 **tréith** *trait*
greannmhar *funny*
gliceas *cuteness*
is taitneamhaí *most likeable*
eachtraí *incidents*

8 **conspóidí** *disputes*
fírinne an ráitis *the truth of the statement*
fianaise *evidence*
tobair an dúich *the ink wells*
snas *polish*
clúdaigh phráis *brass covers*
smúid *dirt*
de ghlanmheabhair *by heart*
slat fuinseoige *ash 'plant'*
ceomhar *foggy*
den chéad scoth *first class*
léann *education*
anbhá *panic*
ag cogarnaigh *whispering*
sibhialta *civil*
lách *pleasant*
faoi bhráid an deontais *for the grant*
duine sa turas *one person at a time*

9 **bradaí** *thief*
gort coirce *corn field*
braitheann sé *it depends*
iascaire séasúir *one who fishes during a certain season*
lá breise *extra day*
bliain bhisigh *leap year*
d'fhonn is *in order that*
féilire *calendar*
ré *moon*
macánta *gentle (Munster)*
aidhm *aim*
scolaíocht *education*
seanchaí *traditional storyteller*
drogall *reluctance*
ciarsúr *handkerchief*
deabhadh *haste*
dá sloigfeadh an talamh *if the ground were to swallow*
colpa *calf of leg*
dorn liostraim *fistful of wild iris*
ag portaireacht *singing*

10 **ceird** *craft*
inneoin *anvil*
siosúr *scissors*

casúirín pointeálta *little pointed hammer*
ribhití *rivets*
a liocú *to flatten*
breis is *more than*
bladhmsach thine *blazing fire*
scaifléirí *scapulars*
boinn bheannaithe *holy medals*
iallacha bróg *shoe laces*
gráinne *grain*
déirc *alms*
maircréal *mackerel*
naomhóg *currach*
gibiris *gibberish*
scraithín *divot/sod of grass*
geir *fat*
bladhmanna *flames*
scaipeadh na mionéan *the scattering of the little birds*
ag liú *shouting*
ag mallachtach *cursing*
lom díreach *immediately*
moill *delay*
scata caorach *flock of sheep*
cloigeann *head*
ata *swollen*
brú fola *blood pressure*
go bagrach *menacingly*
crústaigh *throw*
sceitheadh *tell/'squeal'*
hainse *slap*
léasadh *hiding*

11 **spiaire** *traitor*
rí ná rath *good luck*
díbir *eject*
gamhain *calf*
searrach *foal*
luch/luichín *mouse*
piscín *kitten*
ar chomhthoirt *of the same size*
cacann sé *he voids excrement*
meabhair ná ciall *common sense*
ag scréachaigh *screaming*
béicigh *shouting*
ramhrú maith *a good hiding*
ar ár ndicheall *to the best of our ability*

12 **eachtra** *incident*
seansaíochtaí *old values*
ionann *same*
dílseacht *loyalty*
cuimhne ghéar *sharp memory*
urraim *respect*

13 **iallach** *compulsion*
díograiseach *dutiful*
pointeálta *fussy about getting things right*
féith an ghrinn *sense of humour*
lách *pleasant*
den scoth *the very best*
snámh in aghaidh easa *effort in vain*
smacht *control*
gáirsiúlacht *obscenity*

14 **ina chumas** *in his power*
stíl shimplí nádúrtha *simple natural style*
fianaise *evidence*
cruinn *exact*

15 **bothántaíocht** *nightly visiting*
íle *oil*
corcán *pot*
á bheiriú *being boiled*
croch iarainn *iron hanger (i.e. crook)*
cránacha *sows*
cadhnra *battery*
braitlín *sheet*
argóint *argument*
toirmeasc *dissension*
díomhaointeas *idleness*
bosca *accordion*
cur amach *experience/knowledge*
aisteach *strange*

16 **ag baint suilt as** *enjoying*
níos cóngaraí *nearer*
fónta *wholesome*
púcaí *ghosts*
cuideachta *company*
scéalaithe *storytellers*
den scoth *first class*
leathan *wide*
téagartha *big*

cogadh *war*
cleasaí *trickster*
sárscéalaí *excellent storyteller*
scéalta seoigh *funny stories*
gal *inhalation of smoke*
scamhóga *lungs*
naomhóg *small fishing boat*
poll na heochrach *the keyhole*
ballach *wrasse (type of fish)*
priocadh *'bite'*
druidim aníos *to move up*
feá *fathom*
pollóg *pollock*
lag trá *low tide*
ábhar tine *fuel for fire*
pluais *cave*
beiriú *to boil*
aontaigh *agree*

17 **ag glinneáil** *winding (of fishing line)*
ag taoscadh *bailing*
sciléad *skillet*
liathbhán *pale*
ócáidí speisialta *special occasions*
an tréith is láidre *the strongest trait*

18 **eachtraí greannmhara** *funny incidents*
mórtas cine *pride of race*
leideanna *hints*
ag útamáil *fumbling*
cnaipí *buttons*
cuideachta *company*
fianaise *evidence*

19 **ar bís** *excited*
pléasc *burst*
ag feidhmiú *operating/working*
cadhnra *battery*
bua na scéalaíochta *the gift of storytelling*
gan amhras *without doubt*
annamh *seldom*

20 **bua na cuimhne** *a talent for memory*
tábhacht *importance*
san áireamh *being considered (context)*

21 **bradán** *salmon*
teorainn *border*
braitheann *depends*
domhain *deep*
tanaí *shallow*
gann *scarce*
neamhdhleathach *illegal*
ceird *art*
scileanna áirithe *certain skills*
port *bank (of stream)*
traimil *trammel-net*
mogall *mesh*
breac geal *sea trout*
píce *pike*
a shá *to pierce*
fiáin *wild*
clú *fame*
faoi chlár *laid out (for burial)*
póitseálaí *poacher*
múnlaigh *mould/shape*
tor sliotharnaí *willow bush*
eireaball *tail*
luascadh *swaying*
adhastar *halter*
moill *delay*
pola *pole*
frathacha *rafters*
bothán uachtair *upper hut*
ar bogshodar *ambling pace*

22 **foighneach** *patient*
chím *I see*
ní túisce *no sooner*
sáite *pierced*
fámaire breá *fine big lump*
cor *twist*
cnag *crunch (noise)*
b'éigean dom *I had to*
pléascadh *burst*
rabharta feirge *fit of anger*
chuardaíomar *we searched*
tásc ná tuairisc *trace*
sruth fola *stream of blood*
sháigh sé *he shoved*
ba bhreátha *finest*
sonas *happiness*
orlach *inch*
báille stróinséartha *bailiffs whom we did not know*

droichead *bridge*
buannacht *squatter's rights*
ag tagairt *referring*
go tiubh *dense/plentiful*
23 **comrádaíocht** *comradeship*
garbh *rough*
24 **bhraith siad** *they felt*
25 **fiacha** *price*
bhlais mé *I tasted*
smut *small piece*
laochas *heroism*
cathaoir shúgáin *sugan chair*
cána *cane*
smearóid *hot coal*
tlú *tongs*
scamhóga *lungs*
ciall *sense*
annamh *seldom*
tuill *earn*
26 **bosca stáin** *tin box*
blúire *piece*
gann *scarce*
seifteanna *tricks/plans*
bearr *cut*
ruaimneach *horse-hair*
eireaball *tail*
muing *mane*
milleán *blame*
miúil *mule*
róbhuíoch *too grateful*
b'fhusa *it would have been easier*
d'fhair mé *I watched*
sa turas *each time*
ropadh sé *he would shove*
áras na n-uibheacha *the egg compartment*
neadacha *nests*
réitithe *prepared*
cor mírialta *irregular twist*
tor aitinn *furze bush*
comhairigh *count*
ag feadaíl *whistling*
fuadar *haste*
léan ort *damn you*
27 **uachtarlann** *creamery*
bainisteoir *manager*
n'fheadar *I don't know / I wonder*
bús deataigh *cloud of smoke*
glugars *rotten eggs*
caillte *dead*
crústa *sharp blow*
ghread mé liom *I dashed away*
i dtreo *in the direction of*
cúiteamh *compensation*
sciolltán *seed potato*
scoltadh *split*
28 **gadaíocht** *thievery*
thuas luaite *mentioned above*
pleidhce *'messer'*
thapaigh sé an deis *he took the chance*
29 **bua na scéalaíochta** *the gift of storytelling*
léargas *insight*
30 **draíocht** *magic*
gléas *instrument*
urraíocht *sponsorship*
comhlacht *company*
déantús *manufacture*
trácht *reference*
corrdhuine *an odd person*
bailiúchán *collection*
port *tune*
cumasach *powerful*
Comhairle Chontae *County Council*
cairéal *quarry*
réal *sixpence*
scrúdaíomar *we examined*
roghnaíomar *we selected*
bothántaíocht *night visiting*
31 **bac** *hindrance*
raic *racket*
ag tathant uirthi *nagging her*
liú *shout*
dua *difficulty*
meaisín aisteach *strange machine*
stropaí *straps*
gualainn *shoulder*
portach *bog*
greannmhar *funny*
leathan *wide*

ag cur allais *sweating*
ag brú *pressing*
ag tarraingt *drawing*
gan amhras *certainly*
faoi cheann coicíse *within a fortnight*
cuireadh *invitation*
d'aithníomar *we recognised*
láithreach *immediately*
fios a ghnó *knowledge of his business*
ar fheabhas *excellent(ly)*
casta *complicated*
ar neamh *in heaven*
binneas *sweetness*
as a chéile *in succession*

32 **in ionad** *instead of*
nodanna *hints*
luachmhar *valuable*
tionchar *influence*

33 **léiríonn** *shows*
diúltú *refusal*
gaol *relationship*
amhras *doubt*
d'aithin sé *he recognised*
admhaigh *admit*
leideanna *hints*
níos déine *stricter*
go maith as *well off*

34 **éasca** *easy*
muinín *trust/confidence*
lách *pleasant*
neadaíodh *was born (context)*
léargas *insight*
cruinn *exact*
bóthar mo leasa *the road to my good*
Coláiste Ullmhúcháin *Preparatory College*

35 **brú** *pressure*
fíorbheagán *very small number*
breis speilpe *more wealth*
argóint *argument*
sclábhaí sluaiste *shovel slave*
spailpín fánach *wandering hired labourer*
le haill *over a cliff*
ráiméis *nonsense*
mórán béime *much emphasis*
siúinéireacht *carpentry*
cóir taistil *mode of transport*
meánaosta *middle-aged*
binsí *benches*
uirlisí siúinéara *carpenter's tools*
adhmadóireacht *woodwork*
líníocht mheicniúil *mechanical drawing*
Grúptheastas *Group Certificate*

36 **ag freastal ar** *attending*
ag deisiú bróige *mending a shoe*
ar a laghad *at least*
cuir in aithne do *introduce to*
ba léir *it was clear*
cuideachta *company*
gréasaí *cobbler*
cluiche caide *football match*
moltóir *referee*
an-sult *great enjoyment*
trácht *reference*
b'ait linn *we thought it strange*
caighdeán *standard*
sraith an chontae *the county league*
feabhas *improvement*
líníocht *drawing*
misneach *courage*
iomramh *rowing*
contae dúchais *native county*
a chur ina luí air *to convince him*
leoithne *breeze*
géaga *limbs*
idir an dá linn *in the meantime*
iasacht *loan*
ceobhránach *misty*
garbh *rough*

37 **guagach** *unsteady*
taithí *experience*
piléar *bullet*
cóir na gaoithe *a favouring wind*
baoithe *buoy* (**baoi**)
gan mórán moille *before long*
liúirigh agus béicigh *screaming and shouting*
lucht féachana *spectators*

ag múnlú *moulding*
múnla *mould*
craiceann *skin*
an iomad *too much*
olc *anger (context)*
níor ghéilleamar *we did not submit*
ba shocra *steadiest*
comórtas idirchontae *inter-county competition*
i bponc *in a sorry state*
giorra radhairce *short-sightedness*

38 **óráid** *speech*
aistear *journey*
gearánach *complaining*
geall le *similar to*
sliabh pludaigh *mountain of mud*
spriosáin *weaklings (context)*
sa bháide *in goal*
fliúit *whistle*
tosaithe *forwards*
pluda *mud*
préachta *frozen*
i mo threo *in my direction*
ataithe *swollen*
cluiche leathcheannais *semi-final*
deacracht *difficulty*
craobhchluiche *final*
coicís *fortnight*
buartha *worried*
stuif *stuff*
snaidhmeanna *knots*

39 **ucht** *chest*
lánchúl *fullback*
athrú *change*
gnóthach *busy*
colainn *body*
stail *stallion*
cromán *hip*
i ngiorracht *within*
pola *post*
ceiliúradh *celebration*
bronnadh na mbonn *the presentation of the medals*

40 **admhaigh** *admit*

41 **dallamullóg** *deception*
fianaise *evidence*
mórán béime *much emphasis*
siúinéireacht *carpentry*
líníocht *drawing*
adhmadóireacht *woodwork*
roghnaíodh é *he was chosen*
níos fusa *easier*
cóir gaoithe *favouring wind*
meas *respect*
féith an ghrinn *sense of humour*
aistear *journey*
páirc an imeartha *playing field*

42 **beo beathach** *alive and active*
fíorbheagán *a very small number*
breis speilpe *extra wealth*
líníocht mheicniúil *mechanical drawing*
canúint ghreannmhar *funny dialect*
iomramh curachaí *rowing of fishing boats*
rámhaíocht naomhóg *rowing of fishing boats*
cúrsaí caide *football affairs*
sraith an chontae *the county league*

43 **léiríonn sé** *he shows*
mionsonraí *minute details*
sult *enjoyment*
tréimhse *period*
léargas *insight*
anseo is ansiúd *here and there*
gearrchailí *girls*
formhór *majority*
saor in aisce *gratis/free*

44 **meitheal** *working party*
gal *smoke*
ag tarraingt tobac *smoking*
drochbhéasach *bad mannered*
sna tríthí gáire *in stitches of laughter*
básta *waist*
gallúnach *soap*
ní foláir nó *it must be that*
do leithéidse *the likes of you*
iasacht *loan*
bascaed *basket*
paca garbh *rough packing paper*
comharsana *neighbours*

fothrom *noise*
sciotaraíl *giggling*
cuma phroifisiúnta *professional appearance*
radharc *view*
cíordhubh *jet black*
ag fiach *hunting*
i gcruachás *in a quandary*
moill *delay*
45 **corraí** *move*
méiríneach *spiky*
bua na cainte *the 'gift of the gab'*
a chrá *to torment*
dhírigh sé a dhorn orm *he shook his fist at me*
diúltú *refusal*
adhastar *halter*
dheinis an bheart *you performed the deed*
ag spochadh asam *teasing me*
ag feitheamh *waiting*
giota *a little bit*
ag cúirtéireacht *courting*
bhogamar chun siúil *we moved on*
fiosrach *curious*
mearbhall *dizziness*
46 **an fhírinne iomlán** *the full truth*
grásta Dé *the grace of God*
ag tanú turnapaí *thinning turnips*
sracadh *tug*
lochta *loft*
bothán *hut*
ag cur allais *sweating*
casóg *jacket*
le triomú *to dry*
tor *bush*
gamhain *calf*
leathfholamh *half empty*
a ghiorrú *to shorten*
ag pusaíl ghoil *sobbing*
seoladh *address*
47 **ar an mbinn theas** *at the south gable*
dréimire *ladder*
coca *hay-cock*
leoithne *draught*
thoiligh sí *she consented*
ag crochadh timpeall *'hanging' around*
cuir an ruaig ar *chase away*
síob *lift*
is mar a chéile iad *they are all the same*
i dtaca *giving support*
ag crith *shaking*
siúinéir *carpenter*
chaithfinn éalú *I would have to escape*
slinneán *shoulder blade*
táilliúirín na mban *womaniser*
48 **in aon ghiorracht dó** *anywhere near it*
meitheal *work party*
i gcruachás *in a dilemma*
a chrá *to torment*
stróicthe *torn*
siúinéir *carpenter*
slinneán *shoulder blade*
is soiléire *most clear*
féith an ghrinn *sense of humour*
is taitneamhaí *most enjoyable*
córas *system*
49 **rialacha a shárú** *to break rules*
ní fhostófaí é *he would not be employed*
caighdeán *standard*
deisbhéileach *well spoken*
cúthail *shy*
misneach *courage*
amhras *doubt*
radharc *view*
seobhaineachas *chauvinism*
corrbhréag *an occasional lie*
rógaire críochnaithe *complete rogue*
dian dícheallach *hard working*
ag spochadh as *teasing*
50 **méiríneach** *spiky*
bua na cainte *'gift of the gab'*
ag deighleáil le *dealing with*
ceann faoi *embarrassment*
cúthail *shy*
51 **deacracht** *difficulty*

babhta *session*
drochbhéasach *bad mannered*
ócáid *occasion*
ag sciotaraíl *giggling*
ag fiach *hunting*
52 **in aon ghiorracht dó** *anywhere near it*
is taitneamhaí *most enjoyable*
meon *outlook*
in oiriúint do *suited to*
réalaíoch *realistic*
á reáchtáil *being run*
stairiúil *historic*
tréith *trait*
fianaise *evidence*
cúthaileacht *shyness*
bunús *basis*
53 **ar thóir** *in pursuit of*
torthaí *results*
ceardaí *tradesperson*
printíseach *apprentice*
lagmhisneach *despair*
saighneáil *sign*
feochadán *thistle*
craiceann *skin*
righin *rigid*
gearán *complaint*
coicís *fortnight*
ataithe *swollen*
deilgní *thorns*
thuill mé *I earned*
troigh *foot*
sclábhaí *labourer*
piarda *'big shot'*
ag líonadh a bhoilg *filling his belly*
pus *mouth*
ag cumadh leithscéalta *making up excuses*
54 **chúlaigh mé** *I backed off*
leigheas *remedy*
a chruthú *to prove*
cluiche leathcheannais *semi-final*
díomhaoin *idle*
bán *mad*
col ceathrar *cousin*
coinníoll *condition*
go fonnmhar *eagerly*
poll portaigh *bog hole*
scairteamar *we shouted*
éad *jealousy*
55 **ag dul i bhfeabhas** *improving*
beannacht *blessing*
tocht *sadness*
ag druidim le *approaching*
ceomhar *misty*
bróga tairní *hob-nailed boots*
casóg *jacket*
teaspach *wealth*
ag seanmóireacht *preaching*
as radharc *out of sight*
iasacht *loan*
deora *tears*
aistear traenach *train journey*
ag déanamh iontais de *marvelling at*
imirce *emigration*
easpa oibre *shortage of work*
foirgnimh *buildings*
ag deifriú *hurrying*
56 **thar bráid** *past*
míchéatach *rude*
treoracha *directions*
putóga bána *white puddings*
feochadán *thistle*
iasacht *loan*
deora *tears*
aistear traenach *train journey*
amhras *doubt*
gann *scarce*
57 **ataithe** *swollen*
fianaise *evidence*
ar thóir *in pursuit of*
an iomarca *too much*
umhlaíocht *humility*
chúlaigh sé *he moved backwards*
ciall *sense*
dínit *dignity*
stuaim *level-headedness*
cothrom na Féinne *fair play*
teagmháil *contact*
rinne sé iontas de *he marvelled at*

de réir dealraimh *apparently*
léiríonn sé *it shows*
faoi cheilt *hidden*
dual *natural*
meascán *mixture*
teaspach *wealth*
seanmóireacht *preaching*
58 **as radharc** *out of sight*
leid *hint*
so-léite *easy to read*
suimiúil *interesting*
argóint *argument*
rogha *choice*
fianaise *evidence*
tuairisc *report*
fiú *worth*
ag sleamhnú uainn *sliding away from us*
dorchadas *darkness*
dúthaigh *district*
59 **go meidhreach** *merrily*
ag pocléim *leaping*
ar mo shuaimhneas *at my leisure*
ag druidim le *approaching*
cósta na Breataine Bige *coast of Wales*
troscán *furniture*
bhraith mé *I felt*
boladh gránna stálaithe *ugly stale smell*
aibhléis *electricity*
corcán *pot*
deifir *haste*
bríc dhearg *red brick*
bhrúigh mé *I pressed*
leathan *wide*
liath *grey*
san áireamh *included*
seoladh *address*
ar thóir oibre *in pursuit of work*
monarcha *factory*
meánaosta *middle-aged*
go truamhéileach *piteously*
taithí *experience*
60 **líníocht mheicniúil** *mechanical drawing*
machnamh *deep thinking*
neamhspleách *independent*
steall *splash*
greim daingean *tight grip*
tarbh *bull*
i ngan fhios do *unknown to*
féadair *you will be able*
dlí *law*
straip *vixen*
fiosrach *inquisitive*
61 **praiseach** *gruel*
sála *heels*
a admháil *to admit*
deis *chance*
baile dúchais *native home*
seachránaí *wanderer*
comhluadar *company*
62 **seiftiúil** *resourceful*
éirím aigne *intelligence*
géill *submit*
dearcadh *outlook*
ar ár gcumas *within our power*
comhairligh *advise*
na húdaráis *the authorities*
ag druidim le *approaching*
corcán *pot*
is taitneamhaí *most likeable*
63 **so-léite** *easy to read*
a aimsiú *to find*
tuairisc *report*
iasacht *loan*
rásúr *razor*
bearrtha *shaved*
gléasta *dressed*
blúire *small piece*
casta *twisted*
geir *fat*
treoracha *directions*
suíomh oibre *work site*
bróga tairní *hob-nailed boots*
bonn rubair *rubber sole*
comhartha na croise *the sign of the cross*
iasachta *foreign*
meaisín *machine*
sonraí *details*

líne choimeála *assembly line*
64 **breis agus** *more than*
scór *twenty*
d'aithin mé *I recognised*
éanlaithe *birds*
cleití *feathers*
sciatháin *wings*
breise *extra*
deacracht *difficulty*
gormphriontaí *blueprints*
seasmhach *permanent*
réal *sixpence*
bónas *bonus*
65 **na hoibrithe** *the workers*
carbhat *scarf (Munster)*
folamh *empty*
líne chóimeála *production line*
éanlaithe gan sciatháin *birds without feathers*
66 **láithreach bonn** *immediately*
moill *delay*
caith go fial le *treat generously*
ag gearán *complaining*
bróga tairní *hob-nail boots*
cleití *feathers*
suíomh oibre *work site*
monarcha *factory*
so-léite *easy to read*
67 **deacracht** *difficulty*
comhghleacaithe *colleagues*
dealramh *appearance*
bús *buzz*
bearrtha *shaved*
68 **gar do** *near to*
de réir dealraimh *apparently*
smut *piece*
misneach *courage*
galánta *fancy*
69 **coinne bhialainne** *a date in a restaurant*
iarracht *effort*
ag druidim le *approaching*
cuir i gcuimhne do *remind*
neamhspleách *independent*
comhluadar *company*
níor leasc leis *he was not reluctant*
neamhspleách *independent*
comhluadar *company*
ní leasc leis *he is not reluctant*
70 **bhraith mé** *I felt*
leathlofa *half rotten*
gleannta *glens*
fóirgnimh mhóra bríce *large brick buildings*
bús deataigh *cloud of smoke*
áis chócaireachta *cooking facility*
téanam ort *come on*
sáite *stuck*
fairsing *big*
aerúil *airy*
bheartaíomar *we decided*
cíos *rent*
aistrithe *transferred*
deimhneach *sure*
smut *piece*
71 **drochmhianach** *bad humour*
suaimhneas *comfort*
ag feitheamh *waiting*
mífhoighneach *impatient*
sceana *knives*
admhaigh *admit*
treoraigh mé *guide me*
uisce fiuchaidh *boiled water*
stráice *strip*
mairteoil *beef*
tástáil *test*
ag baint lasrach *taking sparks*
72 **taithí** *experience*
meidhreach *merry*
cainteach *talkative*
cúramach *careful*
comhairle *advice*
praiseach *mess*
éadrom *light*
babhla *bowl*
fuarallas *cold sweat*
an maireann tú? *are you alive?*
steall *splash*
bhraith mé *I felt*
stailciúil *on strike*
gheall mé *I promised*
73 **clog** *blister*

giall *jaw*
casta *twisted*
corrán *jawbone*
clabhta *clout*
dul faoi láimh easpaig *to be confirmed*
orlaí *inches*
as alt *out of joint*
taibhsíodh dom *I thought*
comhluadar *company*
clochar *convent*
rath *good luck*

74 **imirce** *emigration*
aiféala *regret*
maoithneach *sentimental*
fág ar an méar fhada *postpone*
tabhair suntas do *notice*
deis *chance*
dreas ceoil *piece of music*
fianaise *evidence*
comhluadar *company*
dílis *loyal*
fearúlacht *manliness*
ciallmhar *sensible*
de réir dealraimh *apparently*
murach eisean *only for him*

75 **féith an ghrinn** *sense of humour*
cur i gcéill *pretence*
iompar *conduct*
cairdiúil *friendly*
cuideachtúil *sociable*
eachtra *incident*
greannmhar *funny*
feic *sight*
ag cur amach *vomiting*
cuideachta *company*
so-léite *easy to read*

76 **tuairisc** *report*
breise *extra*
lúfar *agile*
aclaí *fit*
cuileann falsa *false holly*
monarcha *factory*
comhlacht *company*

77 **béasach** *mannerly*
folcadh *bath*
tobán *bath*
gearán *complaint*
léirigh *show*
faoistin *confession*
ag deighleáil leo *dealing with them*
bearradh *shaving*
cás beorach *case of beer*
stumpa *stump*
turcaí *turkey*
canúint *accent*
ainnis a ndóthain *miserable enough*
ag déanamh tinnis dó *worrying him*
bearradh gruaige *haircut*
chuimil sí *she rubbed*
tobán *bath*

78 **gléas frithghiniúna** *contraceptive device*
cuireadh *invitation*
plaincéad *blanket*
racht *fit*
stéig *steak*
ag spochadh as *teasing him*
ar nós prionsa *like a prince*
nocht *bare*
stropa *strap*
brollach *breast*
alt *ankle*
feic *sight*
cumhrachán *perfume*
cuir in aithne do *introduce to*

79 **léirigh** *show*
eachtra *incident*
sprionlaitheacht *miserliness*
cás beorach *crate of beer*
mairteoil *beef*
muiníneach *reliable*
bosca na faoistine *confession box*
tuairim *opinion*
greannmhar *funny*
ag spochadh as *teasing*
gealgháireach *cheerful*
caith go fial le *treat generously*

80 **sna tríthí gáire** *in fits of laughter*
ag stánadh *staring*
bua na scéalaíochta *the gift of storytelling*

go soiléir *clearly*
so-léite *easy to read*
fianaise *evidence*
árasán *flat*

81 **ag teannadh isteach** *moving in tightly*
críonna *old*
bád seoltóireachta *sailing boat*
garbh *rough*
casóg *jacket*
tráidire *tray*
cogar *whisper*
fáinne geallta *engagement ring*
cuireadh *invitation*
sunc *shove*
uillinn *elbow*
sáite *stuck*
scaoil leat féin *let yourself loose*
súp *fun*
bogtha *drunk*
shleamhnaigh sé *he slipped*
ag liú *shouting*
bolg *belly*
muinchillí *sleeves*

82 **braon crua** *a drop of the hard stuff (whiskey)*
diaidh ar ndiaidh *gradually*
bhraith mé *I felt*
bastún *lout*
boladh an róstaithe *the smell of the fry*
bhearr mé *I shaved*
goile *appetite*
pléasc *burst*
clúmh *fur*
cogar *whisper*
cheana féin *already*
críonna *old*
seanmóir *sermon*
Comaoineach *Communion*
róshláintiúil *too healthy*
ach oiread linn féin *any more than ourselves*
d'aithin mé *I recognised*
gathanna *darts*
bildeálacha *buildings*
téanam ort *come on*
dóite *burned*

83 **cuideachtúlacht** *sociability*
cairdeas *friendship*
comhluadar *company*
féith an ghrinn *sense of humour*
iompar *conduct*
admhaigh *admit*

84 **bogtha** *drunk*
buachaill báire *rascal*
clúmh *fur*
árasán *flat*
flaithiúil *generous*
caith go fial le *treat generously*
sáite *stuck*
amhránaí *singer*
faoi mheas *popular*

85 **so-léite** *easy to read*
fianaise *evidence*
gabhar *goat*
daonnaí *human being*
níos milse *sweeter*
bildeálacha *buildings*

86 **foirgneamh** *building*
sclábhaí sluaiste *shovel labourer*
fógra seachtaine *a week's notice*
prionsabail *principles*
treoracha *directions*
léan *regret (context)*
tuilleadh lena chois *more besides*
cloig *blisters*
shín sé a mhéar *he pointed his finger*
i dtreo botháin *in the direction of a hut*
meascaire *mixer*
treoraigh *guide*
ciotach *left-handed*
deasóg *right-handed person*
grin *gravel (possessive case of 'grean')*
stroighne *cement (possessive case of 'stroighin')*
luas *speed*
bara *barrow*
faoi dheifir *at speed*

bligeard *blackguard*
i bhfeighil *in charge of*
87 **comhairligh** *advise*
ispíní *sausages*
caith go deas le *treat nicely*
diaidh ar ndiaidh *gradually*
i dtaithí ar *used to*
aiféala *regret*
tuairim is *approximately*
saor bríce *bricklayer*
suíomh *site*
craiceann *skin*
gualainn *shoulder*
is ar éigean a bhí mé in ann *I was barely able*
pluic *cheek*
88 **bearradh** *shave*
ag pocléimnigh *jumping all over the place*
fuascailt *relief*
fuáil *sewing*
aiclí *fit*
ag cur allais *sweating*
glam *bark*
cnead *groan*
cumhacht *power*
89 **tréith** *trait*
d'fhulaing sé *he suffered*
muiníneach *reliable*
dílis *loyal*
comhairle *advice*
faoiseamh *relief*
drochiompar *bad behaviour*
90 **níl aon dul as againn** *we have no option*
91 **saoiste** *boss*
saor bríce *bricklayer*
is taitneamhaí *most likeable*
gabhar *goat*
daonnaí *human being*
éirímid amach *we rebel*
cruatan *hardship*
d'fhulaing siad *they suffered*
fianaise *evidence*
tuairisc *account*
92 **cruinn** *exact*
neirbhíseach *nervous*
campa géibhinn *prison camp*
cogadh *war*
ceal *shortage*
drochbhéasach *bad mannered*
fothram *noise*
suaimhneas *peace*
gan amhras *undoubtedly*
gleo *noise*
ag druidim le *approaching*
b'éigean dom *I had to*
coiscéim *step*
93 **dreancaidí** *fleas*
bhí saothar air *he was out of breath*
gabh *arrest*
balcaisí *clothes*
eochair *key*
roghnaigh *choose*
seoladh *address*
ar leataobh *to one side*
pearsanta *personal*
fiosrach *inquisitive*
breise *extra*
mol *recommend*
in ord agus in eagar *in order*
94 **réitigh** *agree*
murach *only for*
eachtra *incident*
baile dúchais *native home*
ciallmhar *sensible*
baol *danger*
rúndacht *secrecy*
95 **cairnín** *small pile*
ait *strange*
neamhspleách *independent*
tagairt *reference*
ceachtar *either*
fianaise *evidence*
tuairisc *account*
96 **cathróir** *citizen*
Meiriceánach *American*
láithreach *immediately*
braith *feel*
sráidbhaile *village*
radharcra *scenery*
ag taisteal *travelling*

bóthar iarainn *railroad*
a thuilleadh *any more*
carráiste *carriage*
cráin *sow*
banbh *bonham*
gleann talún *valley*
crú *foot (of animal)*
cairt *cart*
tornapa *turnip*
ag beannú do *greeting*
ag spochadh asam *teasing me*
d'fháisc sí *she squeezed*
deora *tears*
a scriosadh *to destroy*
curtha in áirithe *booked*
cheana féin *already*
97 **ispíní** *sausages*
sáigh *shove*
deatach *smoke*
fothain *shelter*
folláine *healthier*
mairteoil *beef*
mífhoighneach *impatient*
bróga caide *football boots*
tuigeadh dom *I thought*
creideamh *faith*
coinsias *conscience*
i ngiorracht *near*
ó cheann ceann *from end to end*
faoistin *confession*
áirseoir *devil*
pas taistil *passport*
níor ghrás *I didn't love*
ag máinneáil *loitering*
ag feitheamh le *waiting for*
moill delay
98 **páipéarachas** *paperwork*
eitilt *flight*
ar a mhéad *at most*
ar a laghad *at least*
Is ar éigean ba chuimhin liom *I could barely remember*
comharsa *neighbour*
béal dorais *next door*
iasachta *foreign*
putóga dubha *black puddings*
ag fiach *hunting*
ag tabhairt fothana *giving shelter*
nós *custom*
imirce *emigration*
an bhfeadrais? *do you know?*
tocht *sadness*
seanlánúin *old couple*
croíbhriste *heartbroken*
99 **radharcra** *scenery*
cuideachta *company*
scaradh *parting*
tír dhúchais *native country*
timpeallacht *environment*
admhaigh *admit*
níos soiléire *clearer*
dallamullóg *deceit*
cogar *whisper*
suaimhneas *peace*
greannmhar *funny*
fial *generous*
bródúil *proud*
100 **corraithe** *upset/excited*
fáiltigh *welcome*
scamall deataigh *cloud of smoke*
fothain *shelter*
gléas *shine*
folláine *healthier*
mairteoil *beef*
a mhalairt *the opposite*
fíor *true*
b'aoibhinn leis *he loved*
leas na bhfear *the benefit of the men*
faoina cúram *under her care*
sileann sí deora *she sheds tears*
dáiríre *serious*
101 **ar a laghad** *at least*
eachtra ghreannmhar *funny incident*
scamall deataigh *cloud of smoke*
ag fáiltiú roimh *welcoming*
buanna *good points*
tréimhse ghairid *short period*
réimse leathan *wide range*
ceantar dúchais *native district*
imirceach *emigrant*

102 **ag cuardach** *searching*
ór *gold*
aistear *journey*
mothaigh *notice*
ag sleamhnú thart *slipping by*
paidrín *rosary (beads)*
ag machnamh *thinking*
faoiseamh *relief*
ní fheadar *I don't know*
sáite *shoved*

103 **caol** *narrow*
thoir *east*
go gealgháireach *happily*
deora áthais *tears of joy*
comhghairdeas *congratulations*
cloiste *heard*
saolaithe *born*
baisteadh *was baptised*
a fhaid *how long*
ceann scríbe *destination*
nós *custom*
ceiliúradh *celebrate*
árasán *flat*
buidéal beorach *bottle of beer*
meidhreach *merry*
glasraí *vegetables*
bruite *boiled*
plaosc *skull*
formhór *majority*
neart fíona *plenty of wine*
milseog *dessert*
rinne mé rud air *I obliged him*
easpa *lack*
saonta *naive*
fear léinn *educated man*
friseáilte *fresh*
breac *trout*

104 **folcadh** *bath*
scoth na bhfliúiteadóirí *the best flute players*
bothán *hut*
sluasaid *shovel*
pléasc *burst*
imirce *emigration*
sleamhnán *slide (music)*
deatach *smoke*
foláireamh *warning*
daoine gorma *black people*
tabhair faoi deara *notice*

105 **léarscáil** *map*
monarchana *factories*
comhairligh *advise*
triail *try*
agallamh *interview*
ragobair *overtime*
teagmháil *contact*
cuideachta *company*
coicís *fortnight*

106 **ag spochadh as** *teasing*
ar thóir *in pursuit of*
tréith *characteristic*
cheana *before*

107 **taithí** *experience*
nathanna cainte *phrases*
sonrú *to notice*
ar aon intinn *of one mind*
deatach *smoke*
níos fairsinge *bigger*
deis *chance*
cuir in iúl *make known*
cóisir *party*
díograiseach *enthusiastic*
neamhspleách *independent*
seobhaineachas *chauvinism*
dearcadh *outlook*

108 **ag brath** *feeling*
nod *hint*
lách *pleasant*

109 **deacracht** *difficulty*
mágúil *mocking*
dugaí *docks*
earraí *goods*
trucail *cart*
ceathair-rothach *four-wheeled*
furasta *easy*
cogar *whisper*
ag faire *watching*
ar leataobh *to one side*
codladh grífín *numbness/pins and needles*
meon *outlook/mind*
a bhrú *to press*

go neamheaglach *fearlessly*
gnó *business*
duine le Dia *simpleton*
fonn *desire*
rógaireacht *rascality*
leathan *wide*
ag druidim le *approaching*
suíomh *site*
ag folmhú *emptying*
ag stánadh *staring*
go mailíseach *maliciously*

110 **dífhostaíocht** *unemployment*
ólachán *drinking*
drugaí *drugs*
go forleathan *widespread*
pléasc *burst*
mífhoighneach *impatient*
drochíde *ill-treatment*
oideachas *education*
sclábhaíocht *slavery*
cearta sibhialta *civil rights*
tionsclóirí *industrialists*
doirtfear fuil *blood will be spilled*
aontú *to agree*
comhlachtaí *companies*
nósanna *customs*
cuir i gcuimhne *remind*
Polainnigh *Polish people*
Iodálaigh *Italian people*
Giúdaigh *Jews*
réitigh le chéile *get on (well) together*
post buan *permanent position*
ag deighleáil le *dealing with*
ag aistriú *transferring*
maolú *decline*
gan amhras *undoubtedly*
meon oscailte *open mind*
do leithéidí *the likes of you*
ní chosnaíonn sé faic *it costs nothing*
sibhialta *civil*

111 **ag folmhú** *emptying*
leathan *broad*
ciníochas *racialism*
ciníocha éagsúla *various races*
buan *permanent*
cairdiúil *friendly*
fealsúnacht *philosophy*
dearcadh *outlook*
maíomh *boasting*
féinmholadh *self-praise*
fadhbanna *problems*
ach oiread *either*
drochíde *ill-treatment*
rian *trace*
greannmhar *funny*
cruthaigh *prove*
féith an ghrinn *sense of humour*

112 **neamhspleách** *independent*
neamheaglach *fearless*
géill *submit*
foláireamh *warning*
seobhaineachas *chauvinism*
aisteach *strange*
comrádaí *comrade*
goill *hurt*
fial *generous*

113 **fadhb** *problem*
scoth *the best*
seisiún *session*

114 **slat** *yard (measurement)*
ag freastal *serving*
beannaigh do *greet*
mífhoighneach *impatient*
uirlisí *instruments*
báite *drowned*
ag sníomh *weaving*
port *tune*
meánaosta *middle-aged*
imircigh *emigrants*
gan stró *without difficulty*
d'aithneofá *you would recognise*
géill *submit*
beagán *a little*
ag pramsáil *prancing*

115 **láithreach** *immediately*
teora *limit*
rógaireacht *rascality*
saonta *innocent*
cairdiúil *friendly*

scéalta grinn *funny stories*
comhairle *advice*
creathán *shake*
scaip *scatter*
meabhair *mind*
buidéal beorach *bottle of beer*
aiféala *regret*
deisceart *south*
formhór *majority*
ag triall ar *going to*
mar is eol do chách *as everybody knows*
cóisir *party*
a leithéid *the likes*
gnó *business*
i mo threo(-sa) *in my direction*
gnóthach *busy*
tobán *bath-tub*
istoíche *at night*
neirbhíseach *nervous*
d'aithneofá *you would recognise*
láithreach *immediately*
amhránaí *singer*
formhór *majority*
lucht aitheantais *acquaintances*

116 **deis** *chance*
liopa *lip*
méireanta *fingers*
ag sníomh *weaving*
báite *drowned*
cuideachta *company*
greann *humour*

117 **drochnós** *bad habit*
comparáid *comparison*
bothán *hut*
locht *fault*
drochbhlas *bad taste*
ag caitheamh anuas ar *criticising*
luach saothair *pay for work*
seirbhe *bitterness*
imircigh *emigrants*
sárcheoltóir *excellent musician*
cruthú *proof*
fiú *worth*
tagairt *reference*

118 **seanfhocal** *proverb*
patrún rialta *regular pattern*
ag tuilleamh *earning*
deisceart *south*
ag brath ar *depending on*
síob *lift*
cuir aithne ar *get acquainted with*
rógaireacht *rascality*
díobháil *harm*
bua na cainte *the 'gift of the gab'*
braon faoin bhfiacail *a drink taken*
flúirseach *plentiful*
comhairle *advice*
fiú *worth*

119 **ag baint na sál dá chéile** *trampling on each other's heels*
árasán *flat*
cuideachta *company*
gléasta *dressed*
bearrtha *shaved*
biseach *recovery*
fonn *desire*
beannaigh do *greet*
fadhb *problem*
sin-seanathair *great-grandfather*
comhairligh *advise*
cloí le *adhere to*
cine *race*
aprún *apron*
róshláintiúil *too healthy*
tríom *through me*
ar adhastar *on a halter*
cogar *whisper*
ó thuaidh *northwards*
a thuilleadh *any more*
cuireadh *invitation*
ag cleatráil *clattering*
d'aon ghnó *deliberately*

120 **d'impigh sí** *she implored*
gan mhoill *before long*
ag cumadh leithscéalta *making up excuses*
comhartha na croise *the sign of the cross*
pluais *cave*
cíor *comb*
ní foláir nó gur *it must be such that*

callshaoth an diabhail *terrible trouble*
121 **tréigthe** *deserted*
dílis *loyal*
áisiúil *convenient*
seobhaineachas *chauvinism*
dearcadh *outlook*
aontaigh *agree*
cheana féin *already*
thíos leis *depressed*
fial flaithiúil *generous*
greannmhar *funny*
clis *tricks*
rógaireacht *rascality*
díobháil *harm*
bua na cainte *the 'gift of the gab'*
easpa charthanachta *lack of charity*
123 **tionchar** *influence*
ragobair *overtime*
amaideach *foolish*
an iomarca *too much*
breise *extra*
anseo agus ansiúd *here and there*
coicís *fortnight*
bheartaíomar *we planned*
ó dheas *southwards*
comhlacht *company*
deacracht *difficulty*
ag ceistiú *questioning*
aistear *journey*
ceantar dúchais *native district*
galún *gallon*
ag beiriú *boiling*
ubh *egg*
spiorad *spirit*
riail *ruler*
cruithneacht *wheat*
arbhar *corn*
124 **leibhéalta** *level*
aillteacha Mhóthair *cliffs of Moher*
sceach *bush*
tor *bush*
bathlach *ramshackle*
deatach *smoke*
simléar *chimney*
tabhair faoi deara *notice*
canúint *accent (context)*
ag druidim ó dheas *going southwards*
ag dul in olcas *disimproving*
cosúlacht *appearance*
tréigthe *deserted*
comharthaí bóthair *road signs*
néal codlata *wink of sleep*
lách *pleasant*
is gráin liom *I hate*
an cine gorm *the black race*
cothrom na Féinne *fair play*
síolraigh *have roots*
cuir faoi *take up residence*
réiltín airgid *silver star*
sirriam *sheriff*
scaireanna *shares*
cainteach *talkative*
de réir dealraimh *apparently*
mórán measa *much respect*
locht *blame*
an iomarca *too much*
saor in aisce *gratis/free*
125 **urchar** *bullet (context)*
scrúdú iarbháis *post-mortem examination*
i m'fhochair *in my company*
féinmharú *suicide*
galún *gallon*
cruithneacht *wheat*
arbhar *corn*
déistineach *disgusting*
ciníochas *racialism*
rian *trace*
seobhaineachas *chauvinism*
dearcadh *outlook*
féith an ghrinn *sense of humour*
126 **scaireanna** *shares*
dílis *loyal*
caith go fial le *treat generously*
aontaigh le *agree with*
drochíde *ill treatment*
fiú *worth*
na radhairc *sights*
aistear *journey*

ciníochas *racialism*
de réir dealraimh *apparently*
127 **tabhair faoi deara** *notice*
mias *basin (context)*
go hamhrasach *suspiciously*
comharthaí bóthair *road signs*
fo-dhuine *odd person*
sráidbhaile *village*
maith dom *forgive me*
peacaí *sins*
Próca cré *earthen jar*
128 **b'éigean dom** *I had to*
loscadh *burning*
anáil *breath*
lúidín *little toe (context)*
strapaire *strapping person*
préachán *crow*
go tur *without humour*
cuma an tsaibhris *the appearance of wealth*
deabhadh *haste*
ó thuaidh *northwards*
cogar *whisper*
fulaing *suffer*
cruatan *hardship*
súgach *merry*
corcán *pot*
canta *chunk*
iompaigh *turn*
eitigh *refuse*
seanathrucail *old truck*
seanscannán *old film*
ag cogaint *chewing*
súlach *juice*
129 **stálach** *stale*
tairg *offer*
cogar *whisper*
pollta *punctured*
veidhlín *violin*
trumpa béil *Jew's harp*
tabhair faoi deara *notice*
comhluadar *company*
cogadh cathartha *civil war*
sceith ar *betray*
seile *spittle*
mearbhall *dizziness*
teach an asail *toilet*
ag lúbarnaigh *wilting*
tarrálta *tarred*
cnaipí *buttons*
sruthán *stream*
sláintiúil *healthy*
le fána *downhill*
faoiseamh *relief*
ní fheadar *I do not know*
dóigh *burn*
ar mo chumas *in my power*
léan ort *woe be to you*
stail amadáin *idiot*
ag sileadh *flowing*
sna tríthí *in stitches of laughter*
130 **comhluadar** *company*
taisteal *travelling*
radhairc *sights*
131 **ó dheas** *southwards*
dílis *loyal*
cheana féin *already*
rógaire *rogue*
féith an ghrinn *sense of humour*
fial flaithiúil *generous*
132 **galar** *disease*
ag lúbarnaigh *wilting*
déistin *disgust*
pola *pole*
soilse tráchta *traffic lights*
prapa *prop*
teitheadh *to flee*
133 **troigh go leith** *a foot and a half*
ag sciotraíl *giggling*
cuir in aithne *introduce*
cruinniú *meeting*
baitsiléirí *bachelors*
ag brath *feeling*
reoiteoir *refrigerator*
coinnle *candles*
rún *secret*
braith *feel/notice*
blúire *piece*
134 **cloigeann** *head*
ar fónamh *feeling well*
fánach *vain*
casóg *jacket*

brionglóid *dream*
go maithe Dia *may God forgive*
peacaí *sins*
cúram *responsibility*
árasán *flat*
ag gealadh *dawning*
iompar *conduct*
go ciotrúnta *obstinately*
cogar *whisper*
foighne *patience*
go fonnmhar *eagerly*
mothaigh *notice (context)*
leisce *reluctance*
cion *love*
ainnir *maiden*
formad *envy*

135 **coinne** *date*
oíche sa turas *one night at a time*
d'fháisc sí chugam *she snuggled up to me*
mothú leictreach *electric feeling*
tuairim *opinion*
cuir in iúl *make known*
hireáladh iad *they were hired*
chuireamar fúinn *we resided*

136 **tréith** *trait*
prapáil *prop*
cuaille *post*
dánacht *boldness*
rómánsach *romantic*
aniar aduaidh *unawares*
diaganta *pious*
cráifeach *religious*
creideamh *faith*
fianaise *evidence*

137 **tabhair aird ar** *pay attention to*
de réir dealraimh *apparently*
oíche áirithe *a certain night*
meisceoir *drunkard*
ólta *drunk*
í féin a chosaint *to defend herself*
téanam *come on*
sáigh *shove*
teagmháil *contact*
macánta *honest*
réadúil *realistic*
fámaire *big lump*

138 **is taitneamhaí** *most enjoyable*
fíor *true*
fonn *desire*
beart *deed*
dochar *harm*

139 **bainisteoir** *manager*
ceann roinne *head of department*
oideachas *education*
ardú céime *promotion*
go fonnmhar *eagerly*
neart *plenty*
clú *fame*
leithéidí *the likes of*
ag déanamh a dhíchill *doing his utmost*
cearta sibhialta *civil rights*
a chur i bhfeidhm *to enforce*
drochscéala *bad news*
scaoileadh urchar *a shot was fired*
scéala *news*
suíomh *site*
pribhléid *privilege*
croitheadh *shake*
canbhasáil *canvassing*
cine gorm *black race*
tuama *tomb*
sochraid *funeral*
mífhoighneach *impatient*
cáilíochtaí *qualifications*
raic *trouble*
gobharnóir *governor*
íde *treatment*

140 **Giúdaigh** *Jews*
clárú *to register*
tairseach *threshold*
ag máirseáil *marching*
toradh *result*
ionsaí *attack*
círéib *riot*
comhlacht *company*
áiseanna *facilities*
árasán *flat*
ionad spóirt *sport centre*
formhór *majority*
fiú *even*

hiodrant *hydrant*
tobar ola *oil well*
a fhuarú *to cool*
milleán *blame*
murdar *murder*
i bhfeighil *in charge of*
cas amach *switch off*
earraí *goods*
ógánach *young man*
gabhadh *were arrested*
aistear *journey*
pléigh *discuss*

141 **ag taisteal** *travelling*
ar diúité *on duty*
ar tinneall *at full cock*
réiteach *solution*
fadhb *problem*
stóras *supply*
i mbaol *in danger*
na húdaráis *the authorities*
seasmhach *permanent*
mífhoighne *impatience*

142 **murach sin** *only for that*
cothrom na Féinne *fair play*
dúnmharaigh *murder*
ciníochas *racialism*
drochíde *ill-treatment*
is taitneamhaí *most enjoyable*

143 **fadhb** *problem*
teitheadh *to flee*
bródúil *proud*
fabhrach le *in favour of*
láithreach *immediately*
bochtán *poor person*
maireachtáil *live*
brú *pressure*

144 **taithí** *experience*
áis *facility*
as do mheabhair *mad*
taisreacht *dampness*
téigh *heat*
breith *birth*
rabhadh *warning*
ag gearán *complaining*
ciallmhar *sensible*

145 **misniúil** *courageous*
iarracht *piece (context)*
rógaire *rogue*
dílis *loyal*
ceardscoil *technical school*

146 **tagairt** *reference*
ar a laghad *at least*
béaloideas gaisce *stories of personal feats*
i gcéin *far away*
ciníochas *racialism*
imirceach *emigrant*